Das Geheimnis kleiner Gärten

David Stevens

Das Geheimnis kleiner Gärten
Innovatives Design für das Zimmer im Freien

Deutsche Verlags-Anstalt München

Ein großes Dankeschön gebührt meiner Frau Pauline,
die es nicht leicht hat mit einem Mann, der oft nur seine Arbeit kennt.

Aus dem Englischen übersetzt von Maria Gurlitt-Sartori

Bibliografische Information der Deutschen Bibliothek
Die Deutsche Bibliothek verzeichnet diese Publikation in der
Deutschen Nationalbibliografie;
detaillierte bibliografische Daten sind im Internet über
<http:dnb.ddb.de> abrufbar.

© 2004 Deutsche Verlags-Anstalt GmbH,
München (für die deutsche Ausgabe)

Titel der Originalausgabe: Small Space Gardens
Text © 2003 David Stevens
Design, Layout und Illustrationen © Conran Octopus 2003
Conran Octopus Limited
A part of Octopus Publishing Group
2-4 Heron Quays
London E14 4JP

Alle Rechte vorbehalten
Lektorat: Lorraine Dickey, Muna Reyal, Gilian Haslam,
Sharon Amos
Grafische Gestaltung: Leslie Harrington, Alison Fenton,
Mel Watson, Russel Bell, Angela Couchman
Recherchen für die deutsche Ausgabe: Christoph Gurlitt
Satz der deutschen Ausgabe: Edith Mocker, Eichenau
Printed in China

ISBN 3-421-03491-5

Einführung

Ein Garten, und sei er noch so klein, ist immer ein Segen. Die Oase inmitten der Stadt, das Refugium auf dem Lande, die Terrasse über den Dächern der City – alle haben sie ihren Charme, ihre Bestimmung und ihren unverwechselbaren Charakter. Leider werden die Möglichkeiten, die diese Räume bieten könnten, oft gar nicht ausgeschöpft. Nie richtig geplant und nur spärlich bepflanzt, kommen sie weder den Bewohnern noch dem Haus zugute. Und doch lassen sich selbst die unscheinbarsten Winkel verschönern, man muss nur einen Blick dafür entwickeln, den richtigen Zugang gewinnen und das Beste daraus machen. Dies mag vielfach eine Herausforderung bedeuten, aber meist lohnt sich die Mühe, denn wer wünschte sich nicht einen Raum im Freien, der den Bedürfnissen der Familie wie auch den eigenen bis ins Kleinste entspricht?

Während es uns im Haus eher leicht fällt, Zimmer für Zimmer zu planen und einzurichten, bereitet die Gestaltung außerhalb nur allzu oft Schwierigkeiten. Da hilft es auch wenig, dass uns das Fernsehen in seinen Gartensendungen vorgaukelt, dass sich Gärten über Nacht »möblieren« lassen – wie klein sie auch sein mögen, sie brauchen Zeit, um sich zu entwickeln, zu wachsen und zu reifen. Zu dem fein abgestimmten Bild befestigter Flächen, Mauern und Baustrukturen gehören die Pflanzen, die sich harmonisch einfügen, das Ganze verbinden und mit Leben erfüllen. Eine Frage der individuellen Entscheidung ist der Stil des Gartens, der sich in einem zeitgemäßen, der hochmodernen Architektur des Hauses entsprechenden Design äußern kann, oder in Form des kleinen verwinkelten Gärtchens, das, einfühlsam gestaltet, innerhalb engster Begrenzungen Platz findet. Ob streng formal oder aufregend dekonstruktivistisch – hier geht es nicht um richtig oder falsch, lediglich um so oder anders, denn es gibt unzählige Möglichkeiten, einen Garten zu entwerfen. Im Übrigen ist es sicher das Beste, nicht allzu ernst an die Sache heranzugehen, schließlich will man sich am Garten doch freuen. Auch wenn es zutrifft, dass sich die Planung umso schwieriger gestaltet, je beschränkter die Platzverhältnisse sind, so lässt sich der verfügbare Raum doch ganz leicht in einen Ort zum Spielen, Entspannen, Kochen, Essen und Bepflanzen verwandeln, sei es mit Kräutern oder großblättrigen exotischen Gewächsen. Dabei kann eine minimalistische Gestaltung in ihrer klaren Linienführung und Schlichtheit einen ganz eigenen Reiz entfalten.

Grundvoraussetzung für jeden Garten ist ein entsprechender »Spielplan«, denn von selbst entstehen keine harmonisch gegliederten Räume. Basis ist das Design, zu dem eine eingehende Erkundung der Raumverhältnisse und die kreative Gestaltung gehören. Es genügt nämlich nicht, den Garten zu entwerfen und einzubeziehen, was innerhalb der Grenzen machbar ist, auch das Umfeld gilt es zu berücksichtigen und aufzugreifen. Nachdem ich über dreißig Jahre lang mit Freude, Frust und harter, aber auch erfolgreicher Arbeit Gärten entworfen habe, weiß ich von Berufs wegen, wie wichtig die schrittweise Planung ist und um wie viel leichter es fällt, die Dinge nacheinander anzugehen. Hinzu kommt, dass ich von jeher eine Schwäche für kleine Gärten hatte und gleich mehrere davon besessen habe. Noch während meiner Studienzeit in London, ganz zu Beginn meiner Laufbahn als Gartenarchitekt, habe ich mir die Zähne an der Gestaltung dieser oft ungünstig geschnittenen kleinen Räume ausgebissen, die eine nicht endende Faszination auf mich ausüben. In sich gelungen und stimmig konzipiert, schenken sie große Befriedigung.

Abschließend möchte ich daran erinnern, dass Gärten alles andere als eine kurzlebige Modeerscheinung sind, sondern ein Feld, in dem sich unsere Vorstellungen, Wünsche und Leidenschaften ausdrücken. Die meisten Dinge auf dieser Welt sind bereits entworfen, Gärten zum Glück noch nicht. Sie bieten uns vielmehr das faszinierende Erlebnis einer weißen Leinwand. Gönnen wir uns die Freude, ein faszinierendes Bild zu komponieren und auszumalen!

Links Räume außerhalb des Hauses sollte man genauso genießen wie die Zimmer innen. Das Geheimnis liegt in der Schlichtheit. In diesem winzigen Hof verschmelzen die Materialien einfühlsam mit denen des angrenzenden Hauses.

Bestandsaufnahme 1

Vorstellungen und Wünsche

Gelungene Gärten vermitteln, ungeachtet ihrer Größe, ein Gefühl der Ausgewogenheit und Harmonie. Sie wirken eigenständig, ohne sich sklavisch an Modeströmungen zu orientieren oder klinisch steril, allzu urwüchsig oder überladen zu sein. Als Gartengestalter komme ich in viele Häuser, wobei ich nur über die Schwelle treten muss, und schon kann ich sagen, mit was für Leuten ich es zu tun habe und worauf sie aller Wahrscheinlichkeit nach Wert legen. Aufschluss geben immer wieder Farbschema, Möblierung, Dekoration und Atmosphäre des Hauses. Von meinem Standpunkt aus gilt es all diese Eindrücke mit einem Blick zu erfassen.

Bedenkt man, dass jede Form der Gestaltung ein analytischer Prozess ist, so verwundert es nicht, dass je sorgfältiger die Analyse, umso besser das Endergebnis. Wie alles, was uns etwas bedeutet, fallen Gärten nicht einfach vom Himmel. Sie werden von einer ganzen Reihe von Faktoren wie Form und Größe des Geländes, Ausrichtung, Blickfeld, Bodentyp und Lage, vor allem aber von der Persönlichkeit des Besitzers geprägt und modifiziert.

Ausschlaggebend für den Kauf eines Hauses oder Apartments ist in der Regel, dass man sich von dessen Wirkung spontan angesprochen fühlt, sei es, dass man Gefallen an Gliederung und Größe, Stil und Architektur oder auch am Garten findet. Dieser erste positive Eindruck entscheidet in der Regel darüber, wo und wie wir leben. Fast immer verbindet sich damit aber auch der Wunsch, bestimmte Veränderungen, ob innen oder außen, vorzunehmen. Meist ist das Haus als Erstes an der Reihe; dennoch sollte man den Garten in dieser wichtigen Planungsphase auf keinen Fall ignorieren. Wenn dieses Buch dem Leser zu vermitteln vermag, dass Innen- und Außenbereich eine untrennbare Einheit bilden, dann ist schon viel gewonnen. Denn wer sich von dieser Prämisse ausgehend an die Planung macht, ist auf dem richtigen Weg zu einer räumlichen Harmonie, wie sie jeder guten Gestaltung zugrunde liegt.

Geht man noch einen Schritt weiter, dann erscheint es durchaus konsequent, Größe und Proportion der Räume innerhalb des Hauses auszumessen. Schließlich würde man ja auch nie einen Teppich oder gar eine komplette Einrichtung

Links Wer ein neues Haus baut, verfügt in der Regel über eine ganz weiße Leinwand, um einen Garten anzulegen. Dennoch gilt es die Umgebung innerhalb und außerhalb der Begrenzungen eingehend zu betrachten. Hier ist das Nachbarhaus, wie man sieht, durch Hecken abgeschirmt und der etwas ungünstig geschnittene Winkel auf der gegenüberliegenden Seite mit einem Wasserbecken und entsprechender Bepflanzung ausgefüllt. Das Federborstengras zieht sich wie eine optische Klammer quer über die Parzelle, während der Bodenbelag aus Betonfliesen, mit gleichgroßen Kieselquadraten durchsetzt, eine rasterartige Ordnung ausstrahlt.

Gegenüber Wie immer der Garten aussehen mag, es gilt zunächst abzuklären, was an Gehölzen, Stauden, Niveau-Unterschieden und Begrenzungen wie Zäunen, Mauern oder Hecken vorhanden ist und in welcher Verfassung sich all dies befindet. Der abbröckelnde Mauervorsprung hier ließe sich vielleicht in ein Gesamtkunstwerk integrieren – ein überraschender, nonkonformistischer Ansatz.

Bestandsaufnahme 11

bestellen, ohne sich zunächst einen Überblick über die Größenverhältnisse zu verschaffen. Auch wird man sich in ein und demselben Raum kaum je zu einem bunten Stilmix hinreißen lassen, sondern sich vielmehr auf ein bestimmtes Thema festlegen, das sich auch auf andere Teile des Hauses ausdehnen lässt. Ganz ähnlich sollte man auch die Planung des Außenbereichs angehen, denn nur aufgrund der bestehenden Fakten lässt sich eine räumlich befriedigende Gliederung und stilistisch wirkungsvolle Gestaltung aufbauen.

Vor vielen Jahren war ich im Auftrag einer Zeitschrift als Ansprechpartner in Gartenfragen tätig. Um die Leser möglichst effektiv beraten zu können, bediente ich mich einer ganz einfachen Methode, an die erforderlichen Informationen zu kommen. Meine Fragen beschränkten sich auf »Was haben Sie?« und »Was wollen Sie?«, denn beide verlangen eine Art praktischer Analyse, und die Machbarkeit ist nun einmal eine Grundvoraussetzung jeder erfolgreichen Gestaltung.

Ein Garten sollte nie das Ergebnis vorschneller Entscheidungen sein, was gleichermaßen für alles gilt, das die künftige Komposition beeinflusst oder gar prägt. Wer gerade frisch umgezogen ist und überstürzte Entscheidungen trifft, gewinnt nichts, denn in einem Garten gilt es zuerst einmal die nötigen Informationen zu sammeln – am besten über ein ganzes Jahr.

Der Wechsel der Jahreszeiten

In vielen Teilen der Welt ist der Wechsel der Jahreszeiten eindeutig erkennbar, wobei jede ihren eigenen Reiz entfaltet – man denke nur an das intensive Licht, die Temperatur und das Wachstum der Pflanzen. In den gemäßigten Zonen erfreuen uns im ausgehenden Winter und dem Frühling die Zwiebelblumen, die zum Leben erwachen und das neue Gartenjahr einläuten. Die Knospen springen auf, überall blitzt frisches Laub hervor, und der Garten scheint die langen, kalten Nächte abschütteln zu wollen. Winterharte Stauden, bis dahin unbemerkt, nehmen ihren Platz in der Rabatte ein, entfalten ihre Blüten und verwandeln den Garten mit Beginn des Sommers in eine verschwenderisch üppige Oase. Der Herbst überrascht mit Farbe und späten Blüten, und selbst im kleinsten Winkel reifen Obst und Gemüse, um noch rechtzeitig geerntet zu werden. Dann nahen auch schon die kalten Wintertage, in denen sich der Garten in seiner kargen Schönheit darbietet. Selbst wenn sich der Wechsel der Jahreszeiten in anderen Klimazonen weniger augenfällig äußert, so wird er unser Leben im Freien doch nachhaltig beeinflussen.

Obwohl wir diesen Wandel vielfach als selbstverständlich betrachten, empfiehlt es sich, den Garten ein Jahr lang zu beobachten, um sich mit seinen »Launen«, Stärken, Einschränkungen und seinem Charakter vertraut zu machen. Im Lauf dieses Jahres wird man feststellen, dass die Sonne höher oder tiefer am Himmel steht und somit längere oder kürzere Schatten wirft. Diese Beobachtung wirkt sich nicht nur auf die Entscheidung aus, wo der Sitz-, Essplatz oder ein Bereich für Geselligkeiten Raum finden werden, sondern auch auf die Auswahl der Pflanzen. Obwohl diese jeweils einen spezifischen Standort bevorzugen – ich werde darauf noch eingehen –, gibt es für jede Situation entsprechende Arten, sodass selbst der schattigste Winkel im Lichtschacht vor einem Untergeschoss überquellen kann mit sattgrünem Laub, das wie ein dekorativer Mantel unansehnliche Mauern überzieht.

Links Die Gliederung des Gartens orientiert sich oft am Erscheinungsbild des Hauses. Hier spiegeln sich die warmen terrakottafarbenen Mauern in den Tönen der stabilen Bank und des Tischs wider. Eine fest installierte Möblierung kann in einem kleinen Garten enorm platzsparend sein und Teil der Gesamtkomposition werden. Die Mittelmeerzypresse bringt eine vertikale Note ein, während die Skulpturen individuelles Flair entfalten.

Ausblicke

In einem kleinen Garten sollte man sich überlegen, wie sich der verfügbare Raum bestmöglich vergrößern lässt. Gerade weil der Bereich begrenzt ist, heißt es die Wirkung des Umfelds einzubeziehen.

Gelegentlich ist der Blick, der sich bietet, geradezu atemberaubend: ein Zipfel vom Meer in der Ferne, eine wogende Hügellandschaft, das anheimelnde Bild verschachtelter Dachgiebel oder ein schöner Baum im Nachbargarten. Dabei dürften manche Aspekte auf den ersten Blick nicht einmal ins Auge fallen. Ich erinnere mich noch immer an einen Bauherrn, der mir von seiner wunderschönen Sicht von einem Fenster im Erdgeschoss erzählte. In der Tat erschien das Meer von einem Baum im eigenen, recht kleinen Garten und dem angrenzenden Haus wie von einem einzigartigen Rahmen umgeben. Wir bauten schließlich ein Baumhaus, das den Blick nicht nur einfasste, sondern eine »Etage« tiefer zugleich wertvollen Raum »schuf«. Es lohnt sich also immer, das vorhandene Fleckchen Erde eingehend zu betrachten. Wo immer sich eine geeignete Sicht, »geborgte Landschaft« sozusagen, bietet, gilt es sie zu nutzen, denn es handelt sich um eines der wichtigsten Elemente, einen kleinen Garten größer erscheinen zu lassen.

Berücksichtigt werden sollte auch die naheliegende Möglichkeit, den eigenen Garten optisch mit dem des Nachbarn zu verbinden, sei es, dass eine Gruppe Sträucher über die Begrenzung hinausquillt oder ein besonders schöner Baum darüber aufragt. Umso besser, wenn beide Partien Freude daran haben, und sich die Grenzen mit der Zeit so verwischen, dass man nicht mehr genau sagen kann, wo der eine Garten endet und der andere anfängt. Auch wenn es für kleine Räume im Freien unzählige Gestaltungsmöglichkeiten geben mag, so heißt einer der bewährtesten Kunstgriffe doch, sich mit einem grünen Kokon zu umgeben, der sich am Umfeld jenseits der Begrenzung orientieren kann – eine Illusion, gewiss, aber eine ausgesprochen lohnenswerte!

Umgekehrt kann eine wenig ansehnliche Aussicht wie in vielen Gärten geradezu ins Auge springen. Dennoch lässt sich selbst die ödeste Kulisse kaschieren, sei es durch einen geschickt platzierten kleinen Baum, einen hohen Zaun oder die Balken einer Pergola, die sich vom Haus aus über einen Sitzbereich spannen, um diesen gegen die neugierigen Blicke aus den Fenstern darüber abzuschirmen.

Unten Nicht jeder verfügt über eine himmlische Aussicht. Wer aber zu den Glücklichen gehört, sollte sie nutzen, denn ignorieren hieße sich buchstäblich versündigen. Dennoch kann bereits eine Mauer manch unansehnliches Blickfeld im unteren Bereich kaschieren. So lässt sich das Auge in die Ferne lenken, wie hier auf die imposante Kulisse der Berge. Die *Bougainvillea* strahlt Beständigkeit aus, während innerhalb des Gartens das verblüffend schlichte Wasserelement einen Blickfang bildet.

14 Bestandsaufnahme

Oben In Wirklichkeit gibt es weit mehr öde als ansehnliche Blickfelder, und in diesem Fall bietet eine feste Wand aus geriffeltem Stahl den erforderlichen Sichtschutz. Minimalistisch gestaltete Gärten und Baustrukturen verlangen minimalistische Begrenzungen. Hier gibt die klare Linienführung des galvanisierten Metallzauns das Thema vor, das Pflanztrog, Möblierung und Gitterrost weiterverfolgen.

Rechts Oft sagt ein kleiner Ausschnitt eines Blickfelds mehr als eine vollkommen freie Sicht. Hier lädt der ferne Wald hinter dem Feld förmlich dazu ein, Ausschau zu halten. Das bogenförmige Heckentor bringt eine gewisse Spannung ins Bild, und die Gräser im Vordergrund schaffen eine Verbindung zu den Ähren des Kornfelds dahinter.

Wie aber lässt sich mit Nachbarn oder Situationen leben, die nicht unbedingt ideal sind – einer belebten Straße, einer unmittelbar angrenzenden Schule oder rücksichtslosen Leuten nebenan? Wo Platz ist, kann eine dichte Bepflanzung viel Lärm schlucken und ein Wasserelement im Bereich der Sitzecke Wunder wirken. So habe ich für einen meiner Auftraggeber, der ganz in der Nähe eines Flughafens wohnt, einen Garten mit einer Wasserwand entworfen, die über ihre dramatische blickfangartige Wirkung hinausgehend, den Lärm der Flugzeuge darüber buchstäblich abblockt. Ein ganz wichtiges Gestaltungsmedium heißt Substitution, ganz gleich ob ein Geräusch durch ein anderes übertönt oder das Auge gezielt von einem wenig ansehnlichen Bereich auf einen erfreulicheren gelenkt wird.

In diesem Stadium sollte man aber noch nicht zu sehr ins Detail gehen, denn dafür ist später noch Zeit. Wichtig in dieser ersten Orientierungsphase ist, ein Gefühl für das Wesen des Gartens zu entwickeln. Die meisten Leute, auch Studenten, die sich mit dem Thema Gestaltung befassen, legen sich viel zu früh fest. Und doch stimmt es zweifellos, dass die auf ein Team abgestimmte Gestaltung – im Hausgarten also die Familie – weitaus effektiver ist als anhand der Vorgaben eines Einzelnen.

Unbedingt im Hinterkopf zu behalten ist, dass dieser Raum allen gerecht werden muss, den Erwachsenen, den Kindern und den Tieren – und alle sich darin aufgehoben fühlen sollten.

Eine Wunschliste zusammenstellen

Während man fleißig Informationen sammelt, schießen einem alle möglichen Ideen durch den Kopf, wie der Garten letztlich aussehen soll. Gartenarchitekten haben eine einfache Checkliste aller erdenklichen Elemente, die sich in eine Komposition einbringen lassen. Wir gehen sie mit unseren Auftraggebern durch und machen uns Notizen über ihre Vorlieben. In diesem Stadium gilt es sich allgemein über die individuellen Wünsche klar zu werden; wenn anschließend eine Liste erstellt wird, lassen sich immer noch Feinheiten einbringen.

Bis hierher habe ich viel über Praktikabilität erzählt, ganz einfach deshalb, weil gute Gestaltung entscheidend von der Machbarkeit abhängt. Worauf viele Leute und Gartengestalter gleichermaßen aber Wert legen, ist Kreativität – ein Punkt, der in keiner Wunschliste fehlen sollte. Beim Sammeln all der Informationen dürfte man sich über seine Wünsche und Erwartungen klar geworden sein. Man hat Gartenmagazine studiert, immer wieder einzelne Seiten herausgerissen, Kataloge durchforstet und Gartencenter oder Ausstellungen besucht. Nun gilt es eine große Pinwand zu besorgen, die Bilder darauf festzuheften, um sich Tag für Tag damit auseinander zu setzen, ohne lang in Ordnern wühlen zu müssen. Schließlich werden die Bilder umgruppiert, neue von anderen Gärten dazugeheftet, bis man sich ganz sicher ist, dass man wirklich mag, was man vor Augen hat. Gartengestaltung ist eine sehr sensible, ja sinnliche Angelegenheit, und Romantik spielt bei aller Praktikabilität eine ausschlaggebende Rolle. Von daher ist die visuelle Vorstellung ein ganz entscheidender Punkt. Warnen möchte ich indes vor albernen Modeerscheinungen, die in ihrer Flachheit und Kurzlebigkeit nichts im Garten zu suchen haben.

Im Übrigen darf man nicht vergessen, dass in jedem Raum im Freien neben vielem Schönen auch Praktisches oder gar Unansehnliches unterzubringen ist: Abfalleimer, die Wäscheleine, ein Schuppen, eine Lagerfläche oder andere Dinge. Es hilft nichts, die Augen davor zu verschließen, denn in der Planungsphase berücksichtigt, lassen sie sich oft ganz geschickt einbauen und kaschieren. Auf dem flachen Deckel eines Mülleimers etwa können Topfpflanzen zur Schau gestellt werden. Eine Wäscheleine kann in einem Mauerkasten verschwinden, und der obligatorische Schuppen kann, farbig gestrichen und mit den Querstreben von Spalieren verbunden, dekorativ zur Gestaltung kommen. Mit anderen Worten, praktische Dinge können, einfühlsam integriert, Teil der Gesamtkomposition werden.

Auf diese Weise entwickelt man allmählich ein Raumgefühl. Man sieht sich durch das Tor des Gartens gehen, das eine bestimmte Richtung vorgibt und somit ein Blickfeld oder, fachspezifisch ausgedrückt, eine Achse eröffnet. Ganz gleich, ob es sich um eine schöne Aussicht handelt oder die Rückseite einer Garage, man wird sich damit befassen müssen. Des Weiteren dürfte inzwischen auch klar sein, wie die Sonne im Laufe eines Tages wandert und welche Schatten die Begrenzungen, Bäume und Gebäude werfen. Diese Beobachtungen sind wiederum entscheidend für die Platzierung des Sitzbereichs, je nach Belieben in der Sonne oder im Schatten. Meist wird man sich auch nach dem vorherrschenden Wind richten müssen, der in einem Garten innerhalb der Stadt durch die umliegenden Häuser zwar weitgehend abgeblockt wird, nahezu das ganze Jahr aber aus einer bestimmten Richtung kommt – das kann eine eisige Brise sein, die um die Hausecke fegt oder, in milderen Regionen, ein frisches Lüftchen, das in den brütend heißen Mittagsstunden als wohltuend empfunden wird. Während man auf der einen Seite Schutz benötigt, wird man auf der anderen in vollen Zügen seine erfreuliche Wirkung genießen.

All diese Aspekte formieren sich nach und nach zu einem konkreteren Bild, und obwohl die Gliederung des Gartens noch keineswegs abgeschlossen ist, entwickeln sich in dieser Phase doch die grundlegenden Parameter. Die Charakteristika des Geländes bestimmen allmählich die Gestaltungsweise und nicht umgekehrt, wie so oft. Wer im Einklang mit der Umgebung plant und nicht gegen sie, hat die Chance etwas zu schaffen, das sich harmonisch in das Gesamtbild einfügt und somit außergewöhnlich ist. Alle gelungenen Gärten vermitteln übrigens spontan diesen Eindruck, der sich in dem unaussprechlichen Gefühl äußert, dass hier einfach alles stimmt.

Noch sind wir aber nicht am Ende mit unserer Check-Liste, noch stehen unzählige weitere Faktoren aus, die für die endgültige Planung ausschlaggebend sein können. Manchmal erstreckt sich ein Garten auch über unterschiedliche Ebenen (s. Seite 66 f.), was aber durchaus ein Bonus sein kann, denn diese Staffelung kann ungleich dramatischer wirken als jedes flache Terrain. Eine andere Sache ist die Kostenfrage, die auf Seite 28 angesprochen wird. Stützmauern, Treppen und weitere Maßnahmen in Verbindung mit unterschiedlichen Ebenen können eine Menge Geld verschlingen – umso wichtiger eine effektive Planung, falls man ein solches Projekt in Angriff zu nehmen gedenkt.

Bis dahin habe ich mich vorwiegend mit der räumlichen Komponente des Gartens befasst und kaum ein Wort über die Bepflanzung verloren, von dem Hinweis auf die »geborgte Landschaft« und Sichtschutzmaßnahmen einmal abgesehen. Die Bepflanzung bringt mit ihren Farben

Oben Die Persönlichkeit des Besitzers und dessen individuelle Ansprüche bestimmen, wie der Garten letztlich aussieht. Er kann prickelnd frisch wirken, dezent zurückhaltend oder wie hier einem Dschungel inmitten der Stadt gleichen. Diese Komposition strahlt durch ihr exotisches Flair, aber auch durch die Unterteilung in einzelne Räume einen unverwechselbaren Charakter aus. Die rote Mauer bietet Raum für Kletterpflanzen, verlockt aber auch, den Bereich dahinter zu erkunden, während die üppig grüne subtropische Bepflanzung eine bezaubernde Wechselwirkung zwischen Formen, Strukturen und Texturen entfaltet.

Bestandsaufnahme 17

und den das ganze Jahr über Aufsehen erregenden Strukturen aber Leben in einen Garten. Ob man mit dem Einzug in ein neues Haus einen wild wuchernden Dschungel oder die besagte »weiße Leinwand« vorfindet, man wird sich in jedem Fall überlegen müssen, was erhalten bleiben und was weichen muss. Verständlich, dass man sich oft scheut, über Jahre gewachsene Gehölze zu fällen, selbst wenn diese am »falschen« Platz stehen. Bevor Entscheidungen getroffen werden, gilt es sorgfältig abzuwägen, was eine Gruppe Sträucher oder ein Baum an Vorteilen bieten könnten.

Vorhandene Bestände nutzen

Was verheerende Auswirkungen haben kann, ist in einem wahren Kahlschlag alles bis auf den letzten Grashalm auszureißen. Es mag zwar verlockend erscheinen, mit einer ganz weißen Leinwand zu beginnen, dennoch sollte man bedenken, dass es nur fünf Minuten dauert, bis man mit einer Kettensäge einen Baum gefällt hat, und Jahre, bis er herangewachsen ist. Ich weiß nicht, wie oft mir die neuen Besitzer eines Gartens nahelegten, zunächst einmal alles einzuebnen, wo die vorhandene Bepflanzung zwar unansehnlich, genauer betrachtet aber doch erhaltenswert erschien.

In einem Fall ging es um einen kleinen Garten, einst Teil eines größeren Geländes, durch den sich eine über Jahre vernachlässigte Reihe alter Spalierobstbäume zog. Die langen Seitentriebe waren ineinander geführt und die Stämme mit den Jahren knorrig verwachsen. Die Bauherren hatten verständlicherweise kein Interesse, diese alten, wenig ertragreichen Bäume zu erhalten, und doch ging von ihrer Silhouette unbestreitbar eine faszinierende, ja skulpturale Wirkung aus. Nach langem Hin und Her konnte ich die Besitzer dazu überreden, sie zumindest so lange zu belassen, bis geklärt sein würde, ob sich nicht doch etwas damit anfangen ließe. Geplant war ein strikt moderner Garten, und nachdem ein Plan erstellt und die Details auf dem Reißbrett festgehalten waren, trat unverkennbar zutage, dass das in stumpfem Winkel zum Haus verlaufende Spalier das gesamte Entwurfskonzept dominierte. Auf der einen Seite durchbrachen die Spalierbäume ein Holzdeck, auf der anderen stellte sich ein von Edelstahlpaneelen eingefasstes Hochbeet dem Winkel entgegen, um markant in Richtung Haus vorzuragen. Kleine Rinnsale mit Glasperlen schlängelten sich um die Bäume herum, während neue, straff verspannte Edelstahldrähte dem alten Geäst Halt boten und die Zweige in eine Linie zwangen. Endergebnis war ein spektakulärer Garten, in dem die alten Bäume Raumteiler und Blickfang darstellten und, sachgemäß geschnitten, sogar Früchte trugen. So entstand eine beispielhaft gelungene Verbindung zwischen Tradition und Moderne. Aber wer hätte dies auf den ersten Blick vorhersehen können?

Umgekehrt: hätte man mit diesen alten Bäumen wirklich gar nichts anfangen können, so wären sie im Nu herausgenommen und der Weg für eine von Grund auf neue Gestaltung frei gewesen. Was ich damit sagen möchte, ist, dass man gerade in der Entwurfsphase offen sein sollte, denn in diesem Stadium ist in der Tat noch alles revidierbar. Wer sich rechtzeitig Gedanken macht und zu Feder und Papier greift, kann sich einiges ersparen, denn eine permanente oder zumindest für einen längeren Zeitraum vorgesehene Bepflanzung hat weitreichende Konsequenzen.

Die vorhandene Bepflanzung kann sich aber auch anderweitig bewähren. Spontan freuen wird man sich über den Sichtschutz, den sie bietet, aber auch,

Links Über Jahre gewachsene Bäume können in einem kleinen Garten eine wahre Bereicherung darstellen, vorausgesetzt, sie fügen sich in Art und Größe in den beschränkten Raum ein. Sie sind nicht nur Mittelpunkt und Hauptblickfang innerhalb des Gesamtbilds, sondern bieten auch Lebensraum für Tiere und nicht zuletzt einen natürlichen Windschutz. Mit ihren überhängenden Zweigen spenden sie den an heißen Sommertagen so willkommenen Schatten. In diesem Garten erhebt sich im Hintergrund eines eleganten und schön gegliederten Holzdecks, das die Basis des Baumstamms einfasst, eine Sichtschutzmauer, die als Raumteiler dient.

dass sie eine wenig ansehnliche Kulisse auszublenden vermag. Keineswegs unterschätzen darf man, dass eine dichte Gruppe Sträucher oder Bäume auch eine wirksame Barriere gegen Windböen darstellt. Solche Aspekte gilt es in der Orientierungsphase zu berücksichtigen, zumal sich der vorherrschende Wind nicht auf Anhieb ermitteln lässt – ein Grund mehr, den Garten auf solche äußeren Einflüsse hin zu erkunden. Selbst wenn sich die vorhandenen Gehölze nicht in allerbestem Zustand befinden sollten, lassen sie sich durch Ausdünnen und eine entsprechende Begleitpflanzung verschönern; so bleibt zumindest der Sichtschutz erhalten.

Vom Schatten eines Baums oder einer Baumgruppe wird möglicherweise auch abhängen, wo ein Sitz- oder Essbereich eingerichtet wird. Im Übrigen wird man sich auch über die Unterpflanzung Gedanken machen müssen, denn Bäume entziehen dem Boden Wasser und Nährstoffe.

Obwohl Umweltschützer unermüdlich dazu ermuntern, Refugien für die heimische Tierwelt zu schaffen, wird man sich im kleinen Garten doch kaum zu Stößen verrottender Baumstämme oder wild wuchernden Brombeerhecken und Brennnesselhorsten hinreißen lassen. Stattdessen könnte aber ein vorhandenes Wasserelement, entsprechend instand gesetzt, erneut zu Ehren kommen und der vorhandene Pflanzenbestand zu einem Hort für Nützlinge werden. Heimische Arten sind im Interesse der Umwelt zu bevorzugen, was für eine Identifizierung der bereits angesiedelten Pflanzen spricht. Jeder Garten kann dank des harmonischen Zusammenspiels unterschiedlicher Elemente einen in sich ausgewogenen Lebensraum darstellen.

Die Untersuchung des Bodens

Während man sich in diesem Stadium Gedanken über die Bepflanzung macht, sollte man abklären, über welche Art Boden man verfügt. Immer wieder wird diese entscheidende Komponente vernachlässigt, die Grundvoraussetzung für sämtliches Pflanzenwachstum ist. Dabei sind viele Spezies äußerst wählerisch in Bezug auf den Boden. Manche bevorzugen sauren Boden, andere alkalische oder kalkhaltige Bedingungen. Gartencenter und Gärtnereien sollten ihre Kunden darüber informieren, indem sie auf dem Schild einen Hinweis auf den erforderlichen Bodentyp geben, denn man darf nicht erwarten, dass Pflanzen, die sauren Boden lieben, auf Kalkboden gedeihen oder umgekehrt. Anhand eines Boden-Testsets lassen sich ganz leicht Messwerte an verschiedenen Stellen des Gartens ermitteln.

Böden können schwer oder leicht sein, und ich weiß nicht, wie oft mich ratlose Gartenliebhaber gefragt haben, wie sich ihr Boden verbessern ließe. Dabei sind schwere Böden in der Regel bemerkenswert fruchtbar, denn aufgrund ihrer feinkrümeligen Struktur halten sie Nährstoffe weit besser als Sandboden. Das Problem besteht vielmehr darin, dass sie sich nur sehr langsam erwärmen und ungeheuer schwer bearbeiten lassen. Sie profitieren jedoch enorm durch Hinzufügen von Kompost oder gut verrottetem Dung – organische Materialien, die kompakten Boden aufbrechen und lockern helfen. Derartige Maßnahmen sind gemeint, wenn von Bodenverbesserung die Rede ist.

In einem staunassen oder sehr feuchten Garten kann eine Dränage Abhilfe schaffen; aber bereits eine tiefgründige Bearbeitung des Bodens trägt wesentlich zur Verbesserung bei. Wo eine Dränage erforderlich ist, beauftragt man am besten einen Fachbetrieb. Es empfiehlt sich in jedem Fall, den Rat eines Experten einzuholen.

Rechts Hier eine Komposition mit Einladungscharakter, zu der der großzügige, im Flechtmuster verlegte Ziegelsteinweg beiträgt, der das Auge auf den weichen Rasenteppich und die von Sträuchern eingerahmten Stühle lenkt. Nichts wirkt hier erzwungen oder gewollt, sondern einfach nur ausgewogen – wie alle schönen Gärten.

Das Gelände vermessen

Mittlerweile dürfte die Gestaltung des Gartens im Kopf bereits konkretere Formen annehmen. Man ist mit dem Charakter des Orts inzwischen vertraut, kennt seine Stärken und Schwächen, seine Zugangsmöglichkeiten, die Architektur des angrenzenden Hauses, den Lauf der Sonne und vieles mehr. Gewiss bleiben noch zahlreiche Details zu bedenken, aber wer der Versuchung widersteht, den Garten über Nacht anlegen oder auch nur entwerfen zu wollen, wird die Dinge allmählich dreidimensional sehen lernen, eine Fähigkeit, die Gartengestalter von Berufs wegen beherrschen.

Sobald die grundlegenden Fragen abgeklärt und die wichtigsten Fakten zusammengetragen sind, gilt es diese Überlegungen gezielt in einen realistischen Arbeitsplan einzubringen, der eine konkrete Vorstellung des Gartens vermittelt. Während die groben Umrisse, die uns vor Augen stehen in der Theorie ein perfektes Bild des künftigen Gartens zeigen mögen, entscheidet in der Praxis die Machbarkeit in Verbindung mit den Details, ob der Garten zum Leben erwacht. Dies aber bedeutet, alles noch genauer unter die Lupe zu nehmen und einen Grundriss zu erstellen, damit ein maßstabsgerechter Plan gezeichnet werden kann. An diesem Punkt fragen sich die meisten Leute, ob dies wirklich sein muss, ob nicht eine Skizze genügen oder ein grobes Abstecken der Konturen auf dem Gelände ausreichen würde, um auf der Stelle anfangen zu können. Es gelingt aber nur wenigen, auf Anhieb atemberaubende Kompositionen zu schaffen. Nur besonders Begabte verfügen über ein untrügliches Gespür für Raum, Gestalt und Form und haben den künftigen Garten bereits plastisch vor Augen. Die Mehrheit kommt damit erfahrungsgemäß nicht zurecht, und der Vorteil einer Zeichnung und eines im nächsten Schritt erstellten maßstabsgerechten Plans ist, dass er ein ganz präzises Modell darstellt. Anhand eines solchen Plans lassen sich

Unten Wie naturnah ein Garten auch anmuten mag, man darf nicht vergessen, dass alles zunächst einmal geplant wurde, und diesem Plan eine akkurate Vermessung des Geländes vorausging. Hier wurden die üppig bepflanzten Beete so gestaltet, dass sie das Auge hangaufwärts in Richtung Töpfe und Sitzbereich lenken, der zugleich einen Blickfang darstellt. Das Spalier weckt Neugier – wie mag es dahinter wohl weitergehen – ein einfacher Kunstgriff, Weiträumigkeit vorzutäuschen.

Proportionen und Räume ausweisen, die erforderliche Materialmenge errechnen, ein Pflanzplan entwerfen und auf lange Sicht eine Menge Zeit, Geld und Mühe sparen.

Ein Grundrissmodell zu entwickeln erfordert relativ geringe Vorkenntnisse. Erfreulich daran ist, dass sich auf diese Weise vieles, das im Vorhinein angedacht wurde, festhalten lässt. Man beginnt am besten draußen auf einem Klemmbrett, die etwaigen Konturen des Gartens auf Papier zu skizzieren. Als Erstes werden die Umrisse des Hauses und die Position der Türen und Fenster eingezeichnet, was ganz wichtig sein kann, denn unter Umständen wird man danach die Achse ausrichten oder ein bestimmtes Blickfeld innerhalb oder gar außerhalb des Gartens anvisieren. Als Nächstes werden die Grundstücksgrenzen markiert und vermerkt, ob es sich um einen Zaun, eine Hecke, Mauern oder ein angrenzendes Gebäude handelt. Von Bedeutung sind auch Angaben über deren Höhe, Zustand und farbliche Gestaltung. Des Weiteren werden sämtliche befestigten Flächen mit entsprechendem Hinweis auf das Material angegeben: Ziegelstein, Betonfliesen, Holzdeck oder was auch immer aus dem breiten Spektrum der Bodenbeläge verwendet wurde. Falls man in dieser Phase bereits merkt, dass bestimmte Bereiche nicht mit dem neuen Konzept harmonieren, sollte man keine Zeit darauf verwenden, sie akkurat einzubringen, sondern lediglich festhalten, um welche Materialien es sich handelt – sie lassen sich möglicherweise herausnehmen und andernorts wieder verwerten. Wichtig ist auch die Position von Dränagen oder Schachtdeckeln, die sich meist in Hausnähe befinden und oft ungünstig platziert sind. Das Problem lässt sich umgehen, indem man abgesenkte Deckel verwendet oder sie durch Drehen in ein bestimmtes Pflastermuster integriert. Allerdings sollte man sie nie einfach zudecken, weil man sie sonst kaum je auf Anhieb findet, wenn man sie einmal braucht.

Auch eine Böschung oder Stufen müssen auf dem Plan angegeben und ihr Gefälle vermessen werden. Letzteres ist ausschlaggebend für unterschiedliche Ebenen, aber auch Elemente wie einen Teich, Hochbeete, eine Terrassierung und vieles mehr.

Nun gilt es die Position der schönen und eher unansehnlichen Blickfelder einzuzeichnen, ebenso die vorherrschende Windrichtung, nicht zu vergessen den Nordpfeil, der zugleich den Stand der Sonne am Mittag anzeigt. Vielleicht ist es aber auch leichter zu vermerken, wo die Sonne aufgeht und dann quer über die Zeichnung einen Bogen zu dem Punkt zu schlagen, wo sie untergeht. Auf diese Weise lässt sich der Sonnenstand zu jeder beliebigen Tageszeit ablesen – eine wertvolle Information für die Platzierung eines Sitzbereichs, einer Bank oder eines Kräuterbeets. Falls eine Bodenanalyse vorgenommen und innerhalb des Gartens bemerkenswerte Unterschiede bezüglich Säuregehalt oder Alkalinität ermittelt wurden, sollten diese Messwerte im Plan festgehalten werden.

Nun gilt es auch die vorhandenen Pflanzen auszuweisen, allerdings nur die, die man kennt. Generell sollte man versuchen sie zu identifizieren, um sich ein Bild über ihre voraussichtliche Größe zu machen, auch in Bezug auf die neu vorgesehenen Arten. Um auch die »geborgte Landschaft« einzubeziehen, wird vermerkt, was an Sträuchern oder Bäumen aus dem Nachbargarten »hinzukommt«. Wichtig ist auch, den Umriss der Baumkrone, die in den eigenen Bereich hineinragt, einzuzeichnen, denn diese wirft zwangsläufig Schatten und bietet ein Laubdach, das sich vielfach gut nutzen lässt.

Bäume spielen im Garten eine ganz entscheidende Rolle: Ein junger Schössling, der beim Einzug genau die richtige Größe hatte, kann sich in ein wahres Monster verwandeln, das den ganzen Garten beherrscht, Regenrinnen verbiegt und Gebäudeschäden anrichtet – eine regelrechte Plage. In diesem Fall ist es einfacher, ihn gleich herauszunehmen als erst in zehn oder fünfzehn Jahren, wenn er sich nur noch unter großem Aufwand von einem Spezialbetrieb fällen lässt. Waldbäume sind für einen kleinen Garten in der Regel ungeeignet. Man sollte sich auch nicht verleiten lassen, sie beizubehalten, nur weil sie in der Jugend noch harmlos scheinen. Auch eine gewisse Subjektivität ist ein wichtiger Aspekt jeder Gartengestaltung, insbesondere in Bezug auf Pflanzen, die mit der Zeit immer größer werden. Bäume und hohe Hecken, insbesondere Koniferen, führen immer wieder zu nachbarlichen Streitereien.

Wer in dieser Hinsicht Probleme hat, sollte sie auf diplomatische Weise zu klären versuchen, denn Abhilfe kommt meist beiden Parteien zugute, und das objektive Urteil eines Baumexperten kann den Weg vielfach ebnen. Nebenbei bemerkt bieten Koniferen-Hecken nicht nur einen hervorragenden Sichtschutz, sie wirken auch lärmdämpfend. Das Geheimnis liegt darin, sie bereits im Jugendstadium so zu schneiden, dass sie sich von der Basis ausgehend nach oben hin verjüngen. Außerdem müssen sie regelmäßig gedüngt und gewässert werden, da sie stark zehren und dem Boden ringsum Nährstoffe entziehen.

Maßnehmen

Nun kann mit dem Maßnehmen begonnen werden – keine Angst, es ist ganz einfach! Ich habe im Lauf der Jahre gewiss Hunderte von Gärten vorwiegend selbst mit dem Bandmaß ausgemessen. Wo der Geländeverlauf sehr komplex ist, mehrere Höhenunterschiede oder Hänge mit unterschiedlichem Gefälle aufweist und vorhandene Bäume die Arbeit erschweren, sollte man einen Gartenarchitekten beauftragen – die Ausgabe lohnt sich. In einem kleinen Garten dürfte dies aber kaum erforderlich sein. Stattdessen kauft oder leiht man sich ein langes Bandmaß (Nähmeter oder Stahlmeter sind nicht lang genug, um präzise zu arbeiten, wobei Letzteres gut geeignet ist, um Ecken oder andere Details auszumessen). Ich arbeite grundsätzlich mit Maßketten (s. Seite 25). Das Band wird an einer Grundstücksgrenze verankert und entlang der Fassade des Hauses ausgezogen. Ich lasse es so lange auf dem Boden liegen, bis ich noch einmal überprüft habe, ob es gespannt ist, und gehe dann zum Ausgangspunkt zurück, um nacheinander die Maße aufzuschreiben. Dabei wird alles festgehalten: die Position eines Weges oder der Terrasse, die Kontur des Gebäudes, der Fenster, Türen, Regenrinnen, Schachtdeckel und so weiter bis zur äußeren Begrenzung. Dann gehe ich im rechten Winkel dazu noch einmal genau gleich vor, notiere Details wie Pflasterung, Bepflanzung, Position jedes einzelnen Baums (nicht nur die des Stamms, sondern auch die Größe der Baumkrone).

In vielen älteren Gärten verlaufen die Grundstücksgrenzen nicht rechtwinklig, sondern weisen oft beliebige Winkel auf. Um dies festzuhalten, gibt es ein einfaches Messverfahren: die Dreieckskonstruktion, die von der Position der Eckpunkte ausgeht (s. Seite 25). Man braucht dazu nur zwei Fixpunkte – ich verwende oft beide Enden eines Hauses. Nun legt man ein Maßband von einem Ende des Hauses bis zur Ecke des Gartens und notiert die Entfernung. Dann nimmt man das Maßband und misst die Entfernung vom anderen Ende des Hauses aus. Als Vorbereitung für den maßstäblichen Plan (s. Seite 27) stellt man den Zirkel auf die maßstabsgerechte Länge ein und schlägt für jedes Maß einen Kreisbogen. Der Schnittpunkt der beiden Kreisbögen entspricht genau der Position der Gartenecke. Diese Technik bietet sich für Bäume oder jedes andere Element an, das sich mithilfe einer Maßkette nicht problemlos messen lässt.

Überraschend ist immer wieder, wie viele Details der Vermessungsplan enthält und wie prägend diese für die vorgesehene Gestaltung sein können. Damit verfügt man über sämtliche Informationen und Maße, die für eine maßstabsgerechte Zeichnung des Gartens erforderlich sind.

Vermessung des Gartens

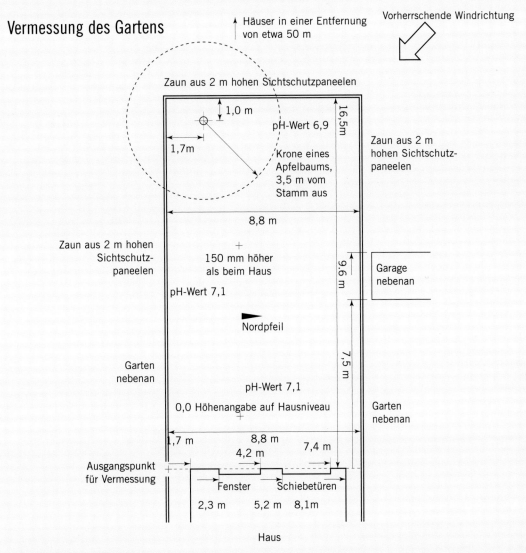

Links Dieser einfache Vermessungsplan enthält sämtliche Informationen, die für eine maßstabsgerechte Zeichnung Voraussetzung sind. Er weist deutlich aus, dass das Maßband auf der linken Seite des Zauns festgesteckt und dann durch den Garten abgewickelt wurde, um eine »Maßkette« entlang der Rückseite des Hauses zu erhalten. Die Niveau-Unterschiede treten klar zutage, ebenso der Apfelbaum und vor allem das Ausmaß seiner Krone. Vermerkt ist auch der wenig ansehnliche Blick auf Häuserfronten und die Garage nebenan sowie der pH-Wert an verschiedenen Stellen. Eingezeichnet sind der Nordpfeil und die vorherrschende Windrichtung.

Unten Mithilfe der Dreieckskonstruktion lässt sich auf ganz einfache Weise die genaue Position eines Objekts bestimmen, was mit einer Maßkette weitaus schwieriger wäre. Hier soll der Goldregen *(Laburnum)* präzise vermessen werden; dafür wurden von beiden Ecken des Hauses aus die bereits vorliegenden Entfernungen bestimmt. Um eine maßstabsgetreue Zeichnung anzufertigen, wird die Zirkelspitze jeweils in die Ecke des Gebäudes gesteckt, auf die entsprechende Länge eingestellt und ein Kreisbogen geschlagen, um den Abstand zu vermessen. Die Schnittstelle der beiden Kreisbögen entspricht exakt der Position des Baumes.

Dreieckskonstruktion

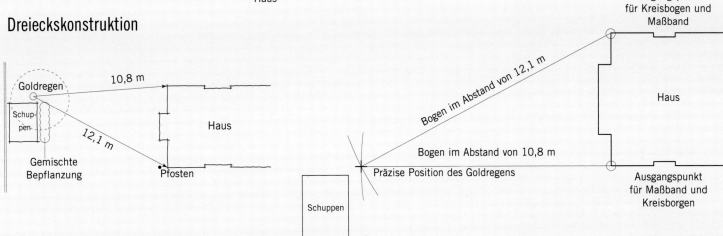

Bestandsaufnahme 25

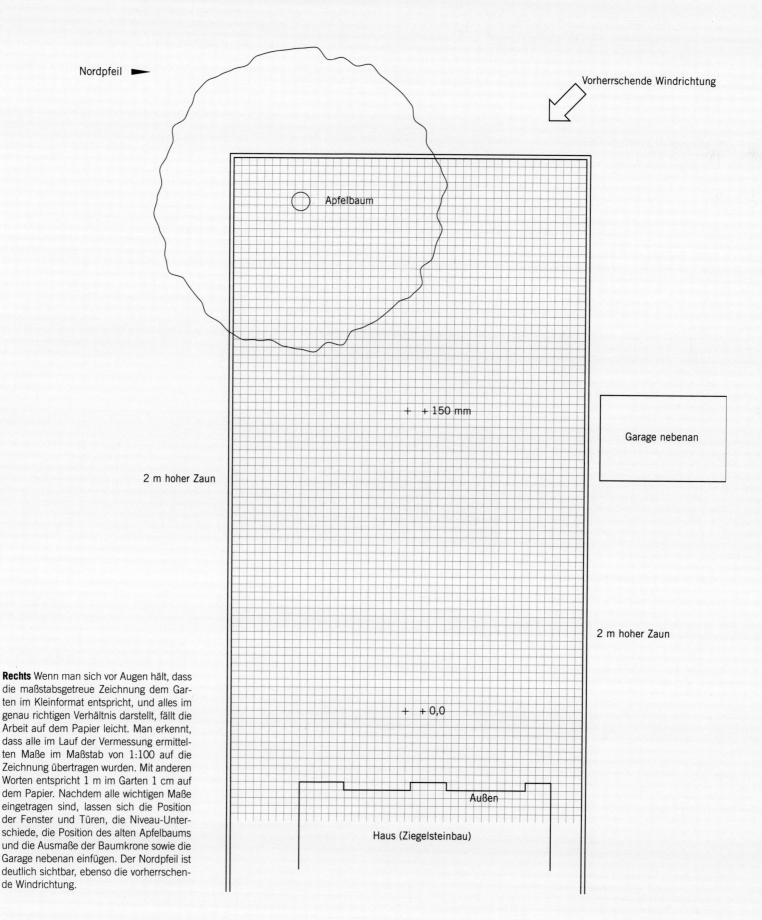

Rechts Wenn man sich vor Augen hält, dass die maßstabsgetreue Zeichnung dem Garten im Kleinformat entspricht, und alles im genau richtigen Verhältnis darstellt, fällt die Arbeit auf dem Papier leicht. Man erkennt, dass alle im Lauf der Vermessung ermittelten Maße im Maßstab von 1:100 auf die Zeichnung übertragen wurden. Mit anderen Worten entspricht 1 m im Garten 1 cm auf dem Papier. Nachdem alle wichtigen Maße eingetragen sind, lassen sich die Position der Fenster und Türen, die Niveau-Unterschiede, die Position des alten Apfelbaums und die Ausmaße der Baumkrone sowie die Garage nebenan einfügen. Der Nordpfeil ist deutlich sichtbar, ebenso die vorherrschende Windrichtung.

26 Bestandsaufnahme

Anfertigung einer maßstabsgetreuen Zeichnung

Vielen Leuten fällt es schwer, sich unter Maßstabsangaben oder einer maßstabsgetreuen Zeichnung etwas vorzustellen. Im Wesentlichen handelt es sich um ein Bild des Gartens im Kleinformat. Alles in diesem Bild erscheint im richtigen Verhältnis, sodass sich jedes Element und jede Teilfläche präzise wiedergeben lässt.

Am einfachsten ließen sich die Dinge freilich im Maßstab 1:1 darstellen, was genau der Größe des Gartens entspräche, als Zeichnung auf dem Küchentisch aber kaum realisierbar ist. Ein Maßstab von 1:2 entspräche der halben Gartengröße, 1:4 einem Viertel und so weiter. Ein in der Praxis bewährter Maßstab für kleine Gärten ist 1:50 oder anders ausgedrückt, eine fünfzigfache Verkleinerung des Gartens. Nun heißt es, die Maßangaben und weiteren Informationen auf ein Blatt Papier zu übertragen und dann in die mit Spannung erwartete Planung des Gartens einzusteigen.

Am leichtesten gelingt dies mit Millimeterpapier, das in exakte Quadrate unterteilt ist, von denen eines oder mehrere beispielsweise einem Meter auf dem Gelände entsprechen können. Bevor man anfängt, sollte man prüfen, ob der Garten überhaupt auf das Papier passt. Wenn man mit dem Maßstab 1:50 arbeitet, entsprechen 2 cm auf der Zeichnung 1 m auf dem Boden. Von einem Garten mit 10 m Länge und 5 m Breite ausgehend, würde die Zeichnung auf dem Papier einen Raum von 20 x 10 cm einnehmen.

Man beginnt nun also mit der Übertragung der Maße. Es dürfte nicht schwer fallen, die beim Vermessen des Geländes ermittelten Maßketten in einen Maßstab von 1:50 zu übertragen. Angenommen, das Haus wäre 1,5 m von der Grundstücksgrenze eingerückt, entspräche dies einem Maß von 3 cm auf der maßstabsgetreuen Zeichnung, gleichermaßen würde eine Fensterseite von 3 m Länge auf dem Papier 6 cm einnehmen. Die andere Seite des Fensters könnte 4 m von der Begrenzung entfernt sein und würde somit im Abstand von 8 cm auf der maßstäblichen Zeichnung erscheinen (es handelt sich also um das auf Seite 24 f. erläuterte Prinzip der Maßkette). Im Fall von nicht regelmäßig geschnittenen Arealen oder zur Positionierung eines Baums empfiehlt sich die Dreieckskonstruktion.

Sehr bald erkennt man, wie der Garten Gestalt annimmt. Dennoch sieht auf der maßstäblichen Zeichnung alles ganz anders aus, als man es draußen vor Ort wahrnimmt. Hier nämlich gewinnt man eine Vorstellung von der Gestaltung, die den tatsächlichen Dimensionen entspricht. Es geschieht erstaunlicherweise häufig, dass ich den vorbereiteten Plan meinen Auftraggebern vorlege, und diese kaum glauben können, dass es sich tatsächlich um den gleichen Garten handeln soll, den sie vor Augen haben. Wahrnehmung und Wirklichkeit sind in dieser Entwurfsphase von größtem Einfluss.

In die Zeichnung einzubringen sind aber auch sämtliche weiteren Informationen wie die vorherrschende Windrichtung, Niveau-Unterschiede, Materialien für die Begrenzungen und Angaben über deren Höhe, außerdem die Blickfelder, der vorhandene Pflanzenbestand, der Nordpfeil und vieles mehr. Wetten, dass man seinen »neuen« Garten inzwischen schon weitaus besser kennt als viele Leute ihren »alten«? Denn nachdem man sich in die Fußstapfen des professionellen Gartengestalters begeben und die ganzen Projektschritte durchlaufen hat, dürfte man nicht nur ein Gespür für die Sache entwickelt haben, sondern auch anhand der maßstabsgetreuen Zeichnung über alle für die Gestaltung wesentlichen Informationen verfügen. Welch langwierige Geschichte, werden sich manche fragen, und doch trifft dies keineswegs zu. Im Lauf der Vermessung des Grundstücks ist man nämlich mit dem »Geist« des Orts vertraut geworden, denn Gärten haben unbestritten einen spezifischen Geist und einen ganz ausgeprägten Charakter. Daraus etwas zu formen, das den individuellen Bedürfnissen entspricht, ist ein spannender Prozess.

Oben Die Bepflanzung kann die Form eines Gartens oft vollkommen verbergen. Hier sieht man, wie die Konturen dieses handtuchförmigen Grundstücks umspielt werden, sodass die Begrenzungen kaum mehr erkennbar sind – eine üppig grüne Oase in der Stadt.

Die Kosten

Spätestens jetzt sollte man sich über eine vernünftige Budgetplanung Gedanken machen. Gärten fallen wie vieles andere nicht einfach vom Himmel, sie wollen bezahlt sein. Beim Einzug dürfte das Haus verständlicherweise Priorität haben. Dies aber bedeutet, dass die verfügbaren Mittel zum Großteil von anstehenden Veränderungen und Renovierungen verschlungen werden. Wenn ich dem Leser an diesem Punkt einen Rat geben darf, so ist es, etwas für später auf die Seite zu legen – man wird es gut gebrauchen können.

Die meisten Leute unterschätzen, dass die Anlage eines Gartens ungeheuer kostspielig sein kann, aber hier heißt es, realistisch zu denken. Gewiss, ein kleiner Garten ist räumlich beschränkt, auf der anderen Seite können aber gerade deshalb vermehrt bauliche Maßnahmen wie Pflasterflächen, Mauern und weitere raumsparende Einbauten anfallen. Diese aber beanspruchen meist den Löwenanteil des Budgets und können bis zu 75 % der Gesamtkosten ausmachen. Ähnlich wie Baukosten im Bereich des Hauses können sie bekanntlich ins Unermessliche steigen. Pflanzen und Bepflanzung sind vergleichsweise billig, kosten aber dennoch Geld, denn umsonst wächst lediglich das Unkraut.

Der Garten kommt uns aber insofern entgegen, als er sich in mehreren Stufen verwirklichen lässt, und der Plan gleich einer Art Schablone die Entwicklung begleitet und verhindert, dass man zu weit von der ursprünglichen Idee abweicht. Wenn man so will, stellt er ein fertiges Konzept dar, das sich in den verschiedenen Stadien abrufen lässt, allerdings immer in der anfangs festgelegten Schrittfolge – ein Vorgehen, das sich bewährt hat und das bei meinen Auftraggebern Anklang findet, denn so lassen sich die Kosten über einen vernünftigen Zeitraum verteilen. Bekanntlich wünscht sich niemand einen Gartenplan, jeder aber einen fertigen Garten. Dennoch dürfte man inzwischen zu der Einsicht gekommen sein, dass ein klar umrissener Plan unerlässlich ist.

Letztlich ist alles eine Frage der Prioritäten, der Überlegung, was uns der Raum im Freien wert ist. Dabei habe ich den Eindruck, dass er uns ebenso viel bedeutet wie das Wohn- oder Esszimmer oder vielleicht gar die Küche. Und in Wirklichkeit kann er eben auch all dies für uns sein und darüber hinausgehend Spielplatz, Pflanzraum, Nutzbereich oder gar Schlafzimmer – alles für den Preis einer, sagen wir, neuen Küche!

Verfeinern der Wunschliste

Auf der Liste stehen erfahrungsgemäß ein großzügiger Sitzbereich, Hochbeete, Wasser in einer von unzähligen Varianten, mit duftenden Kletterpflanzen überzogene Pergolen, ein Schuppen, die Kompostbehälter, der Rasen – ja, selbst in einem winzigen Garten kann es Rasen geben, entsprechende Planung vorausgesetzt. Außerdem besteht vielfach der Wunsch, mithilfe von Pflanzen die Grundstücksgrenzen zu verwischen und das Auge auf die dahinter liegende Landschaft zu lenken, wobei auch Raumteiler die Illusion von mehr Platz hervorrufen können. Wer kleinere Kinder hat, wird auch gern einen Spielplatz oder Sandkasten, einen oder mehrere Bäume integrieren, die lichten Schatten spenden oder ein hässliches Blickfeld kaschieren und Pflanzraum für Kräuter oder Gemüse schaffen. Die Liste lässt sich beliebig erweitern, und es macht auch gar nichts, wenn sie in diesem Stadium zu lang ist. Ausstreichen kann man später, wenn es darum geht, die wichtigsten Elemente unterzubringen.

An diesem Punkt sollte man sich auch Gedanken über einige andere Dinge machen, wie etwa eine Beleuchtung, die den Raum abends verwandelt und den Zeitraum verlängert, in dem wir den Garten genießen können. Noch braucht man kein Schema auszuarbeiten oder sich um die verschiedenen Beleuchtungstechniken zu kümmern, was sich im Grunde erst empfiehlt, wenn die Gestaltung abgeschlossen ist, aber einen gewissen Betrag dafür einberechnen kann man bereits. Als immense Hilfe kann sich auch ein Bewässerungssystem erweisen, sei es für die Anzucht von Jungpflanzen oder generell in heißen Gegenden. Kleine Gärten sind oft eingeschlossen von hohen Begrenzungen oder überragt von Dachüberständen, sodass nicht alle bepflanzten Bereiche Regen abbekommen, was aber alles kein Problem darstellt, sofern man über eine gut organisierte automatische Bewässerung verfügt. Selbst in Ländern mit kühleren Temperaturen herrschen im Bereich des Dachgartens oder Balkons oft keineswegs ideale Bedingungen; sie können von etwas zusätzlicher Hilfe nur profitieren.

Inzwischen hat man einen Fundus an Informationen zur Hand, nachdem man geduldig dem Wandel der Jahreszeiten gefolgt ist, das Gelände vermessen, die vorhandenen Pflanzenbestände identifiziert hat, ein Gespür für die schönen und weniger schönen Anblicke im Garten entwickelt und, was vorrangig zählt, sich Gedanken über die Art der angestrebten Komposition gemacht hat.

Es ist somit an der Zeit, all diese Informationen in ein Design einzubringen. Mit dieser Aufgabe wollen wir uns im Folgenden beschäftigen und im Lauf dieses Prozesses einige Gartenmythen entzaubern.

1 Alter Apfelbaum
2 Gemüse
3 Spalierobst
4 Frühbeet
5 Rasen
6 Eibenhecken, 1,8 m hoch
7 *Rhus typhina laciniata*
8 Hochbeet, 45 cm hoch
9 Topf
10 Teich
11 Hochbeet, 45 cm hoch
12 Statue
13 Weg zur vorderen Haustür
14 Ziegelsteinpflaster
15 Gemischte Bepflanzung
16 Eibenhecke, 1,8 m hoch
17 Kies
18 Kletterpflanzen an Zaun
19 Sitzbank mit Spalier im Hintergrund
20 Schuppen
21 Kompost
22 Kräuter, von einer niedrigen Buchshecke eingerahmt

Unten Rechtecke erfreuen sich im Garten keineswegs großer Beliebtheit. Sie werden vielfach für zu streng und zu kantig gehalten. Dabei können sie mit ihren ineinander verschachtelten Konturen so elegant wirken, insbesondere wenn sie durch Pflanzen umspielt werden.

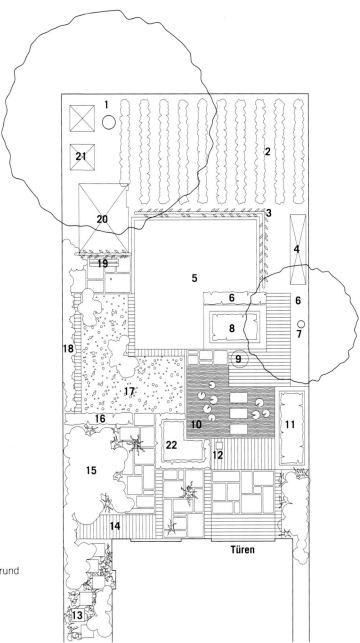

Garten-Beispiel
Architektur im Garten

Viele moderne Gartenentwürfe basieren auf einer ausgeprägt geometrischen Gliederung, wie dieser von dem talentierten zeitgenössischen Gartengestalter Stephen Woodhams entworfene kleine Hof in der Stadt auf einen Blick erkennen lässt. Es findet sich hier eine harmonische Verbindung zwischen Innen- und Außenraum. Eingeleitet wird sie durch die klare Linienführung des Wintergartens, die in ihrer Transparenz Licht hereinfluten lässt und einen Blick in diesen ersten Raum im Freien gewährt. Was in keiner anspruchsvollen Gestaltung fehlen sollte, ist ein Schuss Humor, wie ihn der künstliche Rasenteppich hier einbringt, der als subtile Anspielung auf Grünes die Aufmerksamkeit in Richtung Garten lenkt. Trittsteine überbrücken das flache Wasserbecken, während sich Lichtreflexionen von innen und außen in den raumhohen gläsernen Schiebetüren spiegeln. Auf der anderen Seite des Wasserelements bietet sich ein Sitz- und Essplatz, der auch für Geselligkeiten groß genug ist. Hier tritt die geometrische Gestaltung klar zutage. Die Fugen des Holzdecks scheinen in Richtung Garten zu weisen, ein Effekt, den die akkuraten Linien des rasterförmigen Betonpflasters noch verstärken. Sowohl das Holzdeck als auch der Pflasterbereich ragen leicht in die Wasserfläche hinein und erzeugen bizarre Schatten. Das Deck grenzt nahtlos an das nur wenig erhöhte Beet an, indem sich die vertikalen Bretter in einer Flucht an die Bodenbretter anschließen – ein Strukturmuster, das die senkrecht vor der Grenzmauer aufragenden Latten erneut aufgreift. Das Prinzip der Wiederholung spielt in diesem Garten eine große Rolle.

Oben Hauswurz-Arten sind mit dem ihnen eigenen, klar strukturierten Wuchsbild wie geschaffen für diesen kleinen Pflanzkasten innerhalb des architektonisch geprägten Gartenraums. Sie erfordern kaum Pflege und tolerieren selbst die Abgase der Stadt.

Rechts Wo immer es Wasser zu überqueren gilt, regt sich jenes beinahe unmerkliche Zögern, das in früheren Zeiten Wasserburgen impliziert haben dürften. Hier wird die Wirkung von Licht und Schatten genial ausgeschöpft, während die Trittsteine über der reflektierenden Oberfläche zu schwimmen scheinen.

Gegenüber Fantasievoll kombinierte Materialien und eine überzeugende Farbgebung erwecken diesen Garten zum Leben. Trotz beschränkter Platzverhältnisse bietet sich hier dank der durchdachten Raumplanung ein Zimmer im Freien.

30 Garten-Beispiel

Garten-Beispiel 31

Oben *Canna-Indica*-Hybriden sind beeindruckende Pflanzen, die sich vielfältig einsetzen lassen. In diesem Rahmen wirkt ihr architektonisches Wuchsbild besonders dekorativ. Gut zur Geltung kommt aber auch die leuchtende Farbgebung, die in Haus und Garten noch wiederholt auftritt.

Rechts Wintergärten bilden eine einzigartige Verbindung zwischen Innen- und Außenraum. Hier wird man an einem sonnigen Wintertag die Wärme genießen oder sich im Hochsommer in den kühlen Garten locken lassen.

Gegenüber Die herrlich symmetrische Wirkung, die die mächtigen Betonbehälter ausstrahlen, wird durch die dezente Beleuchtung noch betont, die die schlichte Oberfläche warm überstrahlt.

32 **Garten-Beispiel**

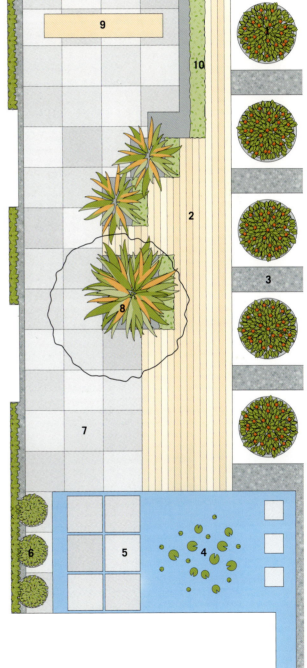

Besonders wirkungsvoll ist die Phalanx tonnenartiger Hochbeete aus preisgünstigen Betonringen, wie sie normalerweise für die Kanalisation verwendet werden. Hier sind sie regelrecht zur Schau gestellt, wobei der Firmenname zum Gestaltungselement wird und in Form der übereinander angeordneten Buchstabenfolge das Wiederholungsprinzip unterstreicht. Solche Behälter eignen sich hervorragend zum Bepflanzen, denn die Wurzeln haben ausreichend Platz und bleiben kühl. Einjährige Sommerblumen umspielen die Ränder, während Kletterpflanzen an den Mauern aufranken und einen grünen duftenden Mantel bilden.

Pflanzcontainer sind ein prägendes Element im Gesamtbild, so auch die hohen, konisch zulaufenden Töpfe, die entlang der Begrenzung Buchskugeln auf Augenhöhe präsentieren. Mit der Farbgebung kommt eine weitere Dimension ins Spiel, die die Thematik ebenso gezielt unterstreicht. Wärme verströmen die changierenden Rosa- und Orangetöne, die innerhalb des Wintergartens leitmotivisch eingeführt und außen in Form des Tischs und des ausladenden Sonnenschirms erneut aufgegriffen werden. Mit einer Gruppe architektonisch wirkender *Canna-Indica*-Hybriden wird das Farbthema weiterverfolgt, während die rohen Betonringe von unten her in warmen Orangeschattierungen angestrahlt werden und wie überlaufen erscheinen.

Alles in allem zeigt dieser Garten ein bis ins Kleinste durchdachtes Design, das kreative Raumnutzung mit dem Anspruch an Pflegeleichtigkeit und unbeschwerte Lebensfreude verbindet. Damit passt er sich sowohl dem städtischen Umfeld als auch den Vorstellungen seines viel beschäftigten Besitzers an – ein Musterbeispiel, was die Realisierung vielfach propagierter Theorien anbetrifft.

1 Gestapelte Betonringe
2 Holzdeck
3 Kiesel
4 Wasserbecken
5 Trittsteine
6 Hohe Töpfe mit Buchskugeln
7 Betonfliesen
8 Baum und Bepflanzung
9 Holzpaneel
10 Hecke, 1 m hoch

Garten-Beispiel

Oben Aus diesem Blickwinkel lässt sich die Staffelung der Ebenen gut überschauen, die den Garten in ganz verschiedene Bereiche unterteilt, jeder mit einer ganz eigenständigen Prägung und Ausstrahlung. Einen Gegensatz zur klaren Schlichtheit der Stufen bildet der subtile Kontrast zwischen den niedrigen Irispflanzungen und den hohen Bambushorsten.

Rechts Glas stellt in der Außengestaltung ein Designelement mit ganz eigener Wirkung dar, denn ähnlich wie Wasser erzeugt es Reflexionen, und dies in Situationen und Bereichen, in denen Wasser undenkbar wäre. Der Dialog zwischen den glänzenden Oberflächen und der granulatartigen Beschaffenheit des Marmorsplitts verleiht diesem Raum dynamische Lebendigkeit.

Garten-Beispiel
Garten der Reflexionen

Hier stellt sich ein ausgesprochen kühler Garten vor, der in Prägung und Stil die Hand des genialen Kunsthandwerkers verrät. Ich verwende dieses Attribut ganz bewusst, denn solche Leute waren von jeher Baumeister und Architekt in einem, ausgestattet mit einem untrüglichen Gespür für das Zusammenwirken von Design und Material. Dass dieser Garten unverkennbar ein Kind des 21. Jahrhundert ist, fällt nicht weiter ins Gewicht, denn gutes und großes Design ist zeitlos, wie die Japaner uns seit Jahrhunderten zeigen. Und so orientiert sich diese Komposition auch weitgehend an deren Philosophie. Wer immer sich für die Entwicklung zeitgenössischer Gartengestaltung als Kunstform interessiert, sollte sich in das Studium der Kreationen talentierter Designer aus dem Fernen Osten vertiefen.

Was den japanischen Garten auszeichnet, ist die Beschränkung auf ein Minimum an Elementen und Zierrat – in diesem Verzicht liegt das Geheimnis seiner erhabenen Strenge und Reinheit. Religiöser Symbolismus spielt in dieses Procedere hinein, aber was ist die Reinheit des Denkens und Schaffens jedes künstlerischen Akts anderes als Religion?

In diesem von Wänden eingeschlossenen Garten beschränkt sich die Zahl der Elemente auf einige wenige wie Beton, Glas, Glasfaserbeleuchtung, grünen Marmor-Splitt und Stahl. Zugang bietet sich von zwei Richtungen aus, auf der einen Seite von der Glastür, die zwischen den schlanken

Oben Lässt man den Blick entlang der Wasserbahn und den Treppen hinunterwandern, so weckt diese an Piet Mondrian orientierte Gestaltung unwillkürlich Assoziationen an »abstrakte Kunst«. Die Wasserbahn verläuft zum Boden darunter und der Rasterstruktur des Gebäudes leicht abgewinkelt. Diese entgegen jeder Erwartung geringfügige Abweichung verleiht der Komposition zusätzlich Dynamik.

Garten-Beispiel 35

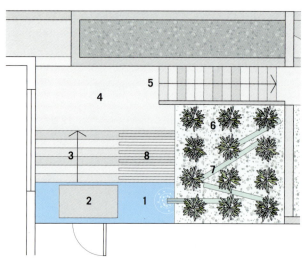

Oben Hier verbinden sich die vier prägenden Elemente des Gartens: stahlgefasstes Glas, Marmor-Splitt, Wasser und aufstrebender Bambus. Faszinierend ist die Wechselwirkung zwischen den dynamischen Elementen Bambus und Wasser und den statischen Materialien Glas und Stein. Dadurch kommt eine Ausgewogenheit zustande, die für die Gestaltung von Außenräumen von entscheidender Bedeutung ist.

Oben rechts Die meisten Gartenliebhaber scheuen minimalistische Gestaltungen allein schon aus Angst, die Pflanzen könnten zu kurz kommen. Grundsätzlich geht es aber um eine Reduzierung sämtlicher Materialien, denn nur so vermag die Klarheit des Designs durchzuscheinen. Diese Komposition lebt von der konsequenten Erweiterung der architektonischen Formensprache auf das Bild des Gartens.

1 Wasserbecken
2 Trittsteine
3 Treppe
4 Treppenabsatz
5 Treppe
6 Bambus zwischen grünem Marmor-Splitt
7 Glaspaneele
8 Irispflanzung

Streben des Metallrahmens integriert ist, auf der anderen über eine schlichte Treppenflucht aus Beton, die sich frei tragend an die Mauer anschließt. Es ist nicht zuletzt diese Bewegung innerhalb des Raums, die die Wirkung des Konzepts steigert, während sich Blickfeld und Wahrnehmung von Ebene zu Ebene wandeln.

Man würde es sich zu einfach machen, wollte man diesen Garten einem bestimmten Designstil wie etwa dem Minimalismus zuordnen, aber meinem Verständnis nach hat sich der Designer durchgängig an vergleichbaren Gestaltungsprinzipien orientiert, als er mehrere Ebenen, Winkel, Räume und reflektierende Oberflächen zu einem genialen Gesamtbild vereinte. Wir haben hier also eine bis ins Detail durchdachte Komposition vor Augen.

Das Wechselspiel zwischen den baulichen Materialien erscheint dramatisch und fein zugleich. Fasziniert von der Kontrastwirkung zwischen den langen, stahlgefassten Glaspaneelen und dem grünen Splitt, wandert der Blick unwillkürlich über den Hof in Richtung Wasserbahn und Bassin links und rechts des Eingangs. Eine derart lineare Gliederung unterstreicht die horizontale Ebene, während die rasterartig platzierten Bambusrohre einen zum Licht strebenden Gegenpol darstellen.

Vielen Gartenliebhabern wird die Verwendung von lediglich zwei Pflanzenarten – Bambus und Iris – wie ein Anathem erscheinen, aber wieder ist es diese kontrollierte Schlichtheit in Verbindung mit der überzeugenden Kontrastwirkung der Formen, die zur klaren Schönheit des Gesamtbilds beiträgt. Hier bestätigt sich das Credo der Puristen, »weniger ist mehr«, und ein größerer Anteil an Pflanzen würde die Klarheit des Konzepts einfach nur trüben. Hält man sich vor Augen, dass ein Garten vorrangig Raum bedeutet, so versteht man auch, dass Pflanzen, entgegen aller Erwartungen, in einem solchen Ambiente nicht unbedingt erforderlich sind. Es gibt nur wenige Gärten dieser Art – man sollte sie genießen als das, was sie sind.

Oben Hier verbinden sich die vier prägenden Elemente des Gartens: stahlgefasstes Glas, Marmor-Splitt, Wasser und aufstrebender Bambus. Faszinierend ist die Wechselwirkung zwischen den dynamischen Elementen Bambus und Wasser und den statischen Materialien Glas und Stein. Dadurch kommt eine Ausgewogenheit zustande, die für die Gestaltung von Außenräumen von entscheidender Bedeutung ist.

Garten-Beispiel 37

2 PLANUNG DES GARTENS

Stile und Einflüsse

Wir leben in einer Welt, in der die Massenproduktion vorherrscht, von Fastfood über Kleidung bis zu Autos oder gar Häusern. Umso erfreulicher ist, dass der Garten ganz allein uns gehört, und es somit allein uns überlassen bleibt, ihm einen individuellen und unverwechselbaren Charakter zu verleihen.

Die persönliche Prägung

Selbst wenn man unzählige, in jeder Hinsicht identische Grundstücke hätte, würde jedes, der Persönlichkeit des Besitzers entsprechend, wieder ganz anders aussehen. Hier bietet sich die Möglichkeit, ureigene Vorstellungen zu verwirklichen, anstatt sich immer nur mit mehr oder weniger akzeptablen vorgefertigten Lösungen zu begnügen. Hier bietet sich ein Spielfeld, in dem sich Stil, Geschmack, ein buntes Spektrum an Ideen und witzigen Einfällen, ja, gar kleine Extravaganzen äußern dürfen. Gewiss werden Inspirationen aus zahllosen anderen Quellen einfließen, auch Gegebenheiten von Seiten der Familie und des Geländes selbst hinzukommen. Dass letztlich aber alles ganz allein bei uns liegt und allein uns entspricht, stellt in unserer vorgefertigten Welt eine spannende Herausforderung dar.

Der Stil

Ausgangspunkt jeder Gestaltung ist die Frage des Stils. Dieser wird sich aller Wahrscheinlichkeit nach aus einer Verbindung der individuellen Vorlieben und der Architektur des Hauses ergeben. So dürfte die schöne alte Villa mit imposant symmetrischer Fassade kaum mit einem dekonstruktivistisch »schrägen« Garten harmonieren. Ebenso wenig wird sich ein beeindruckender Stahl-Glas-Komplex mit den verschlungenen Wegen und der üppigen Bepflanzung eines Bauerngartens vertragen. Zwar hat jedes dieser Gestaltungsschemen durchaus seine Berechtigung, nur eben nicht in der hier angeführten Kombination.

Wie eingangs bereits erwähnt, hängt die Entscheidung für die Wahl eines Hauses vorrangig von seinem Charakter und dem Ort ab. Was Einrichtung und Ambiente betrifft, wird man sich höchstwahrscheinlich am Stil des Hauses orientieren und diesen individuell zu prägen versuchen. Es gibt jedoch einen Unterschied zwischen Stil und Einfluss, auch wenn die beiden Punkte oft vermischt werden. In meinen Augen zumindest hat Einfluss mit regionalen und geografischen Aspekten zu tun. So könnte man beispielsweise einen italienischen oder japanischen Garten haben, vielleicht auch einen Cottage-Garten – spezifische Einflüsse, die sich formal, asymmetrisch oder frei gestalten lassen. Mit anderen Worten: der Einfluss wird vom Stil modifiziert oder beherrscht. Dies aber vereinfacht die Dinge insofern, als lediglich vier große Stilrichtungen zur Disposition

Oben Ausgewogenheit und Regelmäßigkeit bilden die Grundpfeiler formaler Gestaltung und verleihen der Komposition eine spürbar kraftvolle Wirkung. Hier erzeugen die Konturen gestutzter Hecken, der durch Steinplatten gegliederte Weg und die traditionelle Bank eine ausgeprägt perspektivische Wirkung.

Rechts Die einander überlappenden Holzdeckpaneele dieses Hofes steigen leicht an, gesäumt von einer üppigen Bepflanzung, die auf subtile Kontraste und Ausgewogenheit setzt. Dieses bis ins Kleinste ausgefeilte Design bietet alle Elemente eines idealen Gartenraums.

stehen: formal, asymmetrisch, zwanglos frei und, als künstlerischer Grenzbereich, dekonstruktivistisch.

Bevor wir noch tiefer in die Thematik eintauchen, möchte ich hervorheben, dass ich viele außergewöhnlich begabte Amateurdesigner und Gartenliebhaber kenne, die ohne vorgefertigte Stilkonzepte ganz erstaunliche Kompositionen zustande gebracht haben. Dass sich ihre Entwürfe dennoch einer dieser Kategorien zuordnen lassen, ist nebensächlich. Ich halte es jedoch für hilfreich zu wissen, was die verschiedenen Stile auszeichnet und wie sie sich mit dem eigenen Haus und den Ansprüchen, die man an seinen Garten stellt, kombinieren lassen.

Unten Obwohl sich hier ein geradezu eklektisches Bild bietet, verbinden sich die kunterbunt aufgetürmten Steine, das kaskadenartig herabfallende Wasser und die üppige Bepflanzung zu einer Klammer, die die Gestaltung zusammenhält.

Planung des Gartens 41

Formale Gärten

Als Stilrichtung lässt sich der formale Garten vielleicht am leichtesten verstehen, denn er basiert auf Ausgewogenheit und Wiederholung, was sich vielfach in Symmetrien äußert. Man braucht sich nur die spiegelbildliche Entsprechung zweier Buchseiten mit dem Falz dazwischen vorzustellen. Kein Wunder also, dass formale Gärten relativ starr wirken können – ein Eindruck, der sich durch entsprechende Bepflanzung unterstreichen oder mildern lässt. So können im Glücksfall prachtvolle architektonische Anlagen entstehen, die durch differenzierte Unterteilung Aufmerksamkeit erregen, leider aber auch Gärten, die einfach nur platt und langweilig wirken.

Die Gliederung eines solchen Gartens kann insbesondere unter räumlich beschränkten Bedingungen große Eleganz auszustrahlen; und doch sind der

Unten Obwohl einem formalen Gestaltungskonzept meist eine regelmäßige Gliederung zugrunde liegt, muss die Bepflanzung sich nicht zwangsläufig anpassen. Hier lenkt der Kontrast zwischen den Beeten und den baulichen Elementen keineswegs von der Wirkung des Wasserbeckens und der Rinnen ab, sondern unterstreicht sie vielmehr.

Sache Grenzen gesetzt. Denn denkbar ist zwar ein Sitz- und Essbereich, ein Ort der Kontemplation oder stiller Spaziergänge, nicht aber ein Tummelplatz für wilde Aktivitäten oder spielende Kinder. Formale Entwürfe sind wie geschaffen für klassische Architektur, Gebäude mit symmetrisch angeordneten Portalen und Fenstern, die sich zum Garten hin öffnen und eine schöne Regelmäßigkeit und Proportion erkennen lassen. Ornamente wie stattliche Vasen oder Skulpturen treten in der Regel einzeln in Erscheinung, so etwa am Ende eines Wegs oder einer Blickachse, aber auch paarweise zu beiden Seiten eines Eingangs oder einer Treppe, manchmal aber auch, um ein spezifisches Element wie eine Bank oder Laube einzurahmen. Charakteristische Stilmerkmale sind Regelmäßigkeit, Strenge und Besinnlichkeit.

Es gab Zeiten, in denen ich Entwürfe für solche Gärten vehement ablehnte, aber mit zunehmendem Alter und Erfahrung merke ich, dass ihre Präzision eine wachsende Faszination auf mich ausübt. Formale Entwürfe müssen nicht zwangsläufig historisierend sein. In jüngster Zeit lässt sich ein großes Interesse an formalen Gärten in ausgesprochen modernem Kontext nachweisen. Auffallend ist der dynamische Einsatz von Wasser, in Form geschnittenen Hecken, reflektierenden Oberflächen und Farbe. Mit der zeitgemäßen Interpretation dieses Stils bietet sich ein weites Feld kreativer Ideen.

Oben Nüchternheit ist ein Charakteristikum des formalen Stils, aber was der eine Betrachter als Strenge empfindet, erscheint dem anderen lediglich als gepflegt, klar abgegrenzt oder schlicht. In diesem Garten lassen Boden und Bepflanzung des kleinen umschlossenen Bereichs Symmetrie und Regelmäßigkeit erkennen – ein Exempel für die skulpturale Gestaltung des Raums.

Planung des Gartens 43

Asymmetrische Gärten

Während formale Gärten eine lange Tradition haben und sich ihre Wurzeln bis zu den Römern, Griechen und noch weiter zurückverfolgen lassen, kam zu Beginn des 20. Jahrhunderts eine Zeit, in der Künstler, Architekten und Designer deren Anspruch in Frage zu stellen begannen. Der formale Garten war ihnen zu starr: er erschien ihnen als Widerspruch zur ursprünglichen Idee des lebendigen Gartens. Um 1920 konstituierte sich in Deutschland unter ihrem Gründer Walter Gropius eine Gestaltungsschule, die als Bauhaus bekannt wurde. Viele der großen Architekten, Maler und Designer jener Tage schlossen sich ihr im Bestreben nach einer integrativen Gestaltung an, in der verschiedene Disziplinen gemeinsam zur Wirkung kommen sollten. Hitler setzte der Bewegung schon nach wenigen Jahren ein Ende, aber die Samenkörner des Modernismus waren ausgestreut, und viele der Lehrer und Schüler wanderten nach England und Amerika aus, wo die Bewegung einen blühenden Aufschwung nahm. Ein Großteil ihrer Aktivitäten konzentrierte sich im Raum San Francisco mit Designern wie Thomas Church, Dan Kiley und Garrett Eckbo. Begünstigt von dem sonnenwarmen Klima entwickelte sich das Konzept des Raums im Freien; Gärten wurden zu einem Ort der Entspannung, Unterhaltung, des Spiels und der Lebensfreude. Der moderne Garten baute auf Asymmetrie auf, um das Potenzial dieses neuen Lebensgefühls zu verwirklichen.

Asymmetrie ist eng verbunden mit der Thematik der Ausgewogenheit und Einbindung des angrenzenden Hauses. Das heißt nicht, dass klar definierte architektonische Regeln oder Prinzipien in ihrer Bedeutung beschnitten werden sollten, denn in gelungenen Gestaltungsbeispielen verschmelzen Haus und Garten geradezu nahtlos. Ausgewogenheit bedeutet im formalen Konzept starre Spiegelung von einer Seite zur anderen. Auch die Asymmetrie bedient sich dieses Prinzips, allerdings mit Elementen und Objekten von unterschiedlicher optischer Präsenz in verschiedenen Bereichen des Gartens. So können Gestalt und Größe des Hauses etwa durch eine Terrasse, die sich an der Architektur des Gebäudes orientiert, ausgeglichen werden (s. Seite 50). Im Gegenzug wird die Terrasse und höchstwahrscheinlich auch der zugrunde liegende Raster eine Verbindung zur Form des Gartens erkennen lassen, während die Ausmaße der Pflasterfläche in einer großzügigen Rabatte, einem Rasen oder Baum eine Entsprechung finden könnten. Ein Vergleich mit einem Gemälde Mondrians zeigt, dass die Geometrie der Leinwand in rechteckige Farbflächen unterteilt ist, die immer wieder faszinierende Formbezüge aufweisen.

Asymmetrie ist nicht weniger diszipliniert als Formalismus, äußert sich aber sehr viel freier. Präzision ist alles, und das eigentlich Reizvolle dieses Stils ist seine herrlich einfühlsame Manipulation des Raums, die sich buchstäblich auf jede Situation übertragen lässt – so gesehen unbestritten eine Designlösung für das 20. und 21. Jahrhundert. Obwohl der Modernismus inzwischen um die 75 Jahre alt ist, wirkt er in den Händen eines guten Architekten jung wie eh und je.

Oben Piet Mondrian, einer der großen Künstler der Moderne, hat nach wie vor einen ungeheueren Einfluss auf dreidimensionales Design. In diesem kleinen Garten finden sich sämtliche Prinzipien dargestellt, wie die bewusste Handhabung der Raumproportionen, schlichter Farbblöcke sowie eines vollendeten asymmetrischen Gleichgewichts; das Wasserbecken ist lediglich ein Zugeständnis.

Rechts Ob es sich um traditionelle oder moderne Gärten handelt, meist lassen sich die gleichen Designprinzipien anwenden. Hier verbinden zeitgemäße Stahlstreben Haus und Garten, während das kühn aufgerichtete Rechteck, das gleich einem Rahmen die Grundstücksgrenze einfasst, unverkennbar ein modernes »Mondtor« (s. Seite 61) darstellt, das die Bepflanzung im Hintergrund in das Gesamtbild einbeziehen hilft.

Frei gestaltete Gärten

Keiner geometrischen Figur verpflichtet sind frei gestaltete Konzepte. Mit sanftem Schwung ineinander übergehend, wirken die Muster fließend wie Amöben. Vorbild sind nicht künstlich manipulierte oder gestaltete Gebilde, sondern die Natur selbst: Wolkenbänke, sanft gewundene Flusstäler, Marschlandschaften oder Blattformen mit fein verästelten Adern – ein Fundus an Möglichkeiten, den Designer ausschöpfen, um Gärten von großer Schönheit zu entwerfen. Es handelt sich aber keineswegs um einen problemlos umsetzbaren Stil, denn er erfordert einen einfühlsamen Blick für Form, Gestalt und Ausgewogenheit. Wichtig ist, dass das fertige Bild nicht nur in sich stimmig sein muss, sondern auch mit der Umgebung, den Begrenzungen, der »geborgten Landschaft«, vor allem aber mit dem sich anschließenden Gebäude harmonieren sollte.

Eine geradezu atemberaubende Wirkung lässt sich in einem kleinen Garten erzielen, wenn die Begrenzungen unter einer üppigen, dschungelartigen Bepflanzung verschwinden und schmale, gewundene Wege zur Erkundung des Raums einladen. Eine andere Variante wäre eine ausgesprochen lebensfrohe Komposition mit bogenförmig geschwungenen Beeten, die von Gräsern und Stauden überquellen, dazwischen Kieswege und Rasenflächen mit Glaskugeln, die tanzend in der Sonne blitzen.

Das Geheimnis, das den Reiz kleiner Gärten ausmacht, heißt aber immer auch Beschränkung – zum einen, um der räumlichen Verhältnisse willen, zum anderen aber auch um die Aufmerksamkeit innerhalb des Gartens zu halten. Zwanglose Gestaltungen und dekonstruktivistische Designkonzepte (s. Seite 48 f.) erfüllen diesen Anspruch in hohem Maße.

Links Sobald die starre Wirkung der Mauern aufgehoben und die Gestaltung nach innen konzentriert wird, entsteht ein geradezu wohliges Raumgefühl, wie es dieser kleine Garten vermittelt, in dem die zwanglos fließenden Strukturen wie von selbst ineinander überzugehen scheinen. Dass sich diese üppig grüne Oase innerhalb des beschränkten Raums einer Dachterrasse findet, ist umso bemerkenswerter, als es den meisten Leuten bereits schwer fallen dürfte, auf Bodenhöhe ein derart reizvolles Refugium zu verwirklichen.

Rechts Von sämtlichen Komponenten des Gartens verfügt Wasser über die einzigartige Fähigkeit, alles im Umkreis weicher erscheinen zu lassen. Bewegung, Reflexion, die typisch saftige Bepflanzung, nicht zuletzt die vielen kleinen, vom Wasser angelockten Tiere beleben ein solches Gestaltungselement und machen es zu einem Blickfang oder, wie hier, zum Mittelpunkt des Gartens.

Dekonstruktivistische Gärten

Als Kunstrichtung nimmt der Dekonstruktivismus in der Gartengestaltung eine absolute Grenzposition ein. Traditionelle Normen dienen den Dekonstruktivisten einzig und allen dazu, sie aufzulösen und neu zu gruppieren; so entstehen Muster, die subtil, anregend oder auch unverkennbar aggressiv sein können. Wie jeder Künstler sollte man sich fragen, was aus dem Ganzen werden soll, denn schließlich kann es nicht darum gehen, nur ziellos Regeln zu brechen. Auf Gartenausstellungen lassen dekonstruktivistische Gärten das konservative »Lager« ungläubig aufstöhnen, während all jene, die nach erfrischend Neuem und Innovativem Ausschau halten, in Begeisterungsstürme ausbrechen. Gleich einer gelungenen Skulptur erregen solche Kompositionen heftige Reaktionen – als Kunstform aber haben sie durchaus ihre Berechtigung.

Treibende Kraft ist unverkennbar die Geometrie, wobei Winkel, Proportionen und Linien so eingesetzt werden, dass sie konventionelle Sehgewohnheiten brüskieren. An Materialien werden vor allem Stahl, Kunststoff und immer wieder Glas verwendet. Eine vorrangige Rolle spielt Wasser in allen nur denkbaren Erscheinungsformen und natürlich Skulpturen. Pflanzen, ja, in der Tat Pflanzen, dienen als Gegengewicht, und obwohl passionierte Gartenliebhaber angesichts solcher Gestaltungen Bauchschmerzen bekommen, können sie eine beeindruckende Synthese zwischen Bepflanzung, geometrischer Linienführung und durchdacht gegliedertem Wohnraum im Freien darstellen.

Wer sich die verschiedenen Stilrichtungen näher ansieht, wird merken, dass sie ein großes Potenzial bieten, und das sowohl im eigenen Garten als auch generell beim Lösen von Designfragen. Vermutlich dürfte der Leser inzwischen auch zu der Überzeugung gekommen sein, dass Stil auf einer subtil abgestimmten Kombination individueller Vorlieben basiert, in die die individuelle Lebensart, Wünsche und Vorstellungen der Familie ebenso einzubeziehen sind wie das Haus und die Innenausstattung.

Links Wer gern mit geometrischen Figuren, Formen und räumlichen Bezügen experimentiert, muss wissen, worauf er sich einlässt. Die Abbildung vermittelt einen nachvollziehbaren Dialog zwischen Weggestaltung, Steinbelag, unterschiedlich hohen Hölzern und Bepflanzung – Elemente, die sich zu einer Einheit verbinden und unverkennbar Assoziationen an den Zen-Garten wecken.

Rechts Optische Illusionen waren von jeher ein beliebter Kunstgriff in der Gestaltung von Innen- und Außenräumen. Auf den ersten Blick glaubt man, diese Formen innerhalb einer horizontalen Fläche angeordnet zu sehen, während es sich in Wirklichkeit um einen Spiegel-Wasserfall handelt, der, flankiert von Würfeln und Quadern, im Bereich einer Mauer urbane Illusionen hervorruft.

Rechts Die Ebenen dieses kleinen Gartens stiegen ursprünglich beide nach oben hin an und verliefen dann nach rechts, was sich als äußerst ungünstig erwies. Die Besitzer wünschten sich einen pflegeleichten Garten, der in der Gestaltung aber frisch und zeitgemäß wirken sollte. Vom Haus ausgehend dehnt sich eine großzügige Pflasterfläche aus, die als Sitzbereich und Grillplatz dient, während sich das Pflaster fortsetzt und das Auge hinaus in den Garten in Richtung der ersten breiten Stufe lenkt. An diesem Punkt habe ich den Entwurf diagonal zu den Begrenzungen gedreht, sodass man in zwei Richtungen hinaufsteigt, und zu einem auf dem höchsten Niveau angesiedelten Holzdeck gelangt, auf dem sich die Abendsonne genießen lässt. An einer hohen Begrenzungsmauer sind Querbalken angebracht, die mit daran aufrankenden Kletterpflanzen die äußeren Konturen verwischen. Die Bepflanzung umspielt die Stützmauern und Treppen und umgibt den gesamten Garten wie ein weicher Rahmen, der das ganze Jahr über Farbe einbringt und Interesse weckt.

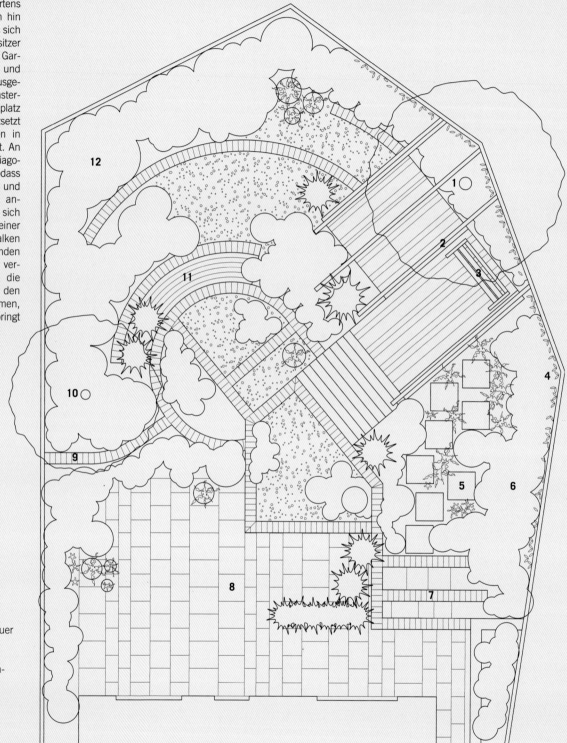

1 *Betula jacquemontii*
2 Querbalken, von Kletterpflanzen umrankt
3 Sitzbank
4 Kletterpflanzen an einer hohen Mauer
5 Trittsteine
6 Gemischte Bepflanzung
7 Ziegelsteinbegrenzung der Treppenstufen
8 Betonfliesen
9 Stützmauer
10 *Robinia pseudoacacia* 'Frisia'
11 Ziegelsteinpflaster
12 Gemischte Bepflanzung

Wie Ideen verwirklicht werden

Nach dieser Stilbetrachtung dürften wir inzwischen so weit in den Design-Prozess vorgedrungen sein, dass es Zeit wird, die Theorie in die Praxis umzusetzen. Damit beginnt die Sache konkret zu werden, denn jetzt ist der erfreuliche und spannende Part an der Reihe. Dabei kann man ganz unterschiedlich vorgehen, sei es, dass man den Entwurf auf Papier zeichnet oder mithilfe von Pflöcken die Figuren im Freien aussteckt und vorübergehend Paneele sowie Raumteiler aufrichtet, um allmählich einen Blick dafür zu gewinnen, wie sich Flächen, Räume und Formen miteinander verbinden. Ich habe bereits darauf hingewiesen, dass sich die Gestaltung im Freien mit dem Entwerfen von Mustern vergleichen lässt. Da man den Garten in der Regel vom Haus aus betritt, werden die Begrenzungen entscheidenden Einfluss auf sein Gesamtbild haben.

Die Verwendung eines Rasters

Wie viele Gartenarchitekten projiziere ich die Konturen oder den »Fußabdruck« des Gebäudes gern nach außen auf den umliegenden Raum, indem ich gewisse Linien übernehme. Angesichts einer regelmäßig gestalteten Fassade bedeutet dies, dass eine Projektion regelmäßiger Abstände entstehen kann. Indem ich diese Dimension exakt übernehme und sie im rechten Winkel drehe, erhalten wir einen Raster mit ähnlich großen Quadraten. Dieser Raster kann die Basis für ein Gefüge unterschiedlicher Flächen bilden, vergleichbar einem Gemälde Mondrians. Die Rasterquadrate alle mit unterschiedlichen Materialien gestalten hieße aber ein sehr unruhiges Muster schaffen. Stattdessen wird man einige zusammenfassen, die der Pflasterfläche, dem Rasen oder Hochbeeten entsprechen.

Anders, wenn ein Haus keine regelmäßigen Umrisse aufweist, sondern etwa Erker, aber auch sie können Ausgangspunkt für einen Raster sein. In diesem Fall jedoch ergibt sich eine völlig unterschiedliche Dynamik, die interessante Arbeitsperspektiven eröffnet. Dennoch möchte ich davor warnen, sich allzu sehr auf Rastersysteme festzulegen. Wo ein Raster sinnvoll ist, bei der Projektion des Gebäudes auf den Garten also unterstützend wirkt, hat die Sache ihre Berechtigung, Aber manchmal klappt es einfach nicht, und dann gilt es andere Lösungen zu finden.

Eine Variante der Rastermethode wäre, das ganze Muster im Winkel zum Haus zu drehen. Oft hat man ein Erkerfenster oder, im Fall moderner Architektur, einen Gebäudevorsprung, der in den Garten hineinragt – Chancen, die vielfach ungenutzt bleiben. Wo immer sie sich indes bieten, kann ich nur empfehlen sie aufzugreifen, die Linien nach außen zu projizieren und die entstehenden Winkel darauf abzustimmen. Auf diese Weise wird man eine ganze Reihe neuer dynamischer Linien entdecken, die sich öffnen und ein diagonales Muster bilden, das ungeahnte Möglichkeiten bietet (siehe den Entwurf auf der gegenüberliegenden Seite, der veranschaulicht, welche Vorteile sich daraus ergeben). Zweifellos ist eine Diagonale die längste Strecke im Rechteck. Man braucht dieses Muster nur auf einen Garten vergleichbarer Form zu übertragen um festzustellen, dass der Raum spürbar größer erscheint, ein Kunstgriff, den Gartenarchitekten insbesondere bei der Gestaltung kleinerer Bereiche einsetzen.

Gartenformen

Oben Wie ein visueller Magnet wirkt die lineare Gestaltung in vielen Gärten, und hier lenken die schlichte Bepflanzung und der rote Ziegelsteinweg die Aufmerksamkeit verstärkt auf das blaue Tor am anderen Ende. Dieses wurde gezielt als Blickfang eingesetzt und behauptet sich nicht zuletzt aufgrund der Farbgebung – ein braunes Tor wäre mit dem Hintergrund verschmolzen und als Effekt untergegangen.

Die Form des Gartens beeinflusst zwangsläufig die gesamte Gestaltung. Da sie nun einmal vorgegeben ist, sollte man damit umgehen lernen und das Beste daraus machen.

Lange, schmale Gärten

Lange, schmale Gärten sind wie geschaffen für Unterteilungen, die sich Schritt für Schritt wie eine schöne Kette aneinander reihen und den Raum gliedern. Sie bieten eine gute Möglichkeit, einzelne Gartenzimmer zu schaffen, von denen jedes eine eigene Thematik zeigen kann. Diese dürfte im familiären Rahmen vorrangig von praktischen Gesichtspunkten bestimmt sein. So entschied ich mich in einem unserer Gärten – die Kinder waren noch klein –, den ersten Raum im Anschluss an das Haus zu pflastern (s. Seite 104). Hier bot sich Platz für den Sitz- und Essbereich, während die Kleinen hier mit ihren Spielzeugautos fahren konnten, hier stand auch der tragbare Sandkasten, der sich von der Sonne in den Schatten verlegen ließ, alles im Blickfeld des Küchenfensters. Von hier aus führten breite Stufen hinunter zur Terrasse, und ein Weg zog sich hangabwärts zum Garten um einen Rasen, der groß genug war zum Spielen. Am anderen Ende des Rasens stellte ich als Blickfang eine Bank auf, die zugleich auch die Möglichkeit bot, die Kinder im Auge zu halten oder einfach nur zu entspannen. Die Bank diente zum einen als Endpunkt, zum anderen bestimmte sie aber auch den Verlauf des im rechten Winkel über das Gelände abbiegenden Wegs, der dann erneut abfiel und zu einem Bereich mit alten Obstbäumen, wiesenhaftem Gras und Kolonien von Zwiebelpflanzen überleitete. Ganz unten befand sich, von einem Baum verdeckt, die Arbeitsecke mit Schuppen, Komposthaufen, ein kleiner Ofen und die vielen anderen unentbehrlichen Dinge. So gelang es mir, innerhalb eines langen, schmalen und relativ beschränkten Raums vier separate Bereiche zu schaffen und den Garten somit optisch weit größer erscheinen zu lassen als er in Wirklichkeit war. Wir zogen dann zwar um, bevor die Kinder groß waren, aber die Gliederung hätte sich durch eine differenziertere und thematisch unterschiedliche Bepflanzung in späteren Jahren leicht abwandeln lassen. Im Übrigen hatte ich bereits vor, eines der größeren Hochbeete in einen Teich zu verwandeln. Immerhin sieht man an diesem Beispiel, dass sich ein Garten in Charakter oder Gesamtbild vollkommen umgestalten lässt, ohne dass kostspielige Veränderungen der zugrunde liegenden Gliederung erforderlich sind.

In dem soeben geschilderten Garten wurde für jeden der Bereiche ein rechteckiges Design verwendet, wenn auch durch üppige Bepflanzung gemildert. Man hätte sich aber auch bogenförmige, radiale Formen vorstellen können mit Wegen, die von einer Seite zur anderen ausschwingen und ein Gefühl der Weiträumigkeit und Bewegung vermitteln.

52 Planung des Gartens

Breite, kurze Gärten

Solche Grundstücke wirken beengter als sie in Wirklichkeit sind und verlangen folglich eine sorgfältige Planung. Was man auf keinen Fall machen darf, ist einen Blickfang setzen, der vom Fenster aus gesehen das Bild des Gartens beherrscht. Damit würde man das Auge nämlich unweigerlich auf diesen einen Punkt lenken und den Garten optisch noch mehr verkürzen. Der Schlüssel zum Erfolg heißt vielmehr, die Konturen der nahen Begrenzung mit Pflanzen zu mildern und sich vielleicht sogar den Trick mit der geborgten Landschaft dahinter zunutze zu machen, indem man diese in den Garten einbindet (s. Seite 14). Der Hauptblickfang könnte dann an einem der Enden platziert werden und, vom Fenster aus nur umrisshaft sichtbar, dazu verlocken, über die größtmögliche Entfernung durch den Garten zu gehen, um ihn genauer zu betrachten. Auf diese Weise gelingt es, die Illusion von Weiträumigkeit zu erzeugen und der Begrenzung ihren dominanten Charakter zu nehmen.

Oben Der Zuschnitt dieses Garten ist breiter als tief und bereitet somit besondere Schwierigkeiten. Der Schlüssel zum Erfolg heißt, den Blickfang nicht unmittelbar gegenüber dem Haus zu platzieren, sondern das Auge auf eines der Enden des Gartens zu lenken und somit die größtmögliche Entfernung ins Spiel zu bringen. Hier ist die Kiesfläche von einem ovalen Ziegelsteinrahmen eingefasst, der das Auge wie von selbst in Richtung der von Pflanzen eingerahmten Bank lenkt

Quadratische Gärten

In einem quadratischen Garten wirkt alles noch weitaus statischer. Zwei Lösungsmöglichkeiten bieten sich an, zum einen, von seiner Form zu profitieren und auf einem dominierenden Rechteck mit weiteren überlappenden Rechtecken aufzubauen, was an einfache Übungen im Kunstunterricht erinnert. Man kann es selbst einmal versuchen, indem man Papierbögen aufeinander legt und somit unendlich viele Varianten erzeugt. Zum anderen kann man aber auch ein Stück Millimeterpapier nehmen, das bereits in Quadrate unterteilt ist, und eine Reihe überlappender Rechtecke zeichnen. Genauso verfährt man dann mit der maßstabsgetreuen Zeichnung des Gartens (s. Seite 29).

Umgekehrt lässt sich die rechtwinklige Schachtelform eines quadratischen Grundstücks aber auch kaschieren, indem man innerhalb der Begrenzungen mit fließenden Formen arbeitet. Die einfachste Möglichkeit wäre ein kreisförmiger Rasen. Von einer üppigen Bepflanzung eingerahmt, verschwinden die Begrenzungsmauern oder Zäune wie von selbst.

Abgewinkelte Gärten

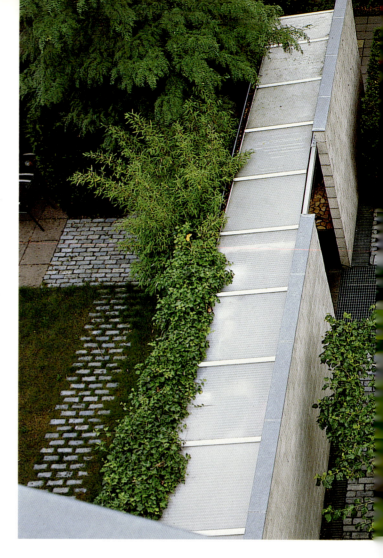

Die meisten Gärten sind entweder rechteckig oder quadratisch, dennoch gibt es gelegentlich auch andere Formen. Gärten mit abgewinkeltem Zuschnitt bestehen im Grund aus zwei aneinander grenzenden Rechtecken, von denen sich das eine dem Blick entzieht, weil es durch einen Nachbargarten oder andere Bereiche linker- oder rechterhand verdeckt wird. Dabei handelt es sich oft nur um einen schmalen Streifen, was seine Gestaltungsmöglichkeiten aber keineswegs beeinträchtigt. Denn hier bietet sich die Chance, eine geheimnisvolle Note einfließen zu lassen, zumal sich der am weitesten entfernte Teil des Gartens dem Blick entzieht. So ließe sich etwa ein Weg anlegen, der in verlockendem Bogen vom Haus abschweift und in einen geheimen Garten führt, in dem sich eine Sitzbank, der Essbereich oder ein anderes Element verbirgt. Bei der Gestaltung einzelner in sich geschlossener Gartenräume mit jeweils unterschiedlicher Thematik kommt es vorrangig auf die Art der Verknüpfung an. Der Betrachter möchte verführt werden, von einem Gartenzimmer zum anderen vorzudringen, nicht einfach nur hindurchzugehen. Schade, dass solche verborgenen Winkel oft als Schmutzecke oder Abstellplatz genutzt werden, denn damit verschenkt man das ihnen innewohnende Potenzial. Die erforderlichen Nutzbereiche lassen sich immer noch integrieren, aber ein verborgenes Plätzchen bietet Chancen, die es auszuschöpfen und optimal einzubinden gilt.

Dreieckige Gärten

Die Dreiecksform ist relativ verbreitet, insbesondere im städtischen Bereich, wo sich Gärten vielfach aus dem, was vom Grundstück übrig blieb, zusammensetzen. Wie für quadratische Gärten bieten sich zwei Gestaltungsmöglichkeiten an.

Was den Reiz dieses Zuschnitts ausmacht, ist die Spitze des Dreiecks. Falls diese direkt im Blickfeld liegt, neigt das Auge dazu, sich wie gebannt daran festzuhalten. Vieles spricht dafür, diese Sogwirkung auszunutzen und diesen Punkt durch einen unmittelbar in der Ecke platzierten Blickfang zu unterstreichen. Die sich verengenden Begrenzungen unterstreichen das Gefühl der Perspektive zusätzlich und unterstreichen somit die Wirkung des Blickfangs. Ein unmittelbarer Effekt dieser Handhabung ist die optische Verkürzung des Raums, sodass nur ein in jeder Hinsicht spektakuläres Element in Frage kommt. Denkbar wäre ein Wasserelement, eine Laube mit Sitzgelegen-

heit, eine dekorative Vase oder eine imposante Skulptur. Eine vergleichbare Wirkung erzeugt ein Solitärbaum oder Strauch, denn auch Gehölze vermögen den Blick zu bannen und Aufmerksamkeit zu erregen. Sehr dekorativ wirkt ein Exemplar mit architektonischem Wuchs.

Hiermit wird in leicht abgewandelter Form praktiziert, was sich im formalen Garten bewährt hat, ein Effekt, der sich durch regelmäßig gestaltete Beete links und rechts des schmaler werdenden Gartens noch verstärken ließe.

Ein ganz anderer Zugang bietet sich, wenn man von der Spitze des Dreiecks ablenkt und die geschwungenen Konturen des Rasens oder Pflasterbereichs in einem kraftvoll fließenden Bogen daran vorbeiführt. In diesem Fall würde man nicht die Ecke für einen Blickfang nutzen, sondern vielmehr auf der einen Seite mit einer bandförmigen Bepflanzung beginnen, die das Auge am Scheitelpunkt vorbei wieder in Richtung Haus oder Blickfang lenkt. Wo sich die Begrenzungen vollkommen kaschieren lassen, verliert das Dreieck seine Dominanz. Der Kunstgriff besteht darin, dass man innerhalb einer vorgegebenen Form mit einer ganz anders gestalteten interveniert und dadurch den Raum entsprechend manipuliert.

Oben Durch Unterteilung eines kleinen, rechteckigen Gartens lässt sich das Gefühl vermitteln, über einen ungleich größeren Raum zu verfügen, während das Wasserbecken zur Betrachtung der Szenerie aufzufordern scheint, und man den Schritt unwillkürlich verlangsamt, bevor man den Fuß über die Steinbrücke setzt. Links sorgt der Mauerdurchbruch für Spannung und veranlasst zu erneutem Zögern, bevor es den nächsten Gartenraum zu entdecken gilt.

Rechts Schon ein geringfügiger Niveau-Unterschied kann in einem langen, schmalen Garten ein wirkungsvolles Spannungselement darstellen. Die mit Portland-Stein gefliste, erhöhte Terrasse am Ende des Gartens bietet einen idealen Sitzbereich. Ein Wasserelement über einem Spiegel bildet einen Blickfang, der sich als deutlicher Kontrast von der Ziegelsteinmauer dahinter abhebt.

Planung des Gartens 55

Links Das Geheimnis kreativen Designs liegt oft im Ungewöhnlichen, wie dieser Raumteiler beweist, der unverkennbar Assoziationen an Wasser erzeugt. Eine enge optische Verbindung besteht zwischen dem von Wasser umspülten Granitpflasterweg und den vertikalen Metallstreben des ausgefallenen Wandelements, das durch die Reflexion des Wassers optisch noch höher erscheint.

Die Verwendung von Raumteilern

Der Schlüssel zu nahezu jeder Gestaltung heißt Unterteilung und Gliederung des Raums. In diesem Buch etwa finden sich Seiten, die ausschließlich Text oder Bilder enthalten, andere, in denen sich Text, Bilder und Diagramme den Raum teilen. Eine solche Gliederung wirkt ausgewogen, und während das Auge von Bereich zu Bereich wandert, wird ersichtlich, dass jede Einheit ihre spezifische Funktion hat und eine entsprechende Interpretation erfordert. Während ein Buch jedoch lediglich zweidimensional ist, verteilen sich diese Einheiten im Haus auf die einzelnen Räume, die gezielt einem bestimmten Zweck dienen. Damit aber kommt die dritte Dimension ins Spiel, die Wände, die uns daran hindern von einem Bereich in den andern zu blicken. Diese wiederum vermitteln mehr Raumgefühl, zumal wir uns in jedem Bereich nur eine gewisse Zeit aufhalten. Wer sich den Plan eines Hauses betrachtet oder gar das Fundament vor dem Hochziehen der Mauern, wird erstaunt feststellen, wie klein die Gesamtfläche im Grunde ist.

Links Viele der feinfühlig gestalteten kleinen Gärten sind von Mauern umgeben und eingegrenzt. In diesem ansprechenden Raum im Freien erzeugt die leicht verwaschene Lasur der Mauern ein Gefühl von Wärme, das durch die mediterrane Bepflanzung noch verstärkt wird.

Rechts Hecken bilden eine »weiche« und wandlungsfähige Art der Raumbegrenzung. Akkurat ausgerichtet und streng formal geschnitten unterstreichen sie hier die Wirkung der rechteckigen Rasenfläche. Die schmale Lücke dazwischen steigert die Spannung und inspiriert den Betrachter, das nächste Gartenzimmer zu erkunden.

Ein Nebeneffekt von Mauern innerhalb eines Bereichs ist die Vergrößerung der optischen Wahrnehmung. Selbst in einem Studio oder Warenhaus mit großräumiger, offener Gliederung finden sich immer wieder bewegliche Raumteiler, Farben und Teppiche, die jenes gewisse Maß an Intimität schaffen, das ein Großteil des Publikums offenbar braucht. Puristen und Minimalisten mögen die ganz und gar »unverstellte« Weite des Raums bevorzugen, wobei an diesem Ansatz gar nichts auszusetzen ist. Er ist nur einfach anders, aber genau darin besteht das Wesen der Kreativität. Dennoch bietet die Schaffung individueller Räume innerhalb eines größeren Bereichs die Möglichkeit, eine ganze Reihe bewährter Gestaltungsideen im Garten zu verwirklichen.

Planung des Gartens 57

Spannung, Geheimnis und Überraschung

Betrachtet man den Garten als leeren Raum, so erscheint er als solcher einfach nur uninteressant. Sobald wir das Gelände aber zu unterteilen beginnen, schaffen wir nicht nur zusätzliche Räume, sondern wir »steuern« zugleich auch, wie er Bereich für Bereich erfahren werden möchte.

In einem winzigen Hof kann schon ein einzelner Mauervorsprung oder ein seitlich eingesetztes Spalier genügen, und schon sieht man sich veranlasst, darum herumzugehen. Ein solches Element schirmt den Raum dahinter ab, bietet aber, sobald man daran vorbei ist, die Möglichkeit, einen ganz anderen Bereich oder Blickfang zu entdecken. Dieses Gestaltungsprinzip macht sich das Geheimnis zunutze, das hinter der Sichtschutzwand verborgen ist, jenes Gefühl der Spannung, das man empfindet, je näher man kommt, und, sobald man das sich in den Weg stellende Element hinter sich gelassen hat, ein überraschend neues Blickfeld. Wenn sich von jeder Seite ein Sichtschutz in den Raum stellt und lediglich ein schmaler Gang bleibt, steigert sich das Gefühl geheimnisvoller Spannung und Überraschung noch zusätzlich. In ein und derselben Flucht verlaufende Einschränkungen, die zur Mitte hin ausgebuchtet sind, haben formalen Charakter. Versetzte Elemente – eines etwas weiter vom Haus entfernt, das andere in unmittelbarer Nähe – erzeugen einen Zickzackeffekt. Dieser lässt sich

Oben Oft kann eine Ahnung dessen, wie sich das Bild fortsetzt, sehr viel reizvoller sein als der unverhüllte Anblick. Faszinierend wirkt hier die interessante Verbindung zwischen den vertikal aufragenden, schwertförmigen Blättern von *Phormium tenax* im Vordergrund und den feineren Halmen von *Miscanthus sinensis* hinter der Perspex-Scheibe.

Oben rechts Gebannt bleibt der Blick an der opaken Scheibe hängen und versucht zu ergründen, wie der Garten wohl aussehen mag, der andeutungsweise dahinter erkennbar ist. Einen zarten Gegenpol zu den ausgewogenen Proportionen des Metallrahmens bildet die Bepflanzung, die die Komposition vollendet.

durch einen Weg unterstreichen, der sich seitlich durch den Garten zieht, im rechten Winkel abbiegt, hinter der einen Barriere weitergeht und dann erneut im rechten Winkel wendet. Auf diese Weise wird der Weg, der sich dem Blick vollkommen entzieht, wirkungsvoll unterteilt.

Es gibt unglaublich viele Varianten der Unterteilung und ebenso viele Materialien, die sich dafür eignen. Ziegel- oder Steinmauern, Holzzäune und Spaliere, Hecken, eine zwanglose Bepflanzung, alles kann dekorativ wirken; wichtig ist nur, dass man sich bei der Wahl am Umfeld und dem Gesamtbild des Gartens orientiert. Optisch anknüpfen könnte man etwa an das Begrenzungselement, falls eine derartige Ergänzung den Kostenrahmen nicht übersteigt. Natürlich lassen sich die Elemente immer auch mischen und anpassen, zumal eine schön unterteilte Spalierwand wesentlich günstiger ist als eine Mauer. Auch über Faktoren wie die Höhe sollte man sich Gedanken machen, denn eine Unterteilung, die höher ist als die Begrenzung, wirkt keineswegs harmonisch.

Auch Farbe ist ausschlaggebend. Ein blaues Spalier mag zwar modern sein, aber man dürfte sich bald daran sattgesehen haben; außerdem verblasst es rasch. Vielmehr gilt es sich über die Aufgabe eines solchen Elements klar zu werden, das in erster Linie als Raumteiler gedacht ist und nicht herausspringen sollte. Im Übrigen eignet sich ein grell gestrichenes Paneel kaum als Hintergrund für Pflanzen, sondern erschwert die Kombination nur.

Oben Eine Mauer unterteilt in der Regel die Räume, hier jedoch entfaltet das bogenförmige Element eine rhythmische Wirkung, während das Mosaik Fröhlichkeit verbreitet. Eine solche Dekoration bringt Farbe in eine schattige Ecke, die sich nur schwer bepflanzen lässt, und unterstreicht die Bedeutung der verschiedenen Möglichkeiten, vertikale Flächen zu verschönern.

Planung des Gartens 59

Oben Hier wird durch eine Sequenz eleganter, identisch gestalteter Bögen das Prinzip der Wiederholung genutzt, das eine das Blickfeld prägende Ruhe verbreitet und das Auge bis zum Ende des Weges lenkt. Die spitz zulaufenden Bögen öffnen sich dem Licht und verlocken, zur Sonne aufzuschauen – ein weiterer Kunstgriff für die Gestaltung von Schattenplätzen.

Eine wertvolle Orientierungshilfe für die gezielte Platzierung von Raumteilern bietet die maßstabsgerechte Zeichnung. Ganz kleine Gärten erfordern lediglich ein Element, etwa von einer Seite ausgehend. Die richtige Position lässt sich auf dem Plan ausprobieren. Um sicherzugehen, kann man sie im Garten dann noch einmal ausstecken. Ich empfinde es immer als hilfreich, ein paar übrige Spalierelemente zur Hand zu haben, die, einfach aufgestellt, einen Eindruck vermitteln. Sie lassen sich leicht auch an anderer Stelle ausprobieren, bevor über die endgültige Platzierung entschieden wird.

Im Gestaltungskanon der Architekten gibt es ein magisches Maß: der so genannte »goldene Schnitt«, der letztlich auf das Wissen der alten Griechen zurückgeht. Es handelt sich um eine Formel, die den idealen Punkt ermittelt, an dem eine Strecke zu teilen ist – optisch zwischen einem Drittel und Dreiviertel ihrer Länge. Im Garten sorgt dieses Teilungsverhältnis für eine bemerkenswert ausgewogene Raumwirkung mit etwa zwei Dritteln des Geländes in Hausnähe und einem Drittel vom äußeren Ende entfernt. Hier also wäre der ideale Standort für einen Raumteiler, eine Bank oder einen Blickfang, ein Ort, wie geschaffen, um innezuhalten, eine andere Richtung einzuschlagen, eine Möglichkeit, dem Gesamtbild zusätzliche Spannung zu verleihen.

In einem frei gestalteten Garten mit bogenförmig gewundenen Wegen (s. Seite 46 f.) können auch die Unterteilungen bogenförmig gestaltet sein. Was mit einer neu gepflanzten Hecke oder eigens erbauten Mauer leicht machbar ist, gestaltet sich schwieriger mit starren Holzpaneelen; deshalb gilt es bei der Auswahl des Materials bereits die Form vor Augen zu haben. Die Bögen könnten aufeinander zulaufen oder serpentinenartig gewunden sein, aber auch einen Blickfang wie eine Skulptur oder einen Teich einschließen – auch hier unzählige Variationsmöglichkeiten.

Die Gestaltungsprinzipien Spannung, Geheimnis und Überraschung (s. Seite 58 f.). lassen sich in ihrem Effekt durch Tore, Bögen und Pergolen noch zusätzlich steigern. Alle wirken sie innerhalb der Begrenzungen raumgliedernd.

Ein Torbogen zwischen zwei durch raumteilende Elemente getrennte Gartenräume unterstreicht jenes feine Gefühl der Spannung, das sich über die reizvolle Verengung beim Darunter-Durchgehen mitteilt. Ein zwischen zwei Bereiche integriertes Tor verlangt zwangsläufig, dass wir zum Öffnen kurz innehalten – ein weiterer Kunstgriff, dem Betrachter den Raum nach und nach zu zeigen. Äußerst verlockend ist auch eine kreisförmige Maueröffnung, durch die man, wie durch ein »Mondtor«, zwar in einen anderen Bereich blicken, nicht aber sofort eintreten kann. Solche »Fenster« lassen uns erfahrungsgemäß erst wieder los, wenn alles dahinter bis auf den letzten Winkel erkundet ist.

Oben Obwohl derartige Einblicke oder »Mondtore« eine lange Tradition haben, verfehlen sie auch in heutigen Gartenentwürfen nie ihre Wirkung. Die hier veranschaulichte Kreisform wirkt optisch weit ansprechender als rechteckige oder quadratische Öffnungen. Wie das Bullauge eines Schiffs rahmen sie den Blick auf die andere Seite ein und verlocken den Betrachter den nächsten Gartenraum zu entdecken.

Links Ein Blickfeld, das sich dem Auge teilweise entzieht, möchte erkundet werden und reizt zu einem Gang durch den Garten. Stufen bringen Spannung ins Bild und wecken, je mehr man sich ihnen nähert, Erwartungen, bis sich, oben angelangt, ein neues Blickfeld eröffnet.

Planung des Gartens

Laubengänge

Laubengänge bilden fantastische Raumteiler, die sich selbst für kleine Gärten eignen. Was ihren besonderen Reiz ausmacht, ist der kleine Streifzug, zu dem sie uns verlocken und unterwegs immer wieder Einblicke in den Garten gewähren. Sie sind wie geschaffen für Kletterpflanzen, wobei duftende Arten den Gang zu einem Erlebnis besonderer Art machen. Weil die Hauptrolle aber den Pflanzen gebührt, sollte die Konstruktion zwar stabil, aber schlicht und unverschnörkelt sein. Flitter und Zierrat wie etwa Blumenampeln haben hier absolut nichts zu suchen.

Ganz wichtig ist, dass ein Laubengang nicht nur ein attraktives Ziel anvisiert, sondern am Ende auch einen Blickfang bietet. Vorstellbar wäre eine Bank, eine Vase, eine Skulptur oder auch ein Wasserelement.

Obwohl Raumteiler zu den bedeutendsten Gestaltungselementen eines Gartens gehören, sollte man sich auf keinen Fall dazu hinreißen lassen, sie einfach um ihrer selbst willen einzusetzen. Jeder Designaspekt sollte ein Ziel verfolgen. Der alte Schlachtruf der Modernisten, dass die Form der Funktion zu gehorchen habe, ist heute nicht weniger gültig als vor 75 Jahren. Design als Selbstzweck ist ärgerlich, dennoch scheinen wir diesem Irrwitz geradezu verfallen, insbesondere im Garten.

Oben Zum Rund geschlossene, doppelte Ringe ergeben, von einer überbordenden Pflanzenfülle umspielt, einen ungewöhnlichen Laubengang, der einen ganz eigenen Rhythmus entfaltet. Solche Formelemente verbinden sich organisch mit einem Garten, der auf Kreisformen und Bögen aufbaut, wobei sie das dominierende horizontale Gestaltungsthema in die Vertikale projizieren.

Rechts Tunnels, Laubengänge und Bögen gehören alle ein und derselben Familie an, denn sie verleiten, von einem Ort zum anderen zu schweifen und vermitteln dabei ein Gefühl der Geborgenheit. Metall wird zunehmend beliebter als Konstruktionsmaterial für den Garten, und dieser elegant gebogene Rahmen ist wie geschaffen für eine Auswahl an Kletterpflanzen.

Gartenräume

Raumteiler schaffen Bereiche und »Zimmer«, die jeweils einem ganz bestimmten Zweck dienen, indem sie zum Sitzen, Essen oder Spielen einladen, zum Anbau von Obst und Gemüse oder als Arbeitsecke vorgesehen sind. Mit der Unterteilung in Räume können sich ganz unterschiedliche Erwartungen verbinden, sowohl ästhetischer als auch praktischer Natur. Ein schlichtes Spalierelement, das den Garten unterteilt, könnte auch einen Schuppen, die Arbeitsecke oder das Garagentor nebenan kaschieren. Um noch einen Schritt weiter zu gehen, ließe sich ein vollkommen integrierter Abstellraum für Geräte, Fahrräder, Spielzeug und anderes einbauen, der nicht ins Auge fällt, sei es, dass er sich am Ende eines pergola-artigen Durchgangs oder hinter einem üppig bewachsenen Torbogen verbirgt und harmonisch zum Gesamtbild des Gartens passt.

Je kleiner der Garten, desto schwerer fällt es, Wirkung zu erzeugen; von daher gilt es jede Möglichkeit auszunutzen. Immer wieder entscheidend ist die einfühlsame Handhabung des Raums: wenn diese erst einmal stimmt, ist für das Erscheinungsbild des Gartens bereits viel gewonnen. So können Raumteiler beispielsweise aus »harten« baulichen Materialien oder »weichen« Pflanzen bestehen; man denke nur an die dekorative Wirkung einer akkurat geschnittenen Hecke oder die fedrigen Grannen eines Grases. Ergänzend hinzukommen könnte ein kleiner Teich mit Springbrunnen oder ein kaskadenartig herabfallender Wasservorhang.

Oben Die Vorstellung des Gartens als Zimmer mag klischeehaft anmuten, im entsprechenden Umfeld hat sie jedoch ihre Berechtigung. Dieser kleine Bereich bietet genügend Platz zum Sitzen, Essen und Entspannen.

Links Der eigentliche Unterschied zwischen Innen- und Außenräumen besteht im Grad der Bepflanzung, die letztere lebendig macht. Dominante bauliche Elemente wie Säulen und Mauern wirken weicher, wenn sie als räumliche Komponenten in das Gesamtbild einbezogen werden.

Gegenüber Das »Zimmer« im Freien mag noch so klein sein, es kann dennoch weit mehr Elemente aufnehmen als seine Entsprechung innen. Wie viele Räume innerhalb des Hauses könnten eine Feuerstelle, ein Wasserelement, eine über mehrere Ebenen reichende Bepflanzung und einen großzügigen Sitzbereich beherbergen?

Planung des Gartens 65

Gestaffelte Ebenen

Beim Vermessen des Gartens fällt jeder Niveau-Unterschied ins Auge, was sich auf den Entwurf bereits ausgewirkt haben müsste. Je kleiner der Garten, desto schwieriger, unterschiedliche Ebenen zu handhaben. Ein vom Haus aus ansteigendes Gelände neigt dazu, das Blickfeld einzuschränken, während ein schräg vom Haus abfallender Hang größer erscheinen kann, als er wirklich ist.

Obwohl sich eine Hanglage nicht ignorieren lässt, heißt dies nicht zwangsläufig, den Garten in eine Sequenz von Treppen oder Terrassen zu unterteilen. Wo der Hang nur sanft abfällt, wirkt nichts ungünstiger als ein Kunterbunt an Plattformen. Ich lege in diesem Fall eine an das Haus angrenzende Terrasse an und befasse mich dann erst mit der nächst höheren oder tieferen Ebene, die sich dem natürlichen Gefälle des Hangs sanft anpassen lässt, ganz gleich, ob Rasen oder eine gemischte Bepflanzung vorgesehen ist. Im Fall eines steileren Hangs empfiehlt es

Oben Treppen sollten grundsätzlich möglichst breit und bequem zugänglich sein, nicht nur aus praktischen Erwägungen heraus, sondern auch als Element an sich. Die Stufen, die die beiden Ebenen dieses Gartens verbinden, werden durch die blickfangartige Bepflanzung unterstrichen. Ein reizvolles Strukturelement bilden die ineinander verflochtenen Linden im Hintergrund, die die Fassade des Hauses weicher erscheinen lassen.

Rechts Flache, geschwungene Stufen bringen ein rhythmisches Element ein und bilden eine weniger formale Verbindung zwischen zwei Ebenen als eine gerade Treppe. Noch weicher wirkt der Übergang durch Grasrampen, die sich wie Keile zwischen die einzelnen Stufen schieben, ein Kunstgriff, der auf den berühmten kanadischen Architekten Arthur Erickson zurückgeht.

Oben Diese filigran wirkende, eigens angefertigte Metalltreppe, deren Stufen nach unten hin breiter werden, führt in elegantem Schwung von einer Ebene zur anderen. Rundum von Pflanzen umgeben, wird die Transparenz der offenen Konstruktion zusätzlich hervorgehoben. Der auf beiden Seiten angebrachte stabile Handlauf sorgt für Sicherheit, während das massive Holzdeck ein geräumiges Podest bildet.

sich, die einzelnen Terrassen oder Plattformen so großzügig wie nur möglich zu gestalten und sie durch breite Stufen zu verbinden. Wo indes nur kleine Niveau-Unterschiede vorliegen, kann sich der gesamte Bereich in eine Reihe weiträumiger Stufen oder Parterres gliedern, indem eine Ebene die darauf folgende überlappt, verbunden und eingerahmt von einer entsprechenden Bepflanzung.

Allzu schmale, schwer zugängliche oder gefährliche Stufen haben in einem Garten nichts verloren, zumal sie die gesamte Breite des verfügbaren Geländes oder Bereichs einnehmen können. Obwohl sich ein schier grenzenloses Spektrum an Möglichkeiten bietet, gibt es Erfahrungswerte für bequem begehbare Stufen. Die Trittfläche, auf die man den Fuß aufsetzt, sollte 45 cm tief und die Setzstufe oder der senkrechte Teil 15 cm hoch sein, insgesamt also etwas weniger als eine Treppe im Haus. Breite Stufen können als Ausstellungsfläche für Töpfe und Ornamente dienen, lassen sich gelegentlich aber auch als Sitzfläche nutzen. Wo genügend Platz ist, kann eine Treppe auf halber Höhe hangaufwärts auch die Richtung ändern, in der Regel im rechten Winkel, wobei ein kleiner Absatz erneut Raum für Töpfe und andere Elemente bietet, die vorübergehend aufgestellt werden.

Insbesondere im städtischen Raum ist der Platz aber manchmal so begrenzt, dass sich kaum Raum für eine schmale Treppe zum Souterrain hinunter bietet. Sicherheit hat Priorität, und wo kein entsprechender Handlauf vorhanden ist, heißt es einen anbringen. Töpfe können die Stufen zwar weich abrunden, wenn es aber insgesamt an Platz mangelt ist es ratsamer, die seitliche Mauer von unten her zu bepflanzen oder von einem oben eingebauten Hochbeet aus für eine kaskadenartig überhängende Begrünung zu sorgen.

Auch fremdländische Ideen können in den Garten einfließen. Während sie dem Gesamtbild einen gewissen Pfiff verleihen, lässt sich das Spektrum auch auf bauliche Materialien ausdehnen.

Planung des Gartens 67

Stützmauern

Treppen gewähren Zugang, Hänge hingegen bieten zahlreiche andere Möglichkeiten. In vielen Gärten sieht man sich mit schroff aufragenden Stützmauern konfrontiert. Dabei ließe sich ein solches Element vielfach nutzen, sei es als Hintergrund oder Stütze für Pflanzen etwa. So könnte man in den Winkel zwischen zwei Mauern eine Sitzgruppe einbauen oder auch eine Feuerstelle zum Grillen. Beide Vorschläge bieten zusätzlichen Stauraum, denn ich kombiniere Grillstellen gern mit Arbeitsflächen, unter denen sich Kästen für Werkzeug, Gasflaschen oder anderes findet. Auch in Bänken lässt sich einiges unterbringen; mit einer aufklappbaren Sitzfläche versehen, nehmen sie Spielzeug auf, das im Nu aufgeräumt ist.

Als Spielplatz für die Kleinen ist eine erhöhte Plattform ideal. Sie dient ihnen als Tisch, Sprungbrett oder Basis für eine Rutschbahn. Mit Fliesen belegt, lässt sich die Oberfläche leicht sauber halten. Was ich ebenfalls mag, sind erhöhte Sandkästen mit abnehmbarem Deckel – sie lassen sich später leicht in ein Wasserbecken oder ein Hochbeet verwandeln. Mithilfe von Hochbeeten können Pflanzen bis zur mittleren Ebene »hinaufreichen«, wenn sie größer werden, dekorativ überhängen und das ganze Element weich umspielen. Mein eigener Garten fällt steil ab. Im Bereich des ersten Niveau-Unterschieds in unmittelbarer Nähe des Hauses und der Straße habe ich einen Stauraum für die Mülltonnen eingebaut, der mit der Rückwand an eine Stützmauer angrenzt. Die Abdeckung ist mit Klinkern belegt und groß genug für eine Gruppe Töpfe, während sich die Tonnen hinter einer zweiteiligen Holztür verbergen. Wo der Platz so spärlich bemessen ist, bewährt es sich, sämtliche räumlichen Möglichkeiten auszuschöpfen – umso besser, wenn sich das eine oder andere Element gar auf mehrfache Weise nutzen lässt.

Eine Stützmauer bietet sich aber auch für ein Wasserelement an, vielleicht gar in Form eines Wasserfalls, der sich von einer Ebene zur anderen ergießt, oder angesichts sehr beschränkter Raumverhältnisse als in die Wand eingelassener Wasserspeier mit einer Schale, die das Wasser auffängt. Um Wirkung zu erzielen, braucht es nämlich kein ausladendes Element: oft genügt schon der Klang eines schlichten Sprudelsteins. Wasser verleiht dem Garten eine andere Dimension und bereichert ihn durch Reflexion, Bewegung und Klang. Selbst in einem winzigen Garten erregen diese Vorzüge Aufmerksamkeit und vermitteln ein Gefühl der Weite.

Unten Trotz der kraftvollen Konturen dieses Designs strahlen die Hochbeete in ihrer Gliederung eine gewisse Eleganz aus. Sie verbinden sich harmonisch mit dem Holzdeck und den Kiesflächen, während die Farben der Mauern und der Grauton von *Stachys lanata* organisch miteinander verschmelzen.

Wasserelemente

Als natürliches Element bietet Wasser in vielen Gärten die Möglichkeit, einen unübersehbaren Blickfang zu setzen. Während sich das Spektrum in früheren Zeiten auf jene quasi-klassischen Wasser speienden oder spritzenden Cherub-Skulpturen beschränkte, die in formalen Gestaltungsschemen nach wie vor ihren Platz haben, stehen heute unzählige zeitgemäßere Ideen zur Auswahl. Zu den schönsten gehören Elemente, die sich die reflektierende Oberfläche von Materialien zunutze machen, an denen das Wasser aufschießt und in schillernden Mustern über die Oberfläche fällt. Dabei kann es sich um wellenförmige Strukturen, Säulen oder Schalen handeln, in die sich das Wasser ergießt und überquellend in ein Teichbecken darunter fällt.

Auch Glas wird zunehmend mehr verwendet, und Spiegel oder spiegelndes Acryl entfalten eine erstaunliche Wirkung in Verbindung mit Wasser. Reflektierende Oberflächen kommen in einem kleinen Hof gut zur Geltung, denn sie erzeugen die Illusion eines weit größeren Raums. Vorteilhaft wirkt sich auch aus, dass diese Bilder verzerrt erscheinen, denn so verwischen sie die Realität.

Oben Viele der schönsten Wasserelemente wirken erfrischend schlicht. So bildet dieses erhöhte Sprudelbecken in dem winzigen Hof sowohl einen Blickfang als auch eine ausgezeichnete Sitzfläche. Das Zwiegespräch zwischen dem perfekt durchdachten Design und dem fedrigen Bambus lässt eine Harmonie erkennen, die durch die bunten Kissen belebt wird. Für ein Minimum an Pflege sorgen der mit unempfindlichen Platten ausgelegte Boden und die Mulchschicht aus Kieseln, die die Erde unter dem Bambushain abdeckt.

Links Hier ein klassisches Exempel, wie zwei grundverschiedene Konzepte harmonisch miteinander verschmelzen können. Während sich im Hintergrund das Bild einer üppigen Bepflanzung bietet, zeigt das mit Metall ausgeschlagene Wasserelement einen ausgeprägt architektonischen Charakter. Einen kraftvollen Gegensatz dazu bildet der Findling im Vordergrund.

Planung des Gartens **69**

Besondere Effekte

Oben Mit Spiegeln lassen sich auf einem Dachgarten in der Stadt erstaunliche Wirkungen erzielen, denn sie reflektieren das faszinierend bunte Bild umliegender Häuser, indem sie dank der Verdoppelung jeder Komposition Tiefe verleihen. Lediglich mit der Sonnenreflexion heißt es vorsichtig zu sein, damit man nicht aus einem schattigen Raum in blendendes Licht treten muss.

Obwohl sich durch Einbauelemente in der Praxis viel Platz sparen lässt, spricht nichts dagegen, zusätzlich die Illusion eines größeren Raums zu erzeugen. Derartige Effekte stehen in einer nachweislich langen und erlesenen Tradition und finden sich seit frühesten Zeiten immer wieder in Garten und Architektur. Ob Trompe-l'œil-Effekte, Spiegel, verfremdete Perspektiven oder Wandgemälde, das Wesen all dieser optischen Täuschungen beruht auf einem visuellen Trick und ist von daher auch nicht todernst zu nehmen. Ich persönlich kann es nicht ausstehen, wenn sich in gewollt »schicken« Gärten in der Stadt falsche Spaliere auf der Mauer präsentieren und ein protziger Cherub oder eine abgeschmackte Aphrodite als Blickfang posieren. Es riecht nach Garten-Snobismus und hat nicht im Entferntesten etwas mit gutem Design zu tun. Optische Effekte sollten vorrangig humorvoll wirken; wenn sie den Garten dabei ein bisschen größer erscheinen lassen, ist dieser Nebeneffekt nur zu begrüßen.

Spiegel

Spiegel gehören zu den meist verbreiteten und problemlos einsetzbaren Gestaltungsmitteln, um Räume optisch größer erscheinen zu lassen, kommen aber nur dann zu voller Geltung, wenn sie mit Fingerspitzengefühl platziert sind. Von daher ist es ein absoluter Unsinn, einen Spiegel am Ende eines Laubengangs oder einer Blickachse aufzustellen, wo man sich fröhlich näher kommen sieht und der Effekt gleich Null ist. Das Geheimnis besteht vielmehr darin, den Spie-

gel im Winkel zu einem Blickfang aufzustellen, sodass die Reflexion einen anderen Teil des Gartens aufgreift. In einem kleinen Hof mit »festem« Sitzplatz könnte man versuchen, den innerhalb eines kleinen Torbogens eingelassenen Spiegel auf eine der seitlichen Mauern oder Begrenzungen zu richten, Töpfe und Pflanzen zu beiden Seiten aufzustellen und die Pflasterung unmittelbar unterhalb des Spiegels enden zu lassen. Die Folge wäre, dass man einen Weg in einen angrenzenden Gartenraum zu erkennen meint. Beim ersten Mal lässt man sich tatsächlich täuschen, danach durchschaut man den Trick und amüsiert sich an der gelungenen Wirkung. Manche Leute sorgen sich, dass Vögel gegen den Spiegel fliegen könnten, meiner Erfahrung nach gibt es aber kaum Probleme, wenn man den Spiegel teilweise mit Pflanzen oder einem Netz von Zweigen abdeckt.

Bezüglich des Materials verwerte ich gern Spiegel von alten Schränken, zumal es gar nicht ins Gewicht fällt, wenn die Silberschicht schon leicht abblättert, denn die Reflexion wirkt durch Pflanzen und andere Bilder ohnehin dekorativ gebrochen.

Falsche Türen

Um noch einen Schritt weiter zu gehen, gibt es auch nichts gegen eine falsche Tür einzuwenden, sofern die Gestaltung mit ein paar Stufen davor, einem Podest oben und einem Rahmen, der die äußeren Konturen andeutet, in sich stimmig ist. Eine Vase links und rechts oder in Form geschnittene Buchsbäume und eine daran aufgeleitete Glyzine – mehr braucht es nicht, um einen unübersehbaren Blickfang zu schaffen. Um es ganz raffiniert anzustellen, hält man die Tür leicht angelehnt und setzt das Spiel fort mit einem in die Lücke integrierten Spiegel.

Links Obwohl falsche Türen und Torbögen auf Dauer kaum jemanden anhaltend täuschen dürften, bringen sie einen Schuss Humor ins Bild und verleihen selbst dem kleinsten Garten Tiefe. Hier erweckt ein mit Kieseln, Fliesen und Pflanzen umgebener Spiegel den Eindruck, man könne einen Blick in einen Garten dahinter werfen – eine Illusion einfach nur zum Spaß.

Rechts Diese alte imposante Tür bildet, umgeben von einer farbenprächtigen *Bougainvillea*, einen wirkungsvollen Blickfang.

Planung des Gartens 71

Trompe l'œil

Eine Täuschung des Auges, besser gesagt, ein Trompe-l'œil-Effekt, mag im entsprechenden Rahmen gut zur Geltung kommen; es bedarf aber einer gewissen Sensibilität, damit der Effekt nicht übertrieben theatralisch wirkt.

In einem kleinen Garten könnte ein Rasen oder Teich beinahe unmerklich schmaler werden, um optisch etwas länger zu erscheinen, wobei in regelmäßigen Abständen aufgestellte Töpfe oder in Form geschnittene Bäume die Perspektive unterstreichen, insbesondere wenn sie mit wachsender Entfernung immer kleiner werden. Man darf allerdings nicht vergessen, dass dieser Effekt nur von einer Seite aus funktioniert, von der anderen aus bietet sich ein ausgesprochen bizarres Bild. Auf Licht und Beleuchtungstechniken werde ich auf den Seiten 124–131 noch im Einzelnen eingehen, aber zu meinen bevorzugten »Tricks« gehören Punktstrahler in kleiner werdenden Abständen. Abends bieten sie ein großartiges Bild und eine unglaubliche perspektivische Wirkung, die nicht zuletzt dadurch zustande kommt, dass der Rest des Gartens in der Dunkelheit untergeht und man nicht erkennen kann, wie lang der Raum wirklich ist. Die meisten Effekte mit verfremdeten Perspektiven fügen sich harmonisch in formale Gestaltungskonzepte ein, wo sich eine Gruppe Töpfe, Lichter oder was auch immer in symmetrischer Entsprechung anordnen lässt.

Wandmalereien

Wandgemälde sind eine weitere Variante außergewöhnlicher Effekte, die in einem kleinen Raum nachhaltig zur Atmosphäre beitragen können. Sie täuschen den Betrachter zwar kaum glaubhaft, wirken aber ausgesprochen humorvoll und setzen Farbakzente, die kahlen oder dominierenden Wänden einen ganz eigenen Reiz verleihen.

In manchen Bereichen bietet sich nämlich wenig oder gar kein Platz für Pflanzen, insbesondere in urbanen Gärten, wo der gesamte Boden betoniert sein kann. Töpfe können die Szenerie zwar aufheitern, aber die Pflanzen in solchen Bereichen entwickeln sich kaum je zufriedenstellend. In diesem Fall kann eine schön gemalte Kletterpflanze oder eine ganze Rabatte das Bild vollkommen verwandeln und eine ganz neue Dimension einbringen. In bescheidenerem Maß können auch schon auf die Wand applizierte Fenster mit »Blick« auf das Meer, eine Landschaft oder den Garten dahinter das Raumgefühl steigern. Wandgemälde vermögen selbst den tristesten Winkel aufzuheitern.

Links Mosaike oder Gemälde können eine bedrückend dominante Mauer in ein Kunstwerk von schier unbegrenzter Lebensdauer verwandeln und reizvolle Effekte erzielen. Was das Motiv angeht, so setzt lediglich die Fantasie des Künstlers Grenzen – man sollte ihr also freien Lauf lassen.

Rechts Es gibt Stellen, die sich absolut nicht bepflanzen lassen; wo dies der Fall ist, heißt die Lösung: gemalte Pflanzen. Die überlebensgroße Kalla wirkt ausgesprochen dekorativ und belebt nicht nur die kahle Mauer, sondern begleitet das Auge auch beim Treppensteigen.

Begrenzungen

Auch wo Haus und Garten harmonisch aufeinander abgestimmt sind, sollte man die Möglichkeiten, die Begrenzungen für das Gestaltungskonzept bieten, keinesfalls ignorieren. Vom Gebäude ausgehend, umschließen sie vielfach ein schlichtes Rechteck, im urbanen Raum sind es oft auch verwinkelte Ecken, die die Basis für ein Entwurfskonzept bilden (s. Seite 50). In kleinen Gärten können Zäune oder Mauern vorspringen, Nischen bilden und somit zugleich alle erdenklichen Einbaumöglichkeiten eröffnen, sei es als Stauraum, kleiner Schuppen, Hochbeet, Feuerstelle oder integrierte Sitzgelegenheit. Ein Mauervorsprung kann aber auch eine natürliche Nische für eine Statue, ein Wasserelement oder einen anderen Blickfang bilden. Diese Ecken oder Winkel gilt es weder ungenutzt zu lassen noch unbedingt zu kaschieren, denn sie lassen sich dekorativ in das Design einbeziehen.

Im Übrigen sollte man sich schon überlegen, wie sich das Gesamtkonzept gestalten lässt, um ein solches »Geschenk des Himmels« in einen Blickfang zu verwandeln und einzubinden. Dachgärten bieten geradezu spektakuläre Möglichkeiten, und nirgends kommt es so entscheidend auf die Begrenzungen an wie hier. Schutz hat vielfach Priorität, gleichermaßen aber auch der Blick. Zu überprüfen wäre, ob eine niedrigere Begrenzung nicht immer noch ausreichend Sicherheit und Schutz bieten und die Aussicht weniger einschränken würde. Auf der anderen Seite kann ein in den Raum ragendes Zaunelement, das den Wind ohne größere Turbulenzen zu verursachen abhält, genügen, um einen misslichen Anblick zu kaschieren und das Auge in eine andere, sehenswertere Richtung zu lenken.

Unten Es hieße sich buchstäblich versündigen, wollte man einen Bereich wie diesen eingrenzen. Wo immer sich, vor neugierigen Blicken geschützt, eine so schöne Sicht bietet, sollte man alle Barrieren aufheben und sich einfach nur an der »geborgten Landschaft« freuen.

Die Bedeutung des Materials

Ein Punkt, der nicht unerwähnt bleiben soll, ist die Frage, inwiefern die Wahl der Materialien für eine Begrenzung oder ein Sichtschutzpaneel die Wahrnehmung des Raums beeinflusst.

Man braucht sich nur ein Zimmer mit einer leuchtend bunten Tapete vorzustellen, die im Muster so auffallend ist, dass sie das Auge regelrecht bannt. Die Folge ist, dass der Raum kleiner wirkt, als wenn er in einem Pastellton gestrichen wäre. Das Gleiche gilt für draußen, wo man auf Anhieb merkt, dass ein Zaun oder Paneel mit weit auseinanderstehenden Holzlatten den Raum verkürzt und die Begrenzung hereinholt – einen ganz ähnlichen Effekt erzeugen übrigens auch Pflanzen mit auffallenden Blättern. Wo die Begrenzung ohnehin schon relativ beengend wirkt, sollte man beides vermeiden und sich stattdessen für schmale, dicht beieinander stehende Latten und zierliche Pflanzen entscheiden. Diese brechen das Licht und schieben die Begrenzung optisch nach außen. In diesem Fall bilden Paneele aus in Längsrichtung verwobenem Bambus- oder Schilfrohr eine ausgezeichnete Lösung, aber auch Gräser und Pflanzen mit kleinem, hellem Laub.

74 Planung des Gartens

Links Die zerklüftete Oberkante und der grobe Zementputz verleihen dieser Betonmauer einen ganz eigenen Charakter. Der unebene Abschluss entfaltet eine rhythmische Wirkung, während die Sitzgelegenheit freitragend in die Begrenzung integriert ist. Die verzinkten Eimer bilden anpassungsfähige Pflanzkübel.

Rechts Was gibt es Schöneres, als ein Zimmer mit Ausblick? Dieser winzige Garten scheint zwischen einer Welt aus Dächern, Schornsteinen und dem offenen Himmel zu schweben. Der Sitzbereich selbst mag nicht gewaltig sein, dafür aber das Raumgefühl.

Begrenzungen beseitigen

Bevor wir mit dem Thema Begrenzungen fortfahren, würde ich gern die Möglichkeit vorschlagen, sie ganz aufzuheben. In den meisten Bereichen wurden sie aus Gründen der Sicherheit errichtet, zum einen, um die Kinder und Haustiere am Weglaufen zu hindern, zum anderen aber auch um unwillkommene Besucher oder einen hässlichen Anblick auszugrenzen. Wo es sich aber anbietet, sie zumindest teilweise oder gar ganz zu beseitigen, ist das Ergebnis allemal erstaunlich. Wo immer sich ein flüchtiger Blick auf eine Aussicht jenseits eines nahezu undurchdringlichen Zauns erhaschen lässt, sollte man nicht zögern, ein Element dieser Barriere herauszunehmen und dieses Blickfeld einzubeziehen, es sei denn die Sicherheit wäre ernsthaft gefährdet. Der Effekt kann enorm sein und die dynamische Wirkung des Refugiums ungemein steigern, wie ich es in Gärten am Rand von Golfplätzen, an Ufern und im Bereich von Parkanlagen oder Wiesengebieten immer wieder erlebt habe.

Ein Blickfeld einrahmen

Das gleiche Prinzip lässt sich auf Bodenhöhe anwenden. Wenn ich einen Garten mit Ausblick entwerfe, wird vielfach der Wunsch geäußert, diesen auf keinen Fall zu blockieren. Ein weites Blickfeld ist gewiss gut, noch wirkungsvoller aber präsentiert es sich in einem entsprechenden Rahmen. Es ist wie bei einem Gemälde, das auf der Leinwand ansprechend zur Geltung kommt, eingerahmt aber noch plastischer hervortritt. Allerdings sollte man bei der Wahl bedenken, dass der falsche Rahmen die Wirkung eines Bildes oder Blickfelds vollkommen zerstören kann. Als Einfassung wäre ein Mauerflügel oder ein Zaunelement vorstellbar, das mit Pflanzen überzogen ist. Um das Auge auf das Blickfeld zu lenken, macht sich eine bogenförmige Ausbuchtung der Mauer vielfach besser als ein abrupter senkrechter Bruch. In einem formalen Garten würde man die Mauer beidseitig des Ausblicks gleichmäßig absenken, um die Symmetrie zu wahren. In einer asymmetrischen Komposition hingegen wäre für die eine Seite des Rahmens ein schön gegliederter Lattenzaun denkbar und für die andere eine Gruppe kleiner Bäume oder Sträucher, dazwischen Bodendecker.

Planung des Gartens

Das Ausmaß der Mauer

Begrenzungen und Mauern sind in einem kleinen Garten unverzichtbar. Vor Augen halten sollte man sich außerdem, dass die gesamte Mauerfläche beträchtlich größer sein kann als die Bodenfläche. Begrenzungen bieten aber nicht nur die Möglichkeit eine Reihe dekorativer Elemente und Möbel einzubinden, sondern können allein schon aufgrund ihrer Größe das Erscheinungsbild des Gartens beeinträchtigen. Oft handelt es sich um ein bis zwei Begrenzungen, die, insbesondere im städtischen Umfeld, über dem Raum im Freien aufragen. Sie bieten in der Regel ein bestimmtes Maß an Intimität und Schutz, denn andernfalls wäre das Refugium womöglich von allen Seiten einsehbar oder einfach rundum bedrückend. In jedem Fall gilt es von ihnen zu profitieren.

Strukturen über Kopfhöhe

Eine der besten Möglichkeiten, sich gegen unerwünschte Einblicke aus Nachbarfenstern zu schützen, sind Querstreben, die sich gleich einem Gerüst über den Sitzbereich spannen. Diese sorgen nicht nur für einen intimen Rahmen, sondern dienen auch als Stütze für duftende Kletterpflanzen, die an einer sonnigen Stelle lichten Schatten bieten. Eine solche Konstruktion lässt sich am Haus anbringen und, sofern sie aus Holz besteht, passend zu den übrigen Holzelementen streichen. Wie bei Laubengängen wirkt eine schlichte Gliederung am schönsten. All die verschnörkelten Nasen, die in Form bizarrer Ausbuchtungen und Spitzen die Struktur abrunden sollen, sind im Grunde unnötig. Um ein stimmiges Bild zu erhalten, empfiehlt es sich vielmehr, Vierkanthölzer in großzügigen Abmessungen zu verwenden, denn die eigentlichen Hauptdarsteller sind auch hier die Pflanzen.

Abraten möchte ich von Blumenampeln, die von der optischen Klarheit des Bildes ablenken und die Gefahr bergen, dass man sich an den Kopf stößt. Was ich aber schon gesehen habe, waren mit aufgereihten Glasperlen »verhängte« Seiten, ein Bild, das spontan Assoziationen an eine Kasbah weckt, und besonders reizvoll wirkt, wenn der übrige Garten auch morgenländische Einflüsse erkennen lässt.

Entscheidend für den Stil ist aber auch der Ort. Vor einem Landhaus am Mittelmeer wären schlichte Stützpfeiler aus Ziegelstein denkbar, über die sich rustikale Querbalken spannen, überquellend von Weinreben oder anderen Kletterpflanzen. Auch wenn andere Länder und architektonische Stile andere Gestaltungen nahe legen, so ist doch immer die Verbindung von Innen- und Außenraum im Auge zu halten.

In vielen Teilen der Welt nimmt die Veranda diese Funktion als Bindeglied zwischen Innen- und Außenbereich ein. Überdacht spendet sie Schutz vor Sonne und Regen, indem sie auf der einen Seite aber zum Garten hin und auf der anderen zum Haus hin offen ist, schafft sie einen einladenden Übergang zwischen den beiden Bereichen. Um diese Verbindung zu unterstreichen, wird oft sogar durchgängig der gleiche Bodenbelag gewählt. Eine erhöhte Veranda mit breiten Stufen in den Garten hinunter vermittelt nicht nur einen einzigartigen Blick, sondern auch das wohlige Gefühl, hinausgehoben zu sein.

Um auf die Proportionen von Mauern zurückzukommen, es gibt einen einfachen Trick, wenn diese etwa wie eine Wand über Kopfhöhe aufsteigen und das Bild eines Gartens dominieren: Ich begrenze in solchen Fällen die Höhe des Hofs in Form von Querstreben oder einer ähnlichen Struktur. Dann streiche ich alles unterhalb der Verstrebung in einer Farbe, in der Regel einem Pastellton, um die Lichtreflexion zu verbessern, zumal es sich oft um Schattenplätze handelt. Der unmittelbare Effekt ist, dass sich die Aufmerksamkeit auf das Innere des Raums konzentriert, wobei die Querstreben und vielleicht sogar ein kleiner Baum eine Art Himmel bilden. Infolge dieser integrier-

76 Planung des Gartens

ten Begrenzung fallen die Mauern darüber weit weniger ins Auge und alles unterhalb kann Teil eines nach außen abgeschirmten Gartenraums werden. Außer Querbalken gibt es aber auch noch andere Möglichkeiten: Markisen können, am Farbschema des Hauses orientiert, ebenfalls ein verbindendes Element darstellen, das Licht filtern und Halbschatten bieten. Im Übrigen muss es kein kostspieliges »Dach« sein; schon die über eine schlichte Stütze geworfene Leinendecke kann eine grandiose Wirkung entfalten.

Schutz

Immer wieder versuche ich meinen Auftraggebern bewusst zu machen, dass mangelnder Schutz, ob gegen Sonne oder scharfen Wind, das Leben im Freien unbehaglich machen kann. Man braucht nur an ein Gartenlokal zu denken, das im Sommer mit seinen Tischen auf dem Pflaster eine unwiderstehliche Anziehung ausübt. Sobald der Herbst kommt, werden zum Schutz seitlich Markisen angebracht, und von oben her Heizsonnen eingesetzt, die gewährleisten, dass noch möglichst lang im Freien gespeist werden kann. So könnte im Garten eine Seite zwischen den Balken mit einem etwa 1 m hohen Mäuerchen ausgefüllt werden, das Platz für eine eingebaute Sitzecke bietet, und der Raum darüber mit vertikalen Latten einer duftenden Kletterpflanze Halt bieten. In einem größeren Garten ließe sich im rechten Winkel zum Zaun oder einer Begrenzungsmauer ein Paneel bauen, das eine Bank oder einen geräumigen Sitzplatz abschirmt. Nachdem wir uns so gern im Freien aufhalten, gilt es auch zu Hause die Saison nach Kräften zu verlängern – vielleicht, dass man sich auf diese Weise gelegentlich gar den Weg ins Gasthaus sparen kann.

Links Eine entsprechende Abschirmung ist in jedem Garten gefragt, insbesondere in kleinen Gärten. Dieser Hof stellt ein Musterbeispiel horizontaler und vertikaler Geometrie dar, man betrachte nur die in Form geschnittenen Buchshecken, die auf Bodenhöhe den quadratischen Rahmen aufgreifen, den die über Kopfhöhe angebrachten Streben, überwachsen von einer Glyzine, vorgeben. Die senkrechten Latten bilden eine zarte Verbindung zwischen oberem und unterem Raum.

Planung des Gartens 77

Garten-Beispiel
Wassergarten

Über viele Jahre haben James van Sweden und Wolfgang Oehme der amerikanischen Gartenszene ihren individuellen Stempel aufgedrückt, indem sie Kompositionen schufen, die den Ansprüchen ihrer Auftraggeber und der Umgebung bis ins Kleinste entsprachen. Hier bewahrheitet sich wieder einmal, dass vier Augen mehr sehen als zwei, denn die Kombination der dem Konzept zugrunde liegenden kraftvollen Gestaltungsstruktur und der einfühlsamen Bepflanzung ist in ihrer Perfektion kaum zu übertreffen.

Wie in zeitgemäßem Design vielfach üblich, gibt der architektonisch-bauliche Rahmen das Thema vor. So entstanden auf diesem sanft abfallenden Gelände mehrere Terrassen, verbunden durch breite, bequem begehbare Stufen. Im Mittelpunkt des Bereichs steht das lange, schmale Wasserbecken, das einen Blickfang darstellt und zugleich zum Schwimmen einlädt. Erfreulich ist, dass immer mehr Architekten die Chance nutzen, Elemente zu entwerfen, die sich doppelt oder gar mehrfach nutzen lassen, wobei es sich nicht zwangsläufig um die strengen Konturen eines Schwimmbeckens handeln muss, das in krassem Gegensatz zum Garten rundum steht. Ein solcher Ansatz ist umso willkommener, wo der Raum begrenzt ist und alles, was nicht nur einem einzigen Zweck dient, ausgesprochen begrüßt wird.

In diesem Beispiel formieren sich die unterschiedlichen Ebenen zu einem Szenarium, in dem das obere Bassin ausschließlich Wasserpflanzen vorbehalten ist und sich als von der dominierenden Wasserfläche getrennter Blickfang präsentiert. Verbindend wirkt die schlichte, aber elegante Schale, aus der von unten hoch gepumptes Wasser überquillt, sich kaskadenartig in das Wasserbecken darunter ergießt und somit Klang und Bewegung beisteuert – Elemente, die an heißen Sommertagen höchst willkommen sind.

Links Wasser sollte immer blickfangartig eingesetzt werden. Die auf dem breiten Mauerabschluss platzierte schlichte, aber elegante Schale bildet mit ihrem kaskadenartig sich ergießenden Wasser eine einzigartige Verbindung zwischen oberem und unterem Wasserbecken.

Rechts Diese Gestaltung strahlt eine spürbare Linearität aus, die das Auge unweigerlich dem terrassierten Gelände folgen lässt und darüber hinaus in Richtung der üppigen Bepflanzung am anderen Ende. Einladend wirkt der Sitzplatz im von Bäumen gefilterten Sonnenlicht dieser warmen, in sich geschlossenen Ecke.

Oben In jedem Garten erfordern auch die Details Aufmerksamkeit, insbesondere wenn es um Elemente baulicher Art geht. Man beachte, wie die Mauerkante über die Mauer hinausreicht, sodass das Wasser sanft darunter »schlüpfen« kann, auch wie das Licht in die Wangen der Stufe eingelassen ist, um gezielt dahin abzustrahlen, wo es erforderlich ist.

Besonders gelungen erscheint in diesem Entwurf die Gestaltung der »fließend« ineinander übergehenden Bereiche: hier das Wasserbecken, das in einer üppigen Bepflanzung endet, dort die nahen Stufen, die hangabwärts in einen zwanglos naturnahen Garten führen, in dem sich ein Pfad zwischen Sträuchern und Stauden hindurchschlängelt, bis vor ein dem Blick verborgenes Gartenhaus. Dieser abrupte Stimmungswandel hat zur Folge, dass der kleine Bereich wesentlich größer erscheint als er in Wirklichkeit ist. Hier finden sich die klassischen Gestaltungskomponenten – Geheimnis und Überraschung – verwirklicht, die sich dem Betrachter unmittelbar mitteilen, indem er Ort für Ort aufsucht. Die verschiedenen Bereiche verleiten immer wieder zum Innehalten, und genau so gilt es einen kleinen Garten auch zu erleben und zu genießen.

Die dafür verwendeten Materialien sind schlicht und zurückhaltend: Natursteinmauern, die um der erfrischenden Kontrastwirkung willen mit einer Steinsäge geschnitten wurden. Die quadratischen Bodenfliesen wurden diagonal im 45°-Winkel zum Raster des eigentlichen Gartens verlegt und bilden ein dezent untergeordnetes Muster.

Und doch ist es die Bepflanzung, die diesem kleinen Garten Leben verleiht, indem sie ihn in einen schützenden Kokon hüllt und die scharf umrissenen architektonischen Konturen zugleich umspielt und weicher erscheinen lässt. Die um ihrer Gestalt, Textur und Form willen ausgewählten Arten bieten ein Bild markanter Gegensätze, in dem jegliche Spielerei fehl am Platz wäre. Auch hier dominieren bewährte Prinzipien, wie die in großzügigen Bögen konzipierten Driften und Pflanzgruppen, die die Hand eines genialen Pflanzenliebhabers verraten.

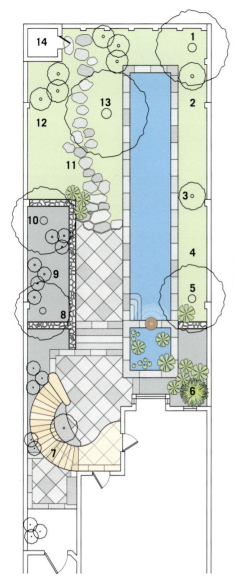

1 *Syringa reticulata*
2 *Chasmanthium latifolium*
3 *Hydrangea quercifolia* 'Snow Queen'
4 *Pennisetum alopecuroides*
5 *Magnolia*
6 Bambus
7 Stufen
8 Stützmauern
9 Gemischte Bepflanzung
10 *Cornus kousa*
11 Trittstein-Pfad
12 Gemischte Bepflanzung
13 *Lagerstroemia indica*
14 Lagerraum

Oben In diesem Teil des Gartens tritt die architektonische Gestaltung zugunsten eines weit weniger formalen Ansatzes in den Hintergrund. Hier führen grob behauene Steinstufen zu Trittsteinen, die sich zwischen niedrigen Polsterpflanzen und den rundlichen Horsten größerer Stauden hindurchschlängeln.

Links Hier das klassische Beispiel einer auf Kontraste setzenden Bepflanzung, in der sich Gestalt und Wuchsform einer Pflanze dekorativ von der der Nachbarpflanze abheben. Ein solches Pflanzkonzept wirkt vor dem dezent zurückhaltenden Konterpart einer ruhigen, spiegelnden Wasserfläche noch aussagekräftiger.

Garten-Beispiel 81

Garten-Beispiel
Garten mit Mauern

Es gibt Gärten, die üppig und sinnenfroh wirken, andere, die sich durch ungeheuer komplexe Bepflanzung auszeichnen, dann aber auch die vielen Gärten, die uns ein Gefühl der Geborgenheit vermitteln und uns mit geradezu familiärer Wärme umfangen. Der hier vorgestellte Garten lässt sich in keine dieser Kategorien einordnen. Er ist vielmehr ein starkes und kraftvolles Manifest, das uns mit der ganzen Schroffheit seines Charakters, einem Tohuwabohu von Farbe, Beton und zerklüftetem Fels entgegentritt.

Hier haben wir es mit einem Kunstexponat zu tun, das in seiner Formensprache derart überzeugend wirkt, dass ich es nur begrüßen kann, wenn Architekten sich über vorgefasste Barrieren hinwegsetzen und wagen, mit einfallsreichen Konzepten neue Maßstäbe zu setzen. Dieser Entwurf provoziert Reaktionen, indem er bewusst mit überkommenen Wahrnehmungen bricht. Dekonstruktivismus beinhaltet für mich die völlige Auflösung Letzterer und die Umgruppierung der Komponenten zu neuen Musterkomplexen, die im Sinn konventionell akzeptierter Sehgewohnheiten eine Herausforderung darstellen.

Bei genauerer Betrachtung wirkt das Konzept indes stimmig. Es bietet reichlich Raum für jede Art von Aktivitäten, die Stufen sind breit und großzügig ausgelegt, und die minimalistisch sparsame Bepflanzung lässt die brüsken Niveau-Unterschiede zugleich weicher erscheinen und hervortreten, kurzum, die Handhabung sämtlicher Elemente wirkt klar und ansprechend. Etwas gewagter erscheint lediglich der meisterhafte Einsatz der Ortbetonmauern, die aus den zerklüfteten Felsformationen »hochfahren« und in sich überschneidenden

Oben Was sich hier darbietet, ist unverkennbar eine Skulptur aus Felsgestein und Beton, beides harmonisch miteinander verbunden. Der tiefe Schatten bringt eine geheimnisvolle Note ins Spiel und dürfte Tieren unterschiedlichster Spezies einen Lebensraum bieten, während von oben *Pennisetum*-Horste überhängen.

Links Beton wirkt immer unprätentiös und geradlinig – Charakteristika, die ihn als Material in so vielen Situationen unentbehrlich machen. Diese nüchterne und bequem zugängliche Treppe setzt sich von den übrigen Elementen ab, indem sie, gänzlich funktional gestaltet, den Weg vorgibt.

Linke Seite Geradezu faszinierend gestaltet sich hier die Wechselwirkung zwischen den unterschiedlichen Elementen. Das mächtige zerklüftete Felsgestein hebt sich kontrastreich von den glatten Betonmauern ab, während sich die überbordende Bepflanzung wie eine Flutwelle zu nähern scheint.

Oben Auch wenn Schönheit für jeden etwas anderes bedeuten mag, so dürfte sich diese Gestaltung dem Betrachter doch spontan als Ausdruck abstrakter Kunst mitteilen. Im Grunde sind viele zeitgemäße Gärten nämlich genau das, was man in einer Galerie eine Installation nennt. Faszinierend ist hier das beeindruckend dreidimensionale Wechselspiel der verschiedenen Oberflächen.

Linien und Winkeln aufragen. Einige passen sich dem Felsfundament darunter an, andere drohen zu kippen, während sich wieder andere über ihre felsigen Nachbarn zu neigen scheinen. Wie immer man die Eindrücke interpretieren mag, Tatsache ist, dass die Gesamtkomposition ein wildes Szenarium verquerter Linien nachzustellen sucht, als habe die Natur den Erdboden durch Stöße, Quetschungen und wirbelnde Drehungen in vielfältige Musterformationen verwandelt.

Farbe spielt in jeder Gestaltung eine Rolle; hier erweckt sie mit warmen Erdtönen, die sich gezielt vom Naturstein unterscheiden, den Beton zum Leben. Sie unterstreicht die Wirkung des Steins und verleiht ihm zusätzliche Kraft und Stabilität.

Auch wenn die Bepflanzung manch einem zu wenig markant erscheinen mag, bilden die aggressiv schwertförmigen Blätter der Agaven doch ideale Partner für die glatten Betonmauern. Die wesentlich zierlicher wirkenden *Pennisetum*-Horste auf der anderen Seite stehen in unmittelbarem Kontrast zu den übrigen Elementen dieses Gartens; mit ihren weicheren Blattbüscheln, die sich bei jedem Windhauch wiegen, runden sie das Gesamtbild sanft ab.

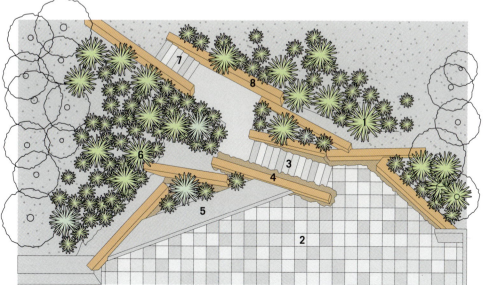

1 Bepflanzung: *Agave* und *Pennisetum*
2 Pflaster
3 Betonstufen
4 Farbig gestrichene Betonmauern, aus Naturstein aufragend
5 Stützmauern mit Sitzbank
6 Bepflanzung: *Agave* und *Pennisetum*
7 Betonstufen
8 Farbig gestrichene Betonmauern

Garten-Beispiel 85

STRUKTUR UND FORM

3

Auswahl der Materialien

Es liegt nicht zuletzt an den vielen Funktionen, die gerade kleine Gärten gleichzeitig erfüllen sollen, dass sie mit allen erdenklichen Elementen und Gegenständen ausgestattet werden. Dabei besteht immer die Gefahr, dass insbesondere kleine Bereiche vollgestopft und unordentlich wirken.

Inzwischen müsste aber weitgehend klar sein, welche Art von Garten man anzulegen gedenkt. Immerhin hat man die einzelnen Phasen des Gestaltungsprozesses durchlaufen, die Entscheidung für ein bestimmtes Thema getroffen und das Ganze zu Papier gebracht oder zumindest konkrete Vorstellungen vor Augen. Man ist von Gartencenter zu Gartencenter, von Ausstellung zu Ausstellung gepilgert und hat sich die schönsten Bilder, wie auf Seite 16 erwähnt, vielleicht sogar auf eine Pinwand geheftet. Derart informiert, erkennt man oft erst, wie groß die Auswahl an Materialien ist. Und genau an diesem Punkt machen nicht nur Laien, sondern manchmal auch professionelle Gartengestalter Fehler.

Im vorliegenden Plan zeichnen sich auf der einen Seite die baulichen Materialien wie Pflaster, Mauerwerk und zugehörige Elemente ab, auf der anderen das Sortiment vorgesehener Pflanzen. Was die Reihenfolge anbetrifft, wenn man nicht alles auf den Kopf stellen will: als Erstes kommen die baulichen Strukturen, denn sie bilden das Gerüst der Komposition. Die Pflasterflächen, Wege, Stufen, Mauern und Raumteiler bilden den Rahmen für die Bepflanzung. Letztere rundet die harten baulichen Konturen ab und fasst den Garten ein, sie verleiht ihm Farbe und rückt ihn das ganze Jahr über ins Rampenlicht. Voraussetzung dafür ist, dass diese beiden Grundpfeiler der Gestaltung fein aufeinander abgestimmt werden – ein Effekt, der nicht dem Zufall überlassen bleiben sollte. Von daher empfiehlt es sich, den baulichen Rahmen mit Bedacht auszuwählen und ihn harmonisch dem Stil des Hauses und Geländes anzupassen.

Unten Die kraftvolle Linienführung des Pflasters in einer Richtung entfaltet eine entschieden rhythmische Wirkung. Einen Gegenpol bildet die großzügige Bepflanzung, die den Raum gliedert und das Ende einzelner Sequenzen markiert.

Oben Jeder Garten besteht aus einer Kombination baulicher und pflanzlicher Elemente, wobei Erstere den Rahmen vorgeben. In kleinen Bereichen verlangen die beiden Komponenten eine bedachte Gegenüberstellung. Einzigartig gelungen ist hier die Wechselwirkung zwischen der bogenförmigen Metalleinfassung der Beete, der rostbraunen Umzäunung, dem mehrfarbigen Kies und der architektonisch geprägten Bepflanzung.

Rechts Es gibt kaum etwas Schöneres an heißen Tagen als eine Dusche im Freien. Was diese Gestaltung verbindet, ist der Einsatz der Latten im Bereich von Holzdeck, Bank und Zaun; hinzu kommen die Pflanzen, die dazwischen auf- und hindurchranken, während die Bäume im Umkreis das Auge aus dem Garten hinausführen in Richtung der »geborgten Landschaft«.

Materialien für Begrenzungen

In der Regel sind die Begrenzungen des Gartens bereits vorhanden und die Phase vorläufig abgeschlossen, in der man sich den Kopf darüber zerbrechen musste, wie sich ihre Wirkung unterstreichen und verbessern oder auch einfach ignorieren ließe. Und doch kommt irgendwann der Tag, an dem man sie ersetzen muss. Dann bietet sich die Gelegenheit, das Beste daraus zu machen, sowohl stilistisch als auch hinsichtlich der Materialien. Vom praktischen Gesichtspunkt aus betrachtet gibt es drei große Kategorien der Begrenzung – Mauern, Zäune und Hecken –, jede mit einem ganz eigenen Charakter.

Mauern

Mauern sind aufgrund ihrer langen Lebensdauer kostspielig und gehören zu den edelsten Einfassungen. Sie können die Linienführung eines Gebäudes in den Garten hinaus ausdehnen und somit ein Gefühl der Kontinuität vermitteln. Wer noch keinerlei Mauer hat, tut gut daran, Materialien und Stil der Architektur zu berücksichtigen und passend zum Ziegelsteinhaus Ziegelmauern einzusetzen, einen Betonbau mit Betonmauern und ein Holzhaus weder mit dem einen noch mit dem anderen, sondern selbstverständlich mit einem Zaun zu kombinieren.

Eine schöne, gut erhaltene Ziegelsteinmauer entfaltet eine ganz eigene Wirkung. Ohne mich langatmig über Feuchtigkeitsdämmschichten und Abschlusselemente auszulassen, möchte ich lediglich festhalten, dass eine

Unten Mauern gehören zu den bewährtesten Begrenzungen. Eine glatte Oberfläche zeichnet sich durch makellos klare und markante Linienführung aus und passt in ein modernes Gestaltungsschema oft besser als eine von Kletterpflanzen überwucherte Einfassung.

Links Es kann ungeheuer wirkungsvoll sein eine Mauer zu durchbrechen, um einen Rahmen für ein bestimmtes Blickfeld zu schaffen. Hier bietet sich ein geradezu dramatischer Kontrast zwischen dem Kaktus und dem ovalen Fenster – Landschaftskunst vom Feinsten. Während im Haus innen bedenkenlos kräftige Farben eingesetzt werden, scheuen wir im Garten meist davor zurück. Wie man hier sieht, können sie aber ausgesprochen imposant wirken – wenn das kein Grund ist, bestimmte Prinzipien neu zu überdenken.

Rechts Die abschließende Krone oder Kappe einer Mauer schützt die Konstruktion nicht nur vor Witterungseinflüssen, sie trägt auch entscheidend zu ihrem Erscheinungsbild bei. Diese überlappend angeordneten Ziegel ergeben ein ganz spezifisches Muster, wobei sie sich farblich harmonisch mit dem Granitpflaster darunter verbinden.

sachgemäß aufgesetzte Mauer beides enthalten sollte. Dabei genügt bereits eine quer zur obersten Lage angeordnete Ziegelsteinreihe, denn überladene Firstlösungen verderben das Bild nur, auch wenn Architekten und Ingenieure eine Vorliebe dafür zu haben scheinen. Eine schon leicht baufällige Ziegelsteinmauer lässt sich durch einen Zementputz meist so weit in Stand setzen, dass sie noch jahrelang hält. Das Gleiche gilt für eine Mauer aus Betonblockstein. Die dadurch entstehende glatte Oberfläche eignet sich für Farblasuren, für die man sich am besten an einem dominierenden Farbschema im Hausinnern orientiert. Wer über große Glasschiebetüren verfügt, könnte die Wandfarbe einfach außen weiterführen. Durch Kübelpflanzen außen und Zimmerpflanzen innen lässt sich ein nahezu nahtloser Übergang zwischen den beiden Lebensbereichen schaffen.

Auch die Beleuchtung kann hier eine Rolle spielen. So könnte man wie an der Innenwand auch außen Strahler anbringen, die an einem warmen Sommerabend verlocken, in den Garten hinauszutreten. Von einem modernen Hightech-Garten abgesehen, verlangen Mauern geradezu nach einer Begrünung und Kletterpflanzen. Abzuraten ist aber generell von an Mauern angebrachten Spalieren, denn sie unterbrechen die Kontinuität und die klare Linienführung des Hintergrunds; außerdem lassen sie sich, von einem starkwüchsigen Kletterer überwuchert, nur schwer instand halten. Empfehlenswerter sind horizontal verspannte Drähte in etwa 45 cm Abstand, an denen sich Kletterpflanzen aufleiten lassen. Wenn die Oberfläche gestrichen werden muss, so lassen sich die Drähte abnehmen und die Pflanzen auf den Boden legen.

Zäune

Zäune sind weit weniger kostspielig als Mauern, halten sich aber auch nicht so lange. Über den Stil sollte man sich jedoch eingehend Gedanken machen und nicht zum erstbesten Angebot aus dem nächstliegenden Heimwerker-Markt greifen. Wie eine Mauer kann auch ein schöner Zaun eine Verbindung zum angrenzenden Gebäude bilden. Wichtig sind Anordnung und Konstruktionsweise. Breite, horizontale Planken, oft als »Ranch-Zaun« bezeichnet, haben eine beschleunigende Wirkung; sie veranlassen den Betrachter, den Blick rasch über die ganze Länge schweifen zu lassen, was je nach Gestaltung und Gartensituation ein Vor- oder Nachteil sein kann. Senkrechte Bretter implizieren indes eine leichte Verzögerung. Mit der Variierung des Abstands der Bretter oder Latten kommt ein eigener Rhythmus ins Spiel. Eine Alternative wäre die Höhe der Latten zu variieren, sodass ein Zaun mit unregelmäßigem Abschluss entsteht. In einem aufeinander abgestimmten Zaun- und Begrenzungsschema mit entsprechenden Strukturen lassen sich großartige Effekte erzielen, es erfordert allerdings Einfühlungsvermögen, um zu verhindern, dass das Ganze »aufgesetzt« oder einfach nur unordentlich aussieht.

Auch wenn Zäune derzeit in allen erdenklichen Farben gestrichen werden, möchte ich von dieser Mode abraten, es sei denn es gäbe triftige Gründe dafür. Sobald ein Farbschema ins Spiel gebracht wird, erschwert dieses die Auswahl und Verwendung der Pflanzen. Ein gedeckter Braunton, wie er sich überall in der Landschaft findet, verträgt sich mit einem Großteil der Umgebung. Auch hier bewahrheitet sich, dass Schlichtheit am wirkungsvollsten ist.

Was ich auch nicht mag, sind handgedrechselte Spaliere, die ein Vermögen kosten. In einem Katalog mögen sie akzeptabel sein, auf einer Gartenschau vielleicht sogar beeindruckend erscheinen, im eigenen kleinen Hof hinter dem Haus aber wirken sie einfach nur protzig. Man sollte einfach im Auge behalten, dass die Hauptdarsteller die Pflanzen sind und diese vor einem schlichten, stabilen und zurückhaltenden Hintergrund am besten zur Geltung kommen.

Wer einen Hang zum Experimentieren hat, sollte ein ganzheitliches Konzept vor Augen haben. In einem ausgesprochen modernen Garten habe ich oft schon Paneele aus kunststoffummanteltem Maschendraht eingesetzt, die sich als ideale Stütze für Kletterpflanzen erwiesen und im Nu begrünt waren. Nur gilt es die Farbe der Blüten darauf abzustimmen. Auch mit zwischen Aluminiumpfosten verspanntem durchscheinendem Polyestergewebe habe ich schon gearbeitet. Solche Einfriedungen bilden einen außerordentlich wirksamen Windschutz, werfen kaum Schatten und sind überraschend haltbar. Als großer Vorteil erwies sich auch das Gewicht: der 10 m lange Zaun ließ sich samt Pfosten einrollen und auf die Schulter packen. Ein Nachteil ist allerdings, dass Kletterpflanzen sich nicht daran festhalten können.

Auch in Betonsockel eingelassene Gerüststangen ergeben brauchbare Einfriedungen. Schwarz gestrichen, sind sie beinahe unsichtbar – eine Stütze, an der Rankpflanzen dekorativ zur Geltung kommen. Die Frage nach der Farbe stellt sich auch hier. Während Schwarz das Licht absorbiert und nur schwer zu sehen ist, wirkt Weiß reflektierend und sehr auffallend. So erklärt sich auch, dass weiße Spaliere immer hervortreten, was nicht immer wünschenswert ist.

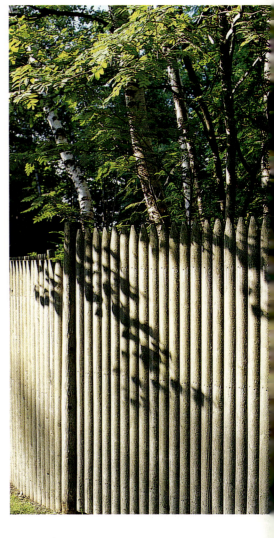

Oben Ein kesseldruckimprägnierter Stakenzaun kann eine haltbare und stabile Begrenzung bilden, die vor einem Wald im Hintergrund besonders gut zur Geltung kommt.

Links Ein Zaun bildet einfach nur eine Barriere nach außen. Setzt man die Latten weit genug auseinander, so kann das Umfeld wirkungsvoll in den Garten einfließen. Schatten bilden ein stets willkommenes Gestaltungselement, wie hier das reizvolle untergeordnete Muster auf dem Boden.

Struktur und Form 93

Hecken

In einer Welt wachsender Ungeduld vergisst man leicht, dass es Materialien gibt, die eine Weile brauchen um sich zu etablieren, aber Hecken können eine außerordentlich schöne Begrenzung bilden. Zugegeben, sie wachsen nicht von heute auf morgen, erfordern auch ein gewisses Maß regelmäßiger Pflege, stellen in reifem Zustand aber eine einzigartige Verbindung zwischen den harten Konturen architektonischer Elemente und den weichen Umrissen der Begleitpflanzung her.

Wenn vielfach davon ausgegangen wird, dass sich bestimmte Heckenarten besonders langsam entwickeln, so stimmt dies nur mit Einschränkungen, denn das eigentliche Geheimnis heißt sachgemäße Vorbereitung. Ich habe in meinem eigenen Garten Eibenhecken, die bekannt dafür sind, äußerst langsam zu wachsen. Nach einiger Knochenarbeit beim Pflanzen – ich hatte mit dem Spaten zuvor einen tiefen Graben ausgehoben und eine reichliche Schicht fruchtbaren Mutterboden und Mist eingearbeitet – lässt sich das Ergebnis nur als spektakulär bezeichnen. Die Eiben sind jedes Jahr 15–23 cm gewachsen und haben inzwischen die respektable Höhe von 2 m erreicht.

Hecken lassen sich grob in zwei Kategorien unterteilen: in Form geschnittene und naturbelassene Hecken.

Erstere wirken formaler und strenger und bilden ausgezeichnete Begrenzungen oder interne Unterteilungen. Gut eingewachsen und sachgemäß geschnitten, sind sie buchstäblich undurchdringlich, wobei Arten mit Dornen oder Stacheln ein besonderes Maß an Sicherheit gewähren.

Einige der rascher wachsenden Arten wie Koniferen oder Liguster können Probleme bereiten, da sie dem Boden einen beträchtlichen Teil Feuchtigkeit und Nährstoffe entziehen. Von daher kann es für Zierpflanzen in unmittelbarer Nähe schwierig werden. Durch regelmäßiges Düngen und Wässern lässt sich dieser Mangel jedoch weitgehend ausgleichen. Ich werde auf die Auswahl der Pflanzen noch näher eingehen, generell aber gilt, dass eine Grundvoraussetzung für das Gedeihen der Pflanzen im Verständnis für ihre Charakteristika besteht. Starkwüchsige Arten entwickeln sich rasch und schießen in die Höhe; sie erfordern regelmäßige Pflege und oft auch einen rigorosen Rückschnitt, um ansehnlich zu bleiben. Beim Schneiden einer Hecke sollte man darauf achten, dass sie sich nach oben hin verjüngt und somit etwas schlanker ist als an der Basis.

Ein weiterer Vorteil von Hecken ist ihre Formbarkeit: so lässt sich ihre Oberkante schnurgerade,

Unten Hinter eine niedrige Mauer lässt sich gegebenenfalls eine hohe Hecke setzen, die Schutz und Geborgenheit bietet. Der interessante Kontrast zwischen der markanten horizontalen Linie der Mauer und den vertikal aufragenden Rohren des Bambus bildet in diesem kleinen Garten ein Designelement mit ganz eigener Wirkung.

zinnenartig, bogenförmig oder in ein abruptes Zackenmuster schneiden. Zu bedenken ist lediglich, dass der Abschluss zum Gesamtbild des Gartens passen sollte. Und da solche Erwägungen bereits in die Kunst des Formschnitts hineinreichen, spricht nichts dagegen, die eine oder andere Figur zu integrieren, ob abstrakte Motive oder Tiergestalten, immer vorausgesetzt, dass sie sich in die allgemeine Thematik des Gartens einfügen.

Gemischte Hecken wirken zwangloser und nehmen allein schon durch ihre Zusammensetzung mehr Raum ein, was im kleinen Garten allerdings nicht immer begrüßenswert ist. Wie viel Raum erforderlich ist, hängt jeweils von der Art ab: eine ausladende Rosenhecke wird hoch und breit, während Sträucher wie der Fingerstrauch, Lavendel, die Deutzie und der Spierstrauch zwar reizvolle Unterteilungen ergeben, aber als Begrenzungen weniger geeignet sind.

Ideal für die Gliederung innerhalb des Gartens sind fächer- oder spalierartig gezogene Obstbäume, die sich zwischen Ziergarten und Gemüse- oder Nutzbereich gut einfügen. Man kann sie aber einfach auch um ihrer schönen Blüten und der köstlichen Früchte willen einsetzen.

Abschließend möchte ich noch auf einen Punkt zu sprechen kommen, der mir wichtig erscheint. Es genügt nicht, Begrenzungen zu planen und zu kaufen, wenn sie nicht auch sachgemäß installiert werden, ein Faktum, das für nahezu alles innerhalb und außerhalb des Hauses gilt. Da im Garten ohnehin alles stärker strapaziert wird, sollte man es nicht an der erforderlichen Technik und Konstruktion fehlen lassen. Zäune und Paneele erfordern einen in den Boden einbetonierten Sockel oder müssen am angrenzenden Gebäude oder Mauerwerk sachgemäß befestigt werden.

Links Hecken wirken als Begrenzung des Gartens »weicher« als Mauern oder Zäune. Hinzu kommt hier die perspektivische Wirkung, die das Auge in Richtung der klassischen steinernen Urne lenkt, die am Ende des Wegs als Blickfang eingesetzt wurde. Die purpurlaubige Buche bildet einen reizvollen Farbkontrast zu der panaschierten Taubnessel *(Lamium)*, die am Fuß der Hecke einen pflegeleichten Bodendecker bildet.

Struktur und Form

Das Haus als Schlüssel der Orientierung

Wie für die meisten Bereiche des Designs gilt auch für die Architektur, dass weniger mehr ist. Was ich damit sagen möchte ist, dass die Beschränkung bei der Materialauswahl und Verwendung beinahe immer empfehlenswert ist. Allzu komplexe Konzepte und unruhige Strukturen erzeugen selten eine Atmosphäre der Ruhe, wie sie im Garten erwartungsgemäß herrschen sollte.

Bevor man sich nach einem geeigneten Bodenbelag für den Außenbereich umsieht, sollte man sich am Haus orientieren, wobei die Beschaffenheit der Oberflächen innen oder die Baumaterialien in Betracht gezogen werden können.

Ideal wäre, den Boden innen einfach außen fortzusetzen. Schiefer-, Stein- oder Terrakottafliesen wirken außen ebenso reizvoll wie innen und bilden einen fast nahtlosen Übergang, der keine nennenswerte Unterbrechung erkennen lässt. Selbst wenn ein kleiner Höhenunterschied erforderlich sein sollte, um zu verhindern, dass Wasser oder Dampf ins Gebäude dringen, ist der optische Aspekt gesichert. Als ein weiteres Naturmaterial bietet sich Holz an: Bodenplanken lassen sich mit etwas Geschick leicht in ein Holzdeck verwandeln. Falls dem Boden innen ein bestimmter Verband oder Raster zugrunde liegt, sollte er sich außerhalb der Schwelle fortsetzen. Immer wieder sieht man schön verarbeitete Planken oder Pflasterverbände, deren Fugenverlauf nicht übereinstimmt. Wer einen Blick für Details hat, empfindet einen derartigen Bruch aber als ausgesprochen ärgerlich. Noch schlimmer ist es, ganz vom »vorgegebenen« Muster abzuweichen: denn an eine Glastür angrenzende Planken sollten außen in ein und derselben Flucht weiterlaufen und somit den Blick in den Garten lenken, sei es in Richtung einer bestimmten Aussicht oder eines Blickfangs. Dennoch fehlt es oft nicht nur den Bauleitern am Gespür für solche Feinheiten, sondern manchmal sogar den Architekten, wenn sie die Planken des Holzdecks im rechten Winkel anschließen und damit jede Kontinuität zunichte machen.

Selbst Teppiche oder andere textile Bodenbeläge bieten Anschlussmöglichkeiten. Ich habe Teppiche mit linearem Muster entworfen und das gleiche Muster oder Farbschema in der Pflasterfläche des Gartens erneut aufgegriffen. Gleichermaßen kann man mit Vinylböden oder vergleichbaren Materialzusammensetzungen verfahren: es kommt lediglich darauf an, die Bewegungsrichtung von innen nach außen im Auge zu behalten und diese Verbindung wo immer möglich zu unterstreichen.

Gelegentlich erscheint auch etwas Außergewöhnliches angebracht. So habe ich auch schon Entwürfe verwirklicht, in denen ein Wasserbecken innen durch ein sich unmittelbar anschließendes Becken außen fortgesetzt wurde oder lediglich durch eine ganz schmale Rampe getrennt wurde. Selbst Niveau-Unterschiede lassen sich nutzen, indem Wasser in einer Rinne quer über die Veranda geleitet wird und sich in ein Wasserbecken darunter ergießt.

Unten Die unübersehbare Verbindung zum Haus kann einen kleinen Garten größer erscheinen lassen, indem Innen- und Außenraum optisch ineinander übergehen. Hier wird dieser Eindruck durch Schiebetüren aus Glas und den ganz ähnlichen Bodenbelag innen und außen verstärkt.

Ob Pflaster oder andere Oberflächen – die Verbindung der Materialien muss nicht zwangsläufig auf Bodenhöhe erfolgen. So lässt sich die Arbeitsplatte in einer Küche etwa, unterbrochen durch eine Fensterscheibe, außen in Form einer Grillstelle fortsetzen. In ausgesprochen kleinen Gärten kann sich eine solche Koppelung als enorm vorteilhaft erweisen und verbunden mit einer eingebauten Sitzgruppe, Hochbeeten und entsprechender Bepflanzung das Gesamtbild ergänzen.

Wo sich innerhalb der Räume des Hauses keinerlei Anknüpfungspunkt für die Gestaltung bietet, lässt sich die Fassade des Gebäudes womöglich als Inspirationsquelle heranziehen. Wie ich auf Seite 90 im Hinblick auf Begrenzungen bereits hervorgehoben habe, gilt es eine harmonische Verbindung anzustreben. Ein Steinhaus legt ein Steinpflaster oder Mauern nahe, ein Ziegelsteinbau die Verwendung von Ziegel, Beton erfordert Beton, während eine Holzverkleidung am besten durch ein schön gegliedertes Holzdeck oder Zaunpaneel ergänzt wird.

Oben Dieser kleine Hof erinnert mit seinen geschwungenen Beeten, deren Rand mit Bambus und Buchs bepflanzt und mit Stahl eingefasst ist, an einen Flusslauf. Auch der Gitterrost passt sich im Material der Architektur des angrenzenden Gebäudes an.

Gartenböden

Was die Entscheidung bezüglich Pflastermaterialen und anderen Belägen erschwert, ist die riesige Auswahl. Um zu wissen, wovon ich rede, braucht man sich nur in einem Gartencenter oder Baumarkt umzusehen. Das schier unüberschaubare Spektrum muss zwar nicht unbedingt ein Nachteil sein, aber es kann die Sache doch recht verwirrend gestalten. Diesen Aspekt sollte man nicht ganz außer Acht lassen, wenn man sich im Hinblick auf die Gesamtausgaben mit einem der wohl größten Posten befasst. Im Plan dürften Umriss und Größe der Pflasterflächen bereits vorgegeben sein. Auch über das Material wird man sich gewiss schon Gedanken gemacht haben, wobei die in der Vorbereitungsphase erfolgte Aufstellung und die diversen aus Zeitschriften gesammelten Fotos eine wertvolle Orientierungshilfe bilden können. Bevor man sich aber mit Pflaster, Holzdeck, Kies oder anderen »harten« Materialien auseinander setzt, sollte man auch Gras oder andere pflanzliche Oberflächen in Betracht ziehen, denn sie stellen ein wesentliches Element des Gesamtbilds dar.

Unten Böden müssen nicht zwangsläufig »hart« sein, zumal Pflanzen und somit auch Gras eine geradezu bezaubernde Oberfläche bilden können. Großzügig geschwungene und bogenförmige Bereiche vermitteln ein Gefühl der Weiträumigkeit und Bewegung und verleiten, ihnen zu folgen oder den Blick darüber schweifen zu lassen.

Gras und Rasen

Man mag anführen, dass Gras in kleinen Bereichen unpraktisch ist, allein schon weil es sich angesichts der Nutzung extrem abwetzt, insbesondere wenn es zusätzlich von Haustieren und ballspielenden Kindern strapaziert wird. Allerdings trifft dies nicht überall zu, und der »weiche« Anblick eines Rasens in einem ansonsten starr erscheinenden Umfeld ist kaum zu übertreffen. Genügend Licht vorausgesetzt, kann Gras selbst innerhalb von Häuserfluchten einen Hauch ländlichen Charmes entfalten. Ich habe viele kleine Gärten entworfen, oftmals für Leute, die vor ihrem Umzug über ein großes Gelände verfügten, in dem sie so manche Stunde mit Rasenmähen und Kanten-Abstechen beschäftigt waren. Rasenpflege wird vielfach als eine ganz und gar befriedigende, wenn nicht sogar erholsame Arbeit empfunden. Wo könnte man die Zwänge des Alltags schließlich besser abschütteln als bei dieser so rasch Wirkung zeigenden Tätigkeit?

In einem kleinen Garten sollte die Form des Rasens so schlicht wie möglich gehalten werden, zumal sich komplizierte Bögen und bizarre Winkel nur schwer instand halten lassen. Falls die Grasfläche beispielsweise an ein Hochbeet oder Stufen angrenzt, empfiehlt es sich, eine einfache Mähkante in Form einer Reihe Ziegelsteine oder Pflaster zu integrieren. Bewährt hat es sich auch, die Grasnarbe etwas höher als die befestigten Flächen auszulegen, damit man mit dem Rasenmäher problemlos darüber fahren kann.

Bodendeckerpflanzen

Außer Gras gibt es aber noch andere Möglichkeiten, die in bestimmten Bereichen reizvoll wirken. Viele Bodendeckerpflanzen bilden eine elegante und relativ strapazierfähige Oberfläche. Ein mit Thymian bepflanzter Bereich wirkt in einem sonnenüberfluteten Hof wie ein farbenprächtiger duftender Teppich, ob als ganzes Beet oder zwischen den Pflasterfugen, wo sich die Pflanzen ausbreiten und unbeschränkt aussamen können. An schattigeren Stellen erweist sich *Alchemilla mollis* als ungeheuer anpassungsfähig und geradezu unentbehrlich, um Winkel, Ritzen oder größere Flächen mit Kolonien von Pflanzen zu überziehen; nicht weniger wertvoll sind *Helxine* (auch: *Soleirolia*) oder mein geliebtes Stachelnüsschen (*Acaena*). Letztere stammen aus Neuseeland und schmiegen sich mit winzigen bronzefarbenen Blättchen und klettenartigen Samenköpfchen an den Boden. Es lohnt sich, sie von der Nähe zu betrachten, um ein Wunder der Natur zu entdecken: zierlich aber ausgesprochen zäh, behaupten sie sich an den unterschiedlichsten Standorten.

Die meisten Gartenbesitzer lernen mit wachsender Erfahrung zugleich auch, von ihrem Übereifer abzulassen. Man macht es sich zu einfach, wenn man jede Pflanze, die sich versamt und im Garten ansiedelt, ausreißt und somit vernichtet. Denn diese allmählich verwildernden Bodendecker tragen nachhaltig zum Reiz eines kleinen Winkels bei – ein Grund, sich darüber zu freuen.

Oben Die warmen changierenden Farben dieser bodendeckenden *Sedum*-Arten verbinden sich hübsch mit den Kieseln und den klaren Linien des Holzdecks. Der aus gebogenen Latten gefertigte Liegestuhl greift die Linienführung des Decks geschickt auf.

Struktur und Form 99

Bodenmaterialien kombinieren

Die meisten Häuser führen über einen Pflasterbereich hinaus in den Garten. In einem kleinen Raum kann dieser die gesamte Fläche einnehmen. Ohne an der Maxime »weniger ist mehr« zu rütteln, empfiehlt sich manchmal jedoch ein Kompromiss, denn die Beschränkung auf lediglich ein Material kann manchmal auch etwas schwer oder langweilig wirken. Umgekehrt wirken drei oder mehr Materialien oft schon zu unruhig. In der Regel lassen sich zwei verschiedene Oberflächen gut miteinander kombinieren, sofern eine das dominierende Element darstellt. In Verbindung mit einem Ziegelsteinhaus könnte sich ein Raster aus Ziegelstein auf Bodenhöhe in den Garten hinaus ausdehnen und, mit einem anderen Pflastermaterial ausgefüllt, eine optisch harmonische Verbindung zum Haus bilden. In einer stark architektonisch geprägten Situation würde sich ein regelmäßiges Muster aus entsprechend großen Betonfliesen anbieten, während in einen zwanglosen Rahmen auch im »wilden« Verband verlegter Naturstein passt. Der Raster hält beides zusammen und gewährleistet die Verbindung zum Gebäude. Eine andere Möglichkeit wäre eine Pflasterfläche, in der eigens ausgesparte Lücken mit Ziegelstein ausgestaltet werden. Dieser Ansatz wirkt weniger geometrisch, knüpft aber gleichermaßen an das angrenzende Gebäude an, wobei sich die beiden Materialien zu einem insgesamt weicher wirkenden Bild verbinden.

Es gilt allerdings im Auge zu behalten, dass Pflaster in der Regel eine untergeordnete Rolle spielt und folglich möglichst zurückhaltend wirken sollte. Leuchtend bunte Fliesen sind nicht nur aufdringlich, sie verblassen auch zu geradezu kränklich fahlen Tönen. Ganz ähnlich ist es mit Bruchstein oder Fantasie-Pflaster, das ausgesprochen unruhig wirkt. Abschwächen lässt sich diese Wirkung, indem man das Material in rasterartige Felder aus anderem Material integriert; generell aber fügt es sich besser in den zwanglosen Rahmen eines größeren Gartens ein.

100 Struktur und Form

Gegenüber In einem traditionell gestalteten Garten strahlt Stein eine gewisse Stabilität und Beständigkeit aus. Diese kleinen, zu einem präzisen Fächermuster formierten Kiesel, verleiten dazu, in den kleinen Hof hinauszutreten, der von Buchskugeln und weich schwingenden Farnwedeln eingerahmt ist.

Links Wo immer sich ein Zugang zum Haus oder in den Garten hinaus bietet, finden sich naturgemäß Wege oder »Trampelpfade«. Hier wird diese Linienführung durch einen Gitterrost aus Metall unterstrichen. Umgeben von grauem Kies entsteht eine feine aber unübersehbare Kontrastwirkung, die weniger von den Farben, als vielmehr von den unterschiedlichen Texturen ausgeht.

Unten Allein schon der Gedanke an Kunstrasen in einem Garten lässt die meisten Leute entsetzt aufstöhnen. Als Teppich im Freien betrachtet, kann man ihm einen gewissen Reiz aber nicht absprechen. Angesichts des geringen Gewichts eignet sich Kunstrasen ausgezeichnet für Dachgärten, zumal er sich als Ergänzung anderer Materialien ganz exakt zuschneiden lässt.

Struktur und Form 101

Texturen gezielt ausschöpfen

Die Textur ist ein wertvolles Designelement, das die Kontrastwirkung verschiedener Oberflächen unterstreichen und implizieren kann, wie rasch wir uns von einem Ort zum anderen bewegen. Eine glatte Pflasterfläche etwa motiviert, den Schritt zu beschleunigen, was sich im Bereich von Wegen und stark frequentierten Räumen als Vorteil erweist. Glatte Flächen bewähren sich gleichermaßen zum Aufstellen von Tischen und Stühlen und verhindern zugleich, dass diese wackeln. Bruchstein und die meisten Ziegelarten wirken sich mit ihrer leicht unebenen Oberfläche verlangsamend auf das Schritt-Tempo aus, was sich insbesondere im kleinen Garten bewährt. Granitpflaster oder Fliesen sind unregelmäßiger strukturiert, während Kies und Kopfsteinpflaster das Gehen noch nachhaltiger verzögern.

Eine Vorrangstellung nehmen vom Wasser abgeschliffene Findlinge ein, die, kombiniert mit Pflanzen, eine ausgeprägt architektonische Wirkung entfalten und unwillkürlich zum Stehenbleiben zwingen. In Vorgärten, in denen Zulieferer und andere Leute regelmäßig den Weg abkürzen und quer über das Gelände laufen, haben sich Trittsteine bestens bewährt. Sie lenken das Auge und den Schritt in eine bestimmte Richtung und können gezielt zu besonderen Pflanzen oder einem Wasserelement führen. Als Gestaltungsmittel eingesetzt, lassen sie den Raum größer erscheinen, indem sie den Besucher über die größtmögliche Entfernung lenken.

Dass dieser Kunstgriff keinesfalls neu ist, beweisen die grandiosen Entwürfe des renommierten Landschaftsarchitekten »Capability«-Brown, der in Gestaltungsschemen mit Bäumen und Bodenmodulationen vorexerzierte, was wir hier in kleinerem Maßstab nachzumachen versuchen.

Oben Gute Gartengestaltung heißt in der Regel die Verschmelzung verschiedener Texturen zu einer Komposition, die »harte« bauliche Materialien ebenso einschließt wie »weiche« Pflanzen. Dieser Wasserlauf wird von der feinen Kontrastwirkung zwischen dem Wasser, glatten Flusskieseln und dem kriechenden Bodendecker *Soleirolia soleirolii* geprägt.

Oben links Mit Spiegeln versehene Metallstufen erzeugen in diesem Kiesgarten eine optische Täuschung. Der Spiegeleffekt wirkt humorvoll, zwingt den Besucher aber beim Gehen extrem aufzupassen, will er nicht unversehens im *Carex*-Bereich landen.

Gegenüber Wo mit verschiedenen Ebenen gearbeitet wird, kann es hilfreich sein, Stufen durch einen Materialwechsel zu kennzeichnen. Hier gilt es die getrennten Bereiche auszuweisen, Aufmerksamkeit zu erregen und zu verhindern, dass die Gestaltung optisch schwer wirkt. Diese klar gegliederte Stufe schafft eine Verbindung zu den Hochbeeten.

Struktur und Form

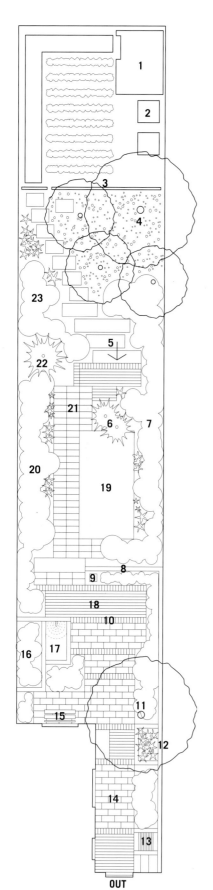

Richtungweisende Komponenten

Es ist aber längst nicht damit getan, das Pflastermaterial auszuwählen, in den Boden zu »klopfen« und zu nutzen. Form, Größe und Musterverband beeinflussen seine optische Wirkung nachhaltig. Je kleiner der Garten ist, desto mehr fallen diese Faktoren ins Gewicht: mit Bedacht eingesetzt, können sie sich aber als sehr brauchbare Gestaltungselemente erweisen.

Anhand meines bereits erwähnten langen, schmalen Gartens (s. Seite 52 und Planzeichnung links) möchte ich erläutern, wie man vorgeht. Als erstes unterteilte ich den Raum mithilfe von Mauern und Pflanzen, verlegte Stufen und Wege zunächst auf die eine Seite, dann auf die andere und schuf verschiedene Bereiche – um es kurz zu machen, mein Konzept ging auf. Als wir einzogen, lagen im Umkreis des Hauses stapelweise alte blaue Klinker, die nicht nur unverwüstlich und bestens geeignet für Wege und Mauern sind, sondern farblich auch einzigartig zu den Dachziegeln passten. Als Kontrast zu den Klinkern verwendete ich 60 x 30 cm große Betonfliesen in einem hellen Honiggelb – eine ausgesprochen wirkungsvolle Kombination.

Um den schmalen Hof breiter wirken zu lassen, verlegte ich die blauen Klinker in quer zum Raum laufenden Verbänden. Zwischen jeden Klinkerstreifen legte ich mehrere Reihen Fliesen im Läuferverband, wie Backsteine in einer Mauer. Dadurch entstand optisch der Eindruck eines weitaus breiteren Raums, denn das Muster »schob« die seitlichen Begrenzungen nach außen. Hätte ich die Klinker und Fliesen in Längsrichtung verlegt, wäre ein genau umgekehrter Effekt entstanden, und der Garten hätte noch schmaler gewirkt. Man braucht sich nur einen großen Mann in einem Nadelstreifenanzug vorzustellen, der seine Größe noch unterstreicht. Umgekehrt lässt ein Pullover mit breiten Querstreifen den Träger noch gedrungener erscheinen. Mit all diesen Gestaltungsregeln und Richtlinien verbinden sich bestimmte Wirkungen, ganz gleich auf welchen Bereich man sie anwendet.

1 Schuppen
2 Kompost
3 Sichtschutzpaneel mit Kletterpflanzen
4 Obstbäume in einem Bereich mit höherem Gras und verwilderten Zwiebelpflanzen
5 Stufen
6 Bereits vorhandene Koniferen
7 Gemischte Bepflanzung
8 1,8 m hohe Mauer
9 Statue
10 Klinkerreihen
11 Stechpalme
12 Hochbeet
13 Grillstelle
14 Betonpflaster
15 Sitzbank
16 Hochbeet
17 Erhöhtes mauerumgebenes Teichbecken
18 Pflasterfläche aus Klinkern
19 Rasen
20 Gemischte Bepflanzung
21 Weg
22 Bereits vorhandene Koniferen
23 Gemischte Bepflanzung

Verschiedene Musterverbände

Quadratische Fliesen oder Ziegel wirken, in einem schlichten Raster verlegt, relativ statisch, sobald aber immer wieder Lücken ausgespart werden, kommt eine richtungweisende Komponente ins Spiel. Ganz ähnlich ist es mit Ziegelsteinwegen: der Länge nach im Läuferverband verlegt, folgt das Auge unwillkürlich dem Weg und man beschleunigt wie von selbst das Schritttempo. Wenn genau die gleichen Steine quer zum Weg verlegt werden, lässt man sich automatisch zu etwas langsamerem Gehen verleiten. Optisch statischer wirkt der Flechtverband, bei dem jeweils zwei Ziegel längs und zwei quer verlaufen, während ein diagonal verlegtes Fischgrätmuster den Eindruck fließender Bewegung vermittelt. Überall in Europa sieht man in fantasievollen Fächermustern verlegtes Granitpflaster, das eine herrlich rhythmische Wirkung entfaltet und weitaus interessanter wirkt als geradlinig angeordnetes Pflaster.

Anders ausgedrückt: abgesehen von den Charakteristika des in Abstimmung auf das Haus oder in Bezug auf ein dominierendes Element in den Zimmern gewähl-

104 Struktur und Form

Oben Ein Weg aus Holzplanken beschleunigt den Schritt unwillkürlich, während die scharfe Richtungsänderung genau das Gegenteil bewirkt. Mithilfe dieses Kunstgriffs kann man das Interesse gezielt auf einen Blickfang lenken, bevor ein anderer Bereich des Gartens aufgesucht wird.

Rechts Das Verlegemuster eines Wegs kann sich spürbar auf das Schritttempo auswirken. In diesem traditionell ländlichen Garten lädt ein Weg aus altem Ziegelstein, Kieseln und Thymianpolstern zu gemächlichem Gehen ein; schließlich soll auch die Bepflanzung links und rechts gebührend bewundert werden, was eiligen Schrittes kaum möglich wäre. Auch eine solche Komposition verdient Beachtung und ist durchaus nachahmenswert.

Links Dieser Garten birgt gleich mehrere Geheimtipps: Fliesen und Klinker sind quer zum Garten verlegt, um den Eindruck optischer Weiträumigkeit zu erzeugen, während der Hauptweg nicht in der Mitte, sondern seitlich verläuft, und der ganze Raum in eine Reihe getrennter Gartenzimmer unterteilt ist, von denen jedes eine eigene Thematik erkennen lässt. Trotz der architektonisch geprägten, geometrischen Gestaltung umgibt die üppige Bepflanzung das Gesamtbild wie ein weicher Rahmen.

ten Materials lässt sich der Raum im Garten auch über einen bestimmten Verband aus der breiten Palette der Verlegemuster manipulieren.

Verlegetechniken

Jeder Belag erfordert ein Mörtelbett über einem stabilen Unterbau aus Splitt oder Schotter, um langfristig trittfest zu sein. Unebene Flächen sind nicht nur unschön, sondern auch gefährlich. Es empfiehlt sich von daher, weder Zeit noch Kosten zu sparen, um ein für allemal ein tragfähiges Fundament zu gewährleisten. Die endgültige Höhe sollte auch 150 mm unterhalb der Feuchtigkeitsdämmschicht oder der Folie liegen, die die Hausmauern umgibt.

Zu beachten ist auch, dass das Wasser leicht abfließen kann, was bedeutet, dass die Pflasterfläche vom Haus aus ein Gefälle in Richtung Dränage oder Pflanzbereich haben sollte.

Struktur und Form 105

Bodenmaterialien

Der Boden bildet vielfach das eigentliche Rückgrat des Gartens, denn er gliedert die Räume, begrenzt die Pflanzbereiche und bietet Zugang und Platz zum Sitzen, Raum für Geselligkeiten, zum Spielen und Vieles andere.

Pflaster

Bei der Wahl des Pflasters gilt es auch die Haltbarkeit und Eignung für einen bestimmten Ort in Betracht zu ziehen. Als strapazierfähig erwiesen haben sich die verschiedensten Materialien aus dem schier unüberschaubaren Angebot. »Natürliche« Materialien sind in der Regel teurer als künstliche, und geradezu unübertrefflich sind alte Fliesen für den Garten eines herrschaftlichen Gebäudes, während die klaren Konturen von gesägtem Schiefer oder Sandstein eher zu einer modernen Fassade passen. Solcher Stein hält sich über mehrere Generationen, sachgemäßes Verlegen vorausgesetzt. Die leicht changierenden Farben und Unterschiede in der Oberflächentextur machen den Reiz dieser Materialien aus.

Inzwischen gibt es so gute Nachbildungen von Natursteinpflaster, dass selbst Kenner die aus Beton bestehenden Imitationen oft kaum vom Original unterscheiden können. Die Fliesen werden meist mithilfe von Naturstein nachgebildeten Schablonen produziert; was ihnen allerdings fehlt, sind die feinen Variierungen des Originals. Dafür liegen die Kosten weit darunter, ein Aspekt, der durchaus in Betracht zu ziehen ist.

Im Übrigen gibt es zahlreiche Fliesen, die eine glatte, schlichte, aber durchaus passable Oberfläche zeigen; sie sind in ganz verschiedenen Größen erhältlich und eignen sich für die unterschiedlichsten Muster und richtungsweisenden Effekte (s. Plan Seite 104). Nicht vergessen darf man, dass der Arbeitslohn für das Verlegen kleinteiliger Materialien wie Ziegel, Klinker oder kleiner Fliesen höher ist als für große Platten.

Oben Eine präzis geometrische Gestaltung strahlt immer eine gewisse Ruhe aus, wie dieser Entwurf in seiner Beständigkeit zeigt. Breite, von Pflanztrögen flankierte Stufen führen hinab in Richtung des rasterartig gegliederten Pflasters, während quadratische Töpfe im Vordergrund der Beete ihren eigenen Rhythmus entfalten. Die subtil zurückgesetzten Strahler beleuchten gezielt den Bereich der Stufen.

Rechts Naturmaterialien wie Kies verfügen über eine lebhafte Textur und die Fähigkeit, Licht zu reflektieren oder zu absorbieren, je nachdem, ob es sich um helles oder dunkleres Material handelt – ein wertvolles Gestaltungsmittel bei starkem oder schwachem Lichteinfall.

Beton

Um meinen persönlichen Standpunkt darzulegen – ich verwende Beton vorzugsweise als das, was er in der Tat ist: der Stein des 20. und 21. Jahrhunderts. In vielen Teilen der Welt genießt er als Konstruktionselement des Landschaftsbaus hohe Akzeptanz, zumal er einigermaßen erschwinglich, in einer breiten Palette von Oberflächen erhältlich und ungeheuer vielfältig einsetzbar ist. Was ich damit sagen möchte, ist, dass er sich vor Ort in paneelartige Platten oder zwanglose Formen gießen lässt und mit unterschiedlichen Materialien versetzt, eine abwechslungsreiche Oberflächentextur zeigen kann, wie etwa Beton mit Kieszuschlag. Für diesen Effekt werden die Flächen kurz bevor das Material hart zu werden beginnt, gewaschen und gebürstet, sodass die kleinen Steine hervortreten. Diese vielfältigen Oberflächentexturen und Farben erweisen sich für einen kleinen dunklen Garten innerhalb der Stadt als höchst brauchbar, denn Betonplatten mit hellem Zuschlag unterstützen die Lichtreflexion.

Ziegelstein

Die verschiedenen Arten von Ziegel- oder Backstein kommen im Garten gut zur Geltung; sowohl innen als auch außen eingesetzt, können sie eine natürliche Verbindung zum Haus bilden. Materialien wie Terrakotta strahlen mediterrane Wärme aus, wobei von Hand gefertigte Stücke in Größe und Textur leicht unterschiedlich ausfallen, was ihnen einen unverwechselbaren Charme und eine spürbar lebendige Struktur verleiht. Kombiniert mit Töpfen aus ähnlichem Material entsteht eine bezaubernde Wechselwirkung, ebenso in Verbindung mit lasierten Mauern. Nicht jeder Ziegel ist hart genug gebrannt, um in kälteren Klimaten dem Frost standzuhalten, man sollte sich vor dem Kauf also gut informieren.

Ich habe einen winzigen Garten vor Augen, das Werk eines begabten Künstlers, der für sein bevorzugtes marokkanisches Thema leuchtend bunte Klinker mit tiefblauen Mauern, Raumteilern aus aufgereihten Glasperlen und einem bunten Sortiment an Töpfen zu einer Komposition von einzigartigem Reiz zu verbinden wusste. Der rundum von alten Mauern eingeschlossene Bereich hätte, wohin man auch blickte, ebenso in Nordafrika angesiedelt sein können, so überzeugend wirkte das Konzept. Dabei steckt das Geheimnis immer und überall im Detail. Sorgfältig ausgewählte Materialien tragen in ungeahntem Maß zum Gesamtbild bei, während eine mehr oder weniger beliebig zusammengestellte Auswahl leicht den Eindruck eines einzigen Durcheinanders erzeugt.

Oben Beton dürfte zu den wandlungsfähigsten Materialien gehören, die uns zur Verfügung stehen. Er lässt sich in jede nur denkbare Form gießen und verlegen und eignet sich schlichtweg für jeden Bereich. Der Trittstein, der über dieses schmale Teichbecken führt, passt sich in Farbe und Textur dem angrenzenden Pflaster an und bildet eine zurückhaltende Verbindung – mehr ist hier nicht gefragt.

Links Terrakotta-Fliesen verleihen einem Garten optische Wärme und eine mediterrane Atmosphäre. Hier sind sie auf Spitze zu den Begrenzungen verlegt, wobei die diagonale Linienführung der Fugen den Raum größer erscheinen lässt – ein Zimmer im Freien, das zum Entspannen einlädt.

Schiefer

Schiefer ist ein vielfältig einsetzbarer Naturstein. Gebrochen oder gespalten bewahrt er seine leicht texturierte Oberfläche, gesägt und poliert entstehen glatte Fliesen mit beinahe spiegelnder Textur; roh behauen entfalten die großen Quader eine eigenständige skulpturale Wirkung. Poliert kann Schiefer einen so glatten Belag bilden, dass man bei Nässe leicht ausrutscht, aber an Eleganz dürfte er, in Verbindung mit einem ähnlichen Boden im Hausinnern, nur schwer zu übertreffen sein. Aufgrund seiner nahezu schwarzen Farbe heizt er sich in der Sonne stark auf, sodass in heißen Klimaten die Gefahr besteht, dass man sich beim Barfußlaufen brennt. Mit seiner Farbe bietet er sich geradezu an für phänomenale Kontraste, insbesondere kombiniert mit hellem Pflaster, Beton oder verschiedenen Kiesarten.

Kopfsteinpflaster, Splitt und Kies

Größenmäßig bewegen wir uns nach unten, wenn wir uns nun der breiten Auswahl an Kopfsteinpflaster, Splitt und Kies zuwenden. Auch sie bewähren sich bestens als Lichtreflektoren: heller Splitt vermag die düstere Stimmung eines zwischen Häuserwänden eingeschlossenen dunklen Hofs förmlich zu vertreiben. Da es sich um loses Material handelt, lassen sich die unterschiedlichsten Muster und Formen legen, aber auch schwierige Ecken ausfüllen, für die sich Fliesen nur schwer zuschneiden lassen. Auf einem festen Untergrund verlegt, eignen sie sich für Wege und trittfeste Flächen. In Verbindung mit Pflanzen bieten sich lose Kiesel und Splitt aber auch als Mulch oder zum Abdecken des Bodens an, zumal sie die Feuchtigkeit halten und das Unkraut eindämmen. In Bereichen, die stark strapaziert werden, sollte man den Kies mit dem Rechen hin und wieder glatt ziehen. Wer gern barfuß läuft, wird diese Materialien allerdings nicht unbedingt als angenehm empfinden.

Es bedarf schon eines gewissen Einfühlungsvermögens um zu wissen, wie man all die verschiedenen »harten« Materialien ihrem Charakter entsprechend einsetzt und kombiniert. Um den Blick zu schärfen und das erforderliche Know-how zu entwickeln, sollte man andere Gärten und Landschaftsparks besuchen. Um die Ideen und Entwürfe vor Ort festhalten zu können, empfiehlt es sich, Kamera und Notizbuch bei der Hand zu haben.

Oben Um Naturmaterialien sachgemäß einzusetzen, bedarf es eines gewissen Einfühlungsvermögens in ihre Charakteristika. Die Japaner wissen seit Jahrhunderten meisterhaft damit umzugehen. Fernöstliche Gestaltungsprinzipien prägen unverkennbar auch das Erscheinungsbild dieser Schieferstufe und der vertikal eingesetzten Schieferplatten. Man beachte, wie die Stufe durch den Wechsel des Materials vom Kiesweg aus bereits angekündigt wird, während die Pfosten zu beiden Seiten eine Spannung erzeugen, die auf den Übergang in den nächsten Gartenraum hindeutet.

Links In Mörtel verlegt und so dicht wie möglich zusammengefügt, lassen sich aus Kieseln zauberhafte Muster schaffen. Hier wurden Steine unterschiedlichster Größen und Farben zu einer Spirale kombiniert, dazwischen eingelassen Glasmurmeln, die im Sonnenlicht glitzern und dem Boden zusätzlichen Reiz verleihen.

Struktur und Form 109

Holzdeck und Plankenböden

In manchen Ländern sind Holzverkleidungen zum Klischee geworden – übertrieben häufig verwendet und teilweise unpassend eingesetzt, vergisst man leicht, dass sie insbesondere für kleine Bereiche zu den brauchbarsten Oberflächen gehören. Ein großer Vorzug ist, dass sie sich problemlos verlegen lassen. Decks sind geradezu unentbehrlich, wo es wenig ansehnliche Pflasterbereiche oder Betonflächen zu kaschieren gilt, vorausgesetzt die Niveau-Unterschiede im Anschluss an das Haus lassen sich ausgleichen.

Ein ganz wichtiger Faktor in Verbindung mit einem Holzdeck ist die Belüftung von unten. Um eine ungehinderte Luftzirkulation und bei Niederschlägen ausreichende Dränage zu gewährleisten, sind die Planken auf einen Rahmen aus Unterzügen aufzubringen.

Hinsichtlich Optik und Abstand kann ein Deck die unterschiedlichsten Strukturen und Muster zeigen. An anderer Stelle bin ich bereits auf die optische Wirkung von in einer Flucht von innen nach außen verlaufender Planken eingegangen (s. Seite 96), wobei diese natürlich auch im Winkel zum Haus verlaufen können, um das Auge in eine ganz andere Richtung wie etwa auf einen Blickfang in einem anderen Teil des Gartens zu lenken. Vielfach variiere ich auch die Breite der Planken, was der Gestaltung einen faszinierenden rhythmischen Reiz verleiht. Die im Handel erhältlichen quadratischen Paneele, die sich leicht auch selbst bauen lassen, können im Schachbrettmuster verlegt wieder einen ganz anderen Effekt ergeben. Wofür man sich auch entscheidet, wichtig ist, dass sich der Stil dem Gesamtbild des Gartens anpasst und nicht in eine ganz andere Richtung abdriftet, nur weil man sich von den vielgestaltigen Verwendungsmöglichkeiten des Materials verleiten ließ.

Gärten in Hanglage bieten ein unbegrenztes Experimentierfeld für Holzdecks. So kann sich ein Deck zur Überbrückung unterschiedlicher Ebenen mit einem weiteren darüber oder darunter verbinden. Bereits vorhandene Pflanzen und Bäume können aus dem Holzdeck »herauswachsen« (s. Seite 18) und die natürliche Zusammengehörigkeit von Bäumen und Bauholz andeuten.

Holzplanken lassen sich leicht zurechtsägen und selbst in engste Winkel einpassen. Außerdem lässt sich innerhalb eines Decks leicht ein Wassertank oder Ähnliches unterbringen, und zum Beizen stehen unzählige Farbtöne zur Verfügung. Wo das Gewicht ein Problem darstellt, wie etwa im Bereich von Dachgärten, bietet ein Holzdeck einen leichten und eleganten Belag, der auf einem eigens erstellten Rahmen verlegt, die erforderliche Dränage gewährleistet. Außerdem ist Holz ein »warmes« Material, wie es insbesondere beim Barfußlaufen oder Sonnen geschätzt wird.

Eisenbahnschwellen und anderes Bauholz

Holzdecks erfordern Unterzüge als Fundament, während sich Nutzholz in Form von Eisenbahnschwellen direkt auf

Unten Bauholz lässt sich leicht formen und somit in die unterschiedlichsten Muster verwandeln. Diese schlangenlinienartigen Planken zeigen sehr schön, dass ein Holzdeck nicht immer schnurgerade verlaufen muss. Aufgrund ihres geringes Gewichts sind sie wie geschaffen für diesen winzigen Dachgarten, denn sie bilden einen fußwarmen Belag, dämpfen das helle Licht und bilden einen ausgezeichneten Kontrast zur Bepflanzung ringsum.

eine geeignete Basis auflegen lässt. Eine solche Oberfläche wirkt ungeheuer solide und beruhigend, während sich ihre dunkle Farbe und die beachtliche Massivität durch Kontrastmaterialien wie hellen Kies und Split wirkungsvoll auflockern lassen. Weil Eisenbahnschwellen relativ lang sind, lassen sie sich wie Holzdecks als richtungweisendes Element einsetzen. Am schlichtesten wirkt die geradlinige oder rechtwinklige Anordnung, denn zu Rundungen lassen sie sich praktisch nicht legen. Erwerben kann man Schwellen über mehrere Quellen: generell gilt es vor dem Kauf zu beachten, dass sie sauber sind und keine Ölspuren zeigen, denn diese werden bei Hitze »ausgeschwitzt«, was grässliche Auswirkungen hat, insbesondere auf einem hellen Teppich.

Inzwischen gibt es im Handel aber auch neue Schwellen in ähnlichen Abmessungen zu kaufen, die mit ihren scharfen Kanten und der gemaserten Oberfläche sehr dekorativ wirken. Mit Fingerspitzengefühl eingesetzt, bieten sie in Verbindung mit anderen Pflastermaterialien unzählige Gestaltungsmöglichkeiten. Angesichts ihres Gewichts eignen sie sich auch für Stufen und Hochbeete, zumal sie einen Bogen zu ähnlichen Materialien im Gesamtkonzept schlagen können.

Wie der Leser inzwischen gemerkt haben dürfte, ist es mir ein besonderes Anliegen, zu umfassenden Denkprozessen anzuregen und Experimentierfreude zu wecken: wie lassen sich die unterschiedlichsten Design-Möglichkeiten, Materialien und Pflanzenkombinationen etwa bestmöglich ausschöpfen? Ein typisches Beispiel wäre, die Schwellen oder langen Balken senkrecht in Form einer Skulptur aufzurichten. Die Höhen könnten gestaffelt sein und mit architektonischen Pflanzen, glatt geschliffenen Flusssteinen und vielleicht sogar einem schlichten Wasservorhang kombiniert werden – ein Arrangement von erlesener Eleganz. Eine andere Variante wäre, die Balken in der Länge zu kürzen und aufrecht in einen Graben einzubetten, um Hochbeete oder eine Stützwand zu bauen. Auch hier ließen sich die Höhen leicht abstufen, um eine rhythmische Komponente ins Spiel zu bringen, während über den Rand »hinausfließende« Pflanzen die harten Konturen mildern könnten. Ich persönlich verwende diese massiven Vierkanthölzer weit lieber als die weit verbreiteten Rundhölzer, die immer etwas zu staksig und wesentlich unruhiger wirken. Wie für nahezu jedes Gestaltungskonzept gilt auch hier, dass die schlichten Dinge so viel besser zur Geltung kommen und meist auch beträchtlich länger halten.

Die Auswahl verfügbarer Materialien ist riesig, und obwohl ich hier die gängigsten herausgegriffen habe, wird man mit Sicherheit noch weit mehr entdecken. Aber wie immer man sich entscheidet, ausschlaggebend ist, dass die Materialien auf das Gesamtkonzept abgestimmt und im Einklang mit den ihnen eigenen Charakteristika eingesetzt werden.

Links Zu einem außergewöhnlich kraftvollen Gesamtbild verschmelzen hier Gebäude, Teich und Holzdeck, wobei sich Letzteres, großflächig ausgelegt, mit seinem Schachbrettmuster an der Fassade darüber orientiert.

Struktur und Form

Alternative Materialien

Wie jede andere Kunstform passt sich auch die Gartengestaltung dem Zeitgeist an. Die Architekten einschließlich mir experimentieren mit den unterschiedlichsten Materialien. Viele dieser Werkstoffe sind in anderen Bereichen der Gestaltung oder im Industriebau zwar durchaus gebräuchlich. Bis sie aber Eingang in die Gartengestaltung fanden, galt es beträchtliche Vorurteile zu überwinden. Ohne darauf zu bestehen, dass man sie verwenden muss, können sie meiner Erfahrung nach doch zu äußerst originellen Ergebnissen verhelfen und eine gute Portion Humor verraten.

Vor ein paar Jahren habe ich für eine internationale Gartenschau einen großen Garten entworfen, der durch eine Reihe kontinuierlich kleiner werdender rot gestrichener Felsen, kombiniert mit wirbelnden Kiesbeeten, Glas und Wasser ins Auge fiel. Die Wirkung war erstaunlich und stimulierend zugleich, löste aber mit ihrer von gewohnten Design-Ideen abweichenden Gestaltung heftige Debatten aus. Obwohl ich keinerlei ungewöhnliche Materialien verwendet hatte, waren sie im Garten zuvor noch kaum je aufgetaucht, sodass ich mich mit Reaktionen konfrontiert sah, die von vernichtender Kritik bis zu wahren Lobeshymnen reichten. Was ich mit diesem Beispiel veranschaulichen möchte, ist, dass wir das Thema Design im Freien vielfach mit Scheuklappen angehen und gut daran täten, die Dinge ein bisschen lockerer zu sehen.

Glas

Wer einen Hang zu modernem Design hat, sollte nicht davor zurückschrecken, mit der breiten Palette verfügbarer Materialien zu experimentieren. Ein Material, das sich im Garten immer mehr durchsetzt, ist Glas, und ich teile diese Vorliebe für die leuchtend bunten Perlen, mit denen Floristen den Boden von Blumenvasen dekorieren. Sie wirken wie durchscheinende Bonbons und senden funkelnde Lichtreflexe aus, sobald die Sonne darauf scheint. Einen entsprechenden Effekt kann man im Garten etwa durch einen Glasperlen-Rasen oder eine glitzernde Mulchschicht zwischen den Pflanzen erzielen. Ein trockenes Flussbett aus rubinroten oder blauen Perlen wirkt atemberaubend, ein Effekt, der sich nur noch durch das Glitzern von Wasser, das die Oberfläche umspielt, steigern lässt. Geschrotetes Glas ist eine weitere Variante, aber die rauen Kanten können unter Umständen einen Gefahrenpunkt darstellen.

Rechts Gitterroste aus Metall bilden einen großartigen Bodenbelag: sie sind strapazierfähig, gewährleisten eine optimale Dränage und lassen sich zu den unterschiedlichsten Mustern zusammensetzen. Einen ausgezeichneten Kontrast zu den geometrischen und optisch starren Konturen bilden Pflanzen wie *Alchemilla, Carex* oder *Geranium*, die wie ein weicher Rahmen die Ränder umspielen.

Links Viel zu lange haben sich die Gartengestalter gescheut, alltägliche Materialien in den Garten einzubringen. Obwohl Murmeln eine unkonventionelle Gartendekoration darstellen, können sie in ihrer Farbenvielfalt als Mulchschicht und Bodendecker erstaunlich dekorativ wirken – sie verleihen dem Garten ungeahnte Licht- und Farbenspiele, ob sie im Sonnenlicht funkeln oder bei Regen wie Perlen schillern.

Metall

Während Floristen seit Jahren verzinkte Eimer und Kübel verwenden, konnten sich diese im Garten lange nicht durchsetzen. Sie sind inzwischen aber regelrecht »in«, und in der entsprechenden Umgebung wirkt Metall, einfühlsam verwendet, großartig. Im Handel erhältlich sind neuerdings die unterschiedlichsten Gefäße, wobei es sich vom gärtnerischen Standpunkt aus empfiehlt, möglichst große Behälter auszuwählen, die der Entwicklung der Wurzeln zugute kommen. Allerdings gilt es auch hier zu bedenken, wie sich das Material mit der übrigen Gestaltung verträgt. Mit anderen Worten ausgedrückt: ein Garten sollte als Ganzes und unter Einbeziehung aller Komponenten gestaltet werden, von daher heißt es diese auch sorgfältig aufeinander abzustimmen.

Ich habe eine Vorliebe für glänzenden Edelstahl und spiegelndes Acryl, Materialien, die der Bepflanzung infolge der Reflexion eine ganz neue Dimension verleihen. Es gibt atemberaubende Wasserelemente aus Edelstahl, die selbst im kleinsten Garten brillante Akzente setzen. Große Gartenausstellungen bieten eine gute Möglichkeit, sich einen Überblick über die verfügbaren Materialien zu verschaffen und sind wahre Fundgruben an Ideen.

Kunststoffe

Von allen in Frage kommenden Materialien haben die Kunststoffe am längsten gebraucht, um sich Zugang zum Garten zu verschaffen, was ich in Verbindung mit modernen Gestaltungsschemen allerdings nicht verstehe. So ist Industrieboden etwa in unzähligen Farben erhältlich, oft auch mit Textur, um Rutschfestigkeit zu garantieren, außerdem kann davon ausgegangen werden, dass garantiert nichts absplittert, ganz gleich was darauf fällt. Vielleicht, dass sich die psychologische Barriere eher überwinden lässt, wenn man Kunststoff einfach als Bodenbelag betrachtet, der nun eben im Freien genutzt wird. Außerdem sind gummierte, kunststoffbeschichtete Beläge oder Vinyl sehr viel leichter als konventionelles Pflaster und oft auch weniger kostspielig.

Kunstrasen gibt es schon seit vielen Jahren. Als Grasimitat wurde er in der Vergangenheit aber vielfach vehement abgelehnt, und dies obwohl er in einer ganzen Reihe von Farben erhältlich ist, nicht nur in Grün. Was also spricht dagegen, ihn einfach als Teppich für draußen anzusehen, was er in der Tat doch ist? So könnten die Vorurteile nämlich weitgehend abgebaut werden und den Blick für die Qualitäten dieses leichtgewichtigen, haltbaren Materials freigeben, das nicht gemäht werden muss und ideal ist für Bereiche, in denen Wasser fehlt und die Belastbarkeit eingeschränkt ist (s. Seite 101, wo ein Beispiel veranschaulicht, wie dekorativ Kunstrasen wirken kann).

Rechts Wie Marmor wirken die zerkleinerten Muscheln. In einem prächtigen Blauton gefärbt, bilden sie eine reizvoll außergewöhnliche Boden- und Mulchdecke. Die rhythmische Bepflanzung mit kleinen, niedrigen Horsten aus *Leucogenes grandiceps*, die mit der Zeit zu einem Teppich zusammenwachsen, bringen eine sichtbar andere Textur ein und bilden von daher einen schönen Kontrast zu dem zurückhaltenden Hintergrund.

Struktur und Form 113

Wasserelemente

Ich habe das Thema Wasserelemente im Lauf dieses Buchs schon mehrfach angesprochen, denn erwähnenswert erscheint es mir vor allem im Kontext der jeweils vorgestellten Gestaltungskonzepte. Auch wenn es sich im kleinen Garten um eher schlichte Entwürfe handelt, so ist es doch ratsam, sich generell ein Bild zu machen, wie sie funktionieren und angepasst sind. Normalerweise wird wohl kaum jemand einen riesigen Teich in einen Hinterhof integrieren, aber kleinere Wasserbecken und Kaskaden fügen sich in der Regel gut ein. Hinsichtlich der Konstruktion gilt, je kleiner der Teich, desto mehr Sorgfalt erfordert die Gestaltung.

Teichfolien aus Gummi oder Schichtkunststoff müssen genau angepasst werden und sollten möglichst hinter dem Ziegel- oder Steinrand der Verschalung verschwinden. Es gibt aber auch Folien, die sich wie maßgeschneidert der ausgehobenen Form anpassen, ohne dass sie an den Ecken eingehalten werden müssen, was bei den gängigen Planen unvermeidlich ist. Während Beton als Baustoff für große Teiche weitgehend überholt ist, hauptsächlich weil sich die Gefahr von Haarrissen nicht ausschließen lässt, wird er für kleinere Ele-

Unten Diese Steinskulptur steht über einem Tank mit versenkter Pumpe. Das Wasser wird über einen Filter an der Basis in die Schale nach oben gepumpt und ergießt sich kaskadenartig über den oberen Rand, um zwischen den großen Kieseln wieder in den Tank zurückzufließen.

mente mitunter noch eingesetzt. Meist wird ein wasserdichter Unterputz auf die Ziegel-, Blockstein- oder Betonverschalung aufgebracht und die Oberfläche vor dem Streichen ganz glatt verspachtelt. Schwarz eignet sich als Farbe am besten, da es das Licht absorbiert und über die wahre Tiefe des Wassers hinwegtäuscht. Vollkommen ungeeignet ist Blau, das an Hässlichkeit nur noch durch Folien mit aufgedrucktem Steinmuster zu überbieten ist.

Etagenförmige Wasserelemente

Wasserelemente, die sich über mehrere Etagen erstrecken, benötigen eine Pumpe, die das Wasser vom untersten zum obersten Becken pumpt. Meist handelt es sich um versenkte Pumpen, die entsprechend der Gesamthöhe der Anlage in unterschiedlichen Größen erhältlich sind. Die Pumpen in meinem Garten sind das ganze Jahr über in Betrieb, denn sie halten das Wasser in Bewegung und verhindern, dass der Teich zufriert. Der anfallende Stromverbrauch ist minimal, und die Pumpe nutzt sich weit weniger ab, als wenn sie immer wieder abgestellt wird.

Ein ganz wichtiger Punkt ist, dass das unterste Becken ein wesentlich größeres Fassungsvermögen haben sollte als das oberste, denn sobald die Pumpe einsetzt, wird Wasser aus dem untersten Becken herausgezogen, um die Übrigen zu versorgen, ganz gleich, wie groß das System ist. Wenn die Pumpe abgestellt wird, fließt alles Wasser nach unten. Sofern das Auffangbecken an der Basis aber zu klein ist, läuft das Wasser über die Ränder, und die ganze Einheit muss erneut gefüllt werden, um wieder zu funktionieren.

Rechts Wasserrinnen sind Elemente auf kleinstem Raum, die, wie gefasste Bäche oder Kanäle, im Garten einen ausgeprägt richtungsweisenden Charakter entfalten. Unbepflanzt wirken sie in ihrer klaren Linienführung wie die Konturen eines Reliefs, das sich durch das Pflaster zieht, während hier eine Kombination aus *Achillea, Eryngium,* Buchs und *Knautia macedonica* die harten Ränder umspielt.

Struktur und Form 115

Geschlossene Wasserelemente

Außer den »offenen« Wasserelementen, die viele Gärten zieren, gibt es eine ganze Reihe, die ich als geschlossene »Pumpelemente« bezeichne. Vorteilhaft ist, dass sie selbst im kleinsten Garten Platz finden. Zu den elementarsten Varianten gehören die aus Mühlsteinen geschaffenen Sprudelsteine, für die ein über einem verborgenen Tank platzierter Stein mit einer versenkten Pumpe verbunden wird. Das über eine Leitung durch das Loch in der Mitte des Mühlsteins nach oben gepumpte Wasser quillt über die Oberfläche und fließt erneut in den Tank darunter. Diesen unaufhörlichen Kreislauf machen sich zahlreiche Alternativen zunutze, wie etwa angebohrte Findlinge, Glaszylinder, in denen man sehen kann, wie das Wasser in Blasen aufsteigt und dann über die Ränder quillt, glasierte Töpfe, die dem gleichen Prinzip folgen und einfallsreiche moderne Edelstahl-Kreationen.

All diese Elemente üben eine unwiderstehliche taktile Faszination aus, insbesonders auf Kinder. Verglichen mit einer offenen Wasserfläche sind sie weit weniger gefährlich, denn sie lassen sich, zwischen Kieseln eingebettet, auf einem stabilen Netz aus Maschendraht auflegen, das sich über den Tank oder das Sammelbecken darunter spannt.

Der Klang des Wassers ist in einem kleinen Garten ungeheuer reizvoll, und viele Wasserelemente locken alle Arten von Kleintieren an. Gut überlegen sollte man sich, wie sich ein solcher Blickfang am besten in das Gesamtbild einfügt. Am Rand eines Sitzplatzes oder im Sichtbereich von Flügeltüren kommt ein Element, das Auge und Ohr mit seinem Plätschern erfreut, in der Regel am besten zur Geltung.

An einer Mauer angebrachte Elemente basieren oft auf dem gleichen Prinzip. Das Wasser ergießt sich über einen Wasserspeier entweder in eine große Schale oder in ein unter Kieseln verborgenes Sammelbecken, eingerahmt von skulpturalen Pflanzen. Eine verborgene Pumpe leitet das Wasser über ein Rohr durch die Mauer zur Rückseite, dann nach oben und wieder zurück durch die Wand, wo das Rohr mit dem Wasserspeier, der Maske oder einem anderen Ornament verbunden ist.

Wie in allen Bereichen der Gartengestaltung sind es auch hier die Japaner, die sich meisterhaft auf bestechend schlichte Konzepte verstehen. Im traditionellen japanischen Garten werden aus hohlen Bambusrohren künstliche »Wasserläufe« geschaffen, die an einem Ende verschlossen, in ein senkrecht aufragendes Bambusrohr eingehängt sind. So fließt das Wasser langsam auf die Öffnung zu, das schwerer gewordene Rohr wippt um und das Wasser läuft über einen Stein darunter. Abfließend nimmt es der Wasserlauf erneut auf und der ganze Kreislauf beginnt von vorne.

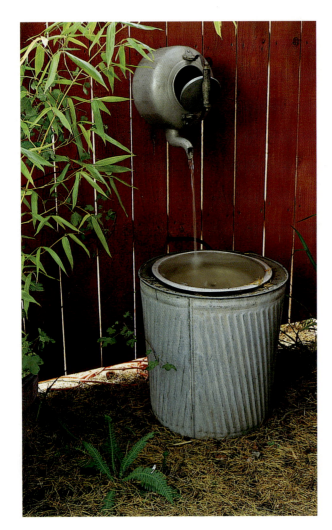

Unten Eine humorvolles Element, wie es im kleinsten Garten Platz findet, bildet diese Kombination aus einem Wasserkessel, aus dem unaufhörlich Wasser in den Behälter bzw. die Schale fließt. Die denkbar einfache Konstruktion besteht aus einer versenkten Pumpe, die Wasser über eine hinter dem Zaun verborgene Röhre in den Kessel aufleitet.

Links In diesem geschlossenen »Pumpelement« werden Glaszylinder, einige mit Glasperlen gefüllt, über getrennte Leitungen gespeist. Die dekorative Wirkung wird durch das mit gläsernen Murmeln ausgelegte »Bett« unterstrichen. Die Leitung, die in den Boden jedes Zylinders führt, wird durch eine Regulierung an der Basis des Glases geführt, über die der »Fluss« gesteuert wird, sodass das Wasser nicht in Strömen überläuft, sondern sanft über den Rand rieselt.

Oben In einem streng architektonisch gestalteten Garten bedarf es einer ausgeprägten Verbindung zwischen den einzelnen Elementen, und dieses Wasserelement ist ein Prototyp an Zurückhaltung. Ein Auffangbecken unterhalb der kubischen Einfassung fungiert als Reservoir, und der Wasserstrahl, der über eine versenkte Pumpe erzeugt wird, tritt, abgestimmt auf das Ambiente, als zartes Sprudeln, nicht als hochschießende Fontäne in Erscheinung. Eine lebhafte Note bringt die orangerote Schale ein, deren Farbe sich in den Blüten von *Crocosmia* im Vordergrund wiederfindet.

Struktur und Form

Dekoration

Ob ein Garten streng minimalistisch gehalten ist oder überquillt vor Zierrat – Kriterien wie richtig oder falsch sind fehl am Platz, wo es hier ganz einfach um unterschiedliche Gestaltungsansätze geht, und diese wiederum eine Frage der persönlichen Vorlieben sind. Die Wahl eines Blickfangs oder einer Kombination dekorativer Elemente wird durch den Stil des Gartens und den Geschmack des Besitzers bestimmt. Von daher kommt es auch relativ selten vor, dass ich diese Wahl für meine Auftraggeber treffe; vielfach mache ich aber Vorschläge, wo ein Objekt das Gesamtbild am besten unterstreichen könnte. So erscheint es in formalen Entwürfen etwa sinnvoll, ein Paar antiker Vasen oder stilvoller Urnen beidseitig einer Treppe oder eines Eingangs aufzustellen, während in einer asymmetrischen oder dekonstruktivistischen Komposition eine frappierend moderne Skulptur die entsprechende Wirkung erzielen dürfte.

Auch wenn die Stilrichtung nicht in allen Gärten so klar definiert sein mag, empfiehlt es sich wie im Innern des Hauses die dekorativen Elemente nach »Familien« zusammenzufassen. Terrakotta, Stein und Bauholz sind natürliche Materialien, während Fiberglas, Stahl und Glas

Links Oft ist es gar nicht so einfach, die richtigen Pflanzgefäße zu finden. Orientierungshilfe bietet der Stil des Gartens, denn mit ihm sollten sie harmonieren, nicht konkurrieren. Dieser konisch geformte Edelstahlbehälter ist hoch genug, um die Bepflanzung auf Augenhöhe zu präsentieren, hier: Efeu und *Lotus berthelotii*.

Unten Hier bilden die unterschiedlich großen steinernen Kugeln einen einzigartigen Kontrast zu den lanzettlichen Blättern der *Crocosmia* im Hintergrund. Ein solcher Blickfang fügt sich etwa an einer Wegbiegung zwanglos in den Garten ein.

einer ganz anderen Kategorie angehören. Ich sage zwar nicht, dass gar nie gemischt werden darf, nur besteht in der Tat eine spürbare Zusammengehörigkeit innerhalb der einzelnen Familien.

Mein eigener Garten birgt eine ganze Reihe »Fundstücke«. Da ist der alte knorrige Ast einer Eiche, den ich in einem Winter über das Feld hinunter geschleift habe, und der sich inzwischen an eine Rabatte entlang des Weges schmiegt. Ich mag seine Form, die unverkennbar Bewegung ausstrahlt und schön wie eine Skulptur wirkt, ohne dass sie mich auch nur einen Cent gekostet hat. Große, vom Wasser glattgeschliffene Steine eignen sich bei Bedarf auch als Sitzgelegenheit und lassen den im rechten Winkel abbiegenden Weg weniger unvermittelt erscheinen, während die in eine alte rostige Milchkanne eingepflanzte Kapuzinerkresse mit ihren überhängenden Trieben den ganzen Sommer hindurch Farbenfreude verbreitet. Schönheit bedeutet schließlich für jeden etwas anderes, und wenn eine edle Funkie nun mal in einen alten Eimer gesetzt werden muss, dann soll es auch so sein.

Oben Ich freue mich an individualistischen Äußerungen in einem Garten. Wenn man diese auf seinem eigenen Fleckchen Erde nicht mehr ausleben darf, dann ist es um unsere Welt schlecht bestellt. Sie müssen gewiss keinen tieferen Sinn haben, wie hier nur einfach humorvoll wirken.

Rechts Man meint die Wärme in dieser Gartenecke vor der lasierten Holzwand förmlich zu spüren. Wie zufällig taucht der alte Sitz eines Traktors aus der zwanglosen Bepflanzung auf. Obwohl er seine besten Tage hinter sich zu haben scheint, geht das Leben weiter, wenn auch gemächlicher.

Stauraum

Je kleiner das Haus, desto kleiner ist gewöhnlich auch der Garten. Außerdem scheint das Haus tatsächlich nie groß genug, um das, was sich in einer Familie so ansammelt, unterzubringen. Oft findet sich draußen auch einfach zu wenig Platz, um Geräte, Fahrräder, Spielzeug, Pflanztöpfe und Gartenmöbel, sofern sie nicht in Gebrauch sind, zu verstauen. Auch für die Mülltonnen, Wäscheleine und jenen unentbehrlichen Bodenverbesserer, den Kompost, wird in der Regel noch zusätzlich Platz gebraucht. In kleinen Gärten ist es besonders wichtig, diese Posten frühzeitig in die Planung einzubeziehen und den entsprechenden Stauraum dafür vorzusehen.

Wie im letzten Kapitel bereits erwähnt, kann man einen Schuppen bauen und all diese Dinge hinter einem Sichtschutzpaneel oder Spalier verschwinden lassen, sodass sie vom Garten aus gar nicht ins Auge fallen. Immerhin habe ich schon manchen Schuppen gesehen, der so dekorativ wirkte, dass er unwillkürlich zum Blickfang wurde. Oft genügt es schon, die Farbe auszuwählen und den Kindern einen Pinsel in die Hand zu drücken – sie werden sich mit Begeisterung ans Werk machen, und Farbflecken lassen sich im Freien auch leichter beseitigen. Zum Abstellen von Geräten und Schubkarren bewährt sich eine befestigte Fläche, die, durch ein paar große Töpfe mit Kräutern oder Beerenfrüchten verschönert, keineswegs nur zweckmäßig nüchtern wirken muss. Man braucht den Schuppen auch nicht unbedingt in die hinterste Ecke des Geländes zu verbannen; den Platz dahinter könnte der Kompostkasten einnehmen, während sich seitlich unter dem Dachüberstand Fahrräder, Leitern und anderes verstauen ließen (in diesem Fall darf man nicht vergessen, den Bereich gegen Diebstahl abzusichern und gegen Regen zu schützen). Im Übrigen ist zu beachten, dass sich ein bauliches Element, das sich unmittelbar an die Begrenzung anschließt, nur schwer instand halten lässt.

Durch Kletterpflanzen und eine rundum üppige Begrünung lässt sich das Bild umspielen und abrunden. Sie sorgen dafür, dass sich das Element in den übrigen Garten einfügt oder darunter fast verschwindet.

Unten Eine eingebaute Sitzbank kann reichlich Stauraum bieten, wenn die Sitzfläche aufklappbar ist. Sie lässt sich außerdem wasserfest auskleiden. Solche Kästen sind ideal zum Verstauen von Spielzeug und Dingen, die ansonsten nur herumliegen würden.

Oben Strandhütte oder Gartenschuppen mit passend gestrichenem Lattenzaun – selbst die prosaischsten Elemente lassen sich mit ein bisschen Fantasie in die Gesamtkomposition einbinden. Warum scheuen wir uns, kreative Möglichkeiten umzusetzen und verbannen Lager- und Nutzbereiche oftmals in den hintersten Winkel des Gartens, wo sie sich so leicht nach vorn holen und dekorativ integrieren lassen?

Rechts Stauraum muss sich nicht zwangsläufig verstecken, er kann auch zum Blickfang werden, und dieses Regal für Blumentöpfe, das, von Obelisken flankiert, mit einem kleinen Giebel abschließt, weckt über den praktischen Aspekt hinausgehend geradezu klassische Assoziationen, nicht zu vergessen die humorvolle Note.

Spielen

Gärten sind für alle da, und Raum zum Spielen im Freien ist immer auch eine Gelegenheit, die Kinder an die frische Luft zu schicken. Allerdings sind die meisten im Handel erhältlichen Spielgeräte hässlich und nur in entsetzlich grellen Farben zu bekommen. Auch wenn Kinder angeblich eine Vorliebe dafür haben, wirken sie im Garten doch immer wie Fremdkörper. Entscheidend für eine gute Schaukel, Rutschbahn oder Kletterwand sollten indes nicht irgendwelche Modefarben, sondern die Funktionalität sein. Als Kind hatte ich eine wunderbare Schaukel, die an kräftigen

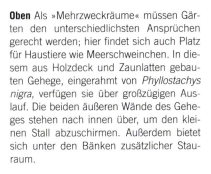

Oben Als »Mehrzweckräume« müssen Gärten den unterschiedlichsten Ansprüchen gerecht werden; hier findet sich auch Platz für Haustiere wie Meerschweinchen. In diesem aus Holzdeck und Zaunlatten gebauten Gehege, eingerahmt von *Phyllostachys nigra*, verfügen sie über großzügigen Auslauf. Die beiden äußeren Wände des Geheges stehen nach innen über, um den kleinen Stall abzuschirmen. Außerdem bietet sich unter den Bänken zusätzlicher Stauraum.

Seilen in einem Baum hing. Vater hatte den Sitz aus einem Stück Buchenholz eigens meinem kleinen Podex angepasst. Obwohl die Schaukel praktisch nichts gekostet hatte, beneideten mich die Nachbarkinder einhellig darum. Auch wenn nicht jeder einen großen Baum in seinem kleinen Garten hat, so lässt sich mithilfe einer soliden Konstruktion aus kräftigen, an der Mauer verschraubten Holzbalken und Querstreben eine Spielburg errichten, die Klettergerüst, Stütze für eine Schaukel und Stauraum für Spielsachen in einem sein kann. Es ist gar nicht schwer, so ein Element zu bauen, und die Kinder können schließlich mithelfen. Nach Belieben lässt es sich auch in die Umgebung einbinden, indem man Kletterpflanzen an den Stützbalken aufleitet; es sollte sich allerdings um ganz robuste Gewächse handeln, denn alles andere wird dem wilden kindlichen Treiben kaum standhalten.

Ein wahrer Segen ist auch eine stabile fensterlose Mauer, denn sie eignet sich hervorragend für alle erdenklichen Ballspiele. Dazu bedarf es nicht einmal aufgemalter Torpfosten oder Latten, denn Kinder erfinden ihre eigenen Regeln und lassen sich je nach Stimmung zu immer neuen Spielen inspirieren.

Dass Spielgeräte stabil und sachgemäß konstruiert sein müssen, versteht sich von selbst. Dennoch handelt es sich um Strukturen für einen vorübergehenden Zeitraum, zumindest bis die Enkel kommen. So sind in einem umsichtigen Planungskonzept oft auch schon Alternativen vorgesehen, wie sich solche Elemente nach einigen Jahren modifizieren und anderweitig nutzen lassen. Hausgärten, die von der ganzen Familie genutzt werden, wirken zum Glück nie unnahbar steif oder steril; sie erfüllen ihren Zweck und dies zur Zufriedenheit aller.

Oben In dieser Gartenecke gewährleistet eine gefärbte Rindenmulchdecke eine weiche Landung, während der Bambushain, der die Spielecke einfasst, zugleich als Versteck dient.

Gegenüber Während Eltern beim Anblick dieses Designs möglicherweise einen Migräneanfall bekommen, werden Kinder hellauf begeistert sein – Gärten sind schließlich für alle da. Die leuchtenden Farben und das Muster auf dem Boden halten die einzelnen Bereiche wie eine Klammer zusammen. Innovative Gestaltungsideen wie diese verdienen es weiterentwickelt zu werden.

Struktur und Form 123

Mit Licht gestalten

Dunkelheit und Helligkeit halten sich im Lauf eines Jahres in etwa die Waage – ein Garten ohne eine Art Beleuchtung wird folglich viel zu wenig genutzt. Tagsüber ist alles von oben beleuchtet oder angestrahlt. Sobald es dunkel wird, lassen sich durch Strahler von unten in Verbindung mit anderen Beleuchtungstechniken ganz neue Effekte erzielen.

Wie in jedem anderen Design-Bereich ist auch hier vor allem Schlichtheit gefragt. Grelle Lichteffekte können ein ansonsten einfühlsames Gestaltungsschema zerstören, insbesondere in einem kleinen Garten. Was die Beleuchtung anbetrifft, so unterscheidet man grob in praktische und dekorative Effekte, wobei praktisch ganz wörtlich als die Beleuchtung von Türen, Treppen, Wegen und Arbeitsecken zu verstehen ist. Wo der Lichtkörper als solches in Erscheinung tritt, wie etwa im Eingangsbereich, sollte sich die Wahl am allgemeinen Stil des Gartens und der Architektur des Hauses orientieren. Eine traditionelle Kutscherlampe passt nun einmal nicht in einen modernen Garten, und eine jener pseudo-nostalgischen Straßenlaternen wirkt in einem solchen Rahmen noch deplatzierter.

Vielfach hat aber das Licht, nicht die Gestalt des Leuchtkörpers Vorrang. Dieses lässt sich in die Wangen einer Treppe oder knapp über Bodenhöhe einbauen, sodass der Weg durch Punktstrahler beleuchtet oder großflächig mit Licht überflutet wird. Um bei Dunkelheit durch den Garten zu gehen, nützt es nämlich wenig, auf Kopfhöhe für Licht zu sorgen. Wo das Lichtelement sichtbar ist, sollte etwas entsprechend Schönes ausgesucht werden. Auch darf man nicht vergessen, dass ein zwischen der Bepflanzung integriertes Licht von Zeit zu Zeit versetzt werden muss, weil die Pflanzen größer werden.

Was die Farbe der Glühlampe anbetrifft, kommen im Grunde nur Weiß und Blau infrage, denn beide wirken relativ neutral. Vorsicht mit anderen Tönen! Sie lassen Blätter und Ausstattung in den wildesten Farben aufleuchten.

Die besten Beleuchtungstechniken orientieren sich immer noch am Theater, einem kreativen Ort per se. Ich verwende in der Regel fünf Strahler, aber übertreiben sollte man es grundsätzlich nicht, denn weniger ist auch hier mehr.

Punktstrahler

Punktstrahler lassen einzelne Objekte durch gezielte Beleuchtung reliefartig hervortreten. Die in der Regel nicht sichtbare Lichtquelle kann einen geradezu dramatischen Effekt erzeugen, wenn sie auf eine Statue, einen Blickfang, eine schöne Pflanze oder andere sehenswerte Elemente gerichtet ist. Infolge der Bündelung des Strahls bleibt die unmittelbare Umgebung dunkel, was die Wirkung nur noch steigert. Dennoch sollte man sparsam mit solchen Effekten umgehen, damit das Auge nicht rastlos von Ort zu Ort irrt. In einem kleinen Garten genügen ein bis zwei Strahler vollauf.

Unten Dieser Garten bietet einen distanziert kühlen Empfang mit seinem schmalen Band weißer, unter den Füßen knirschender Kiesel, die, von einem klar definierten Neonstreifen eingefasst, in klassisch schwarze Schieferplatten übergehen.

124 Struktur und Form

Oben Im Bereich von Niveau-Unterschieden ist eine Beleuchtung besonders wichtig, sowohl aus praktischen als auch aus ästhetischen Gründen. Hier kommt das Licht von oben und spiegelt die wächsernen Trompeten der *Datura* wider. Aber auch entlang der Stufen finden sich geschickt integrierte Strahler, die den Weg nach unten erhellen.

Links Moderne Kunst und moderne Gartengestaltung erfordern eine gleichermaßen innovative Beleuchtung. Der Effekt der skulpturalen Holzstämme wird durch vertikale Neonstäbe, die mit wachsender Entfernung kleiner werden, hervorgehoben – ein Kunstgriff, der die perspektivische Wirkung unterstreicht. Das gesamte Arrangement ist eingebettet in eine wiesenhaft üppige Bepflanzung, die zugleich als Hintergrund für die bogenförmige Bank dient.

Struktur und Form 125

Indirekte Beleuchtung

Wie Punktstrahler greift auch die indirekte Beleuchtung ein Objekt auf und lässt es plastisch hervortreten. Bei dieser Technik wird der Strahler unmittelbar hinter dem Blickfang angebracht und erzeugt eine dramatische Silhouette. Auch die indirekte Beleuchtung gilt es gezielt einzubringen, weil sich ansonsten kaum verhindern lässt, dass sie abgeschmackt stereotyp wirkt. Wo aber eine Skulptur oder die Konturen einer besonders schönen Pflanze hervorgehoben werden sollen, bietet sich diese Technik geradezu an. Ich habe in einem winzigen Garten in der Stadt einen bereits herangewachsenen Japanischen Fächerahorn als Solitär vor eine kahle Wand gesetzt. Von hinten angestrahlt, entfaltet er eine einzigartige Wirkung.

Flutlicht

Dabei handelt es sich um eine ganz einfache Beleuchtungsform, die sich einen relativ breiten Strahl und eine Lampe mit niederer Wattzahl zunutze macht. Sie wird oft erhöht am Haus oder in einem Baum installiert, um eine Pflanzfläche, einen Rasen oder Pflaster in sanftes Licht zu tauchen. Blendend helle Halogenstrahler haben wenig Sinn, weder vom dekorativen noch vom praktischen Gesichtspunkt aus betrachtet. Extrem starke Lichtquellen erzeugen so tiefe Schatten, dass vieles buchstäblich verschwindet, gewährleisten aber kaum Sicherheit. Was diese anbelangt, ist eine Anzahl gezielt platzierter Breitstrahler weit effektiver, denn sie sind mit ihrem größeren Lichtkegel für das Auge sehr viel angenehmer.

Richtstrahler

Während sich die oben beschriebenen Beleuchtungstechniken mit relativ wenig Aufwand verwirklichen lassen, gibt es ein paar weitere, die man in Erwägung ziehen sollte. Als Erstes sind Richtstrahler zu nennen, von denen einer oder mehrere so nah wie möglich an der Basis einer Mauer, eines Baums oder eines anderen Blickfangs, den es von unten anzustrahlen gilt, platziert werden. Auf diese Weise wird jedes Detail der Oberfläche beleuchtet: die Rinde eines Baums, die Textur von Ziegelstein oder Holzstreben an der Front eines Gebäudes.

Unten Nachdem zunehmend alte Materialien mit großem Einfallsreichtum wiederverwertet werden, macht sich diese Experimentierfreude auch im Garten bemerkbar. In die Perspex-Bank integrierte Lampen beleuchten nicht nur die unmittelbare Umgebung, sondern rücken auch die skulpturale Bepflanzung darüber ins Rampenlicht. Das Holzdeck lenkt das Auge in Richtung Bank und wird in Form des schlichten Geländers auf vertikaler Ebene erneut aufgegriffen.

Rechts Beleuchtung kann, sachgemäß und fantasievoll eingesetzt, ungeheuer dramatisch wirken. Hier sind sämtliche Flächen durch mehrere Lichtquellen überflutet, wobei die reinweißen Stämme der von unten angestrahlten Himalaya-Birke im Mittelpunkt des Interesses stehen. Die prickelnde Frische, die dieses moderne Gestaltungsschema ausstrahlt, basiert auf der klaren Linienführung der Mauern, Pflasterfläche und Möblierung. Die Beleuchtung unterstreicht und steigert diese Wirkung.

Gedämpfte Beleuchtung

Ich habe eine ausgesprochene Vorliebe für diese höchst romantische Beleuchtung, die durch mehrere in den Bäumen aufgehängte Lampen mit relativ geringer Wattzahl zustande kommt und die Schatten der Zweige auf dem Boden abbildet. Der Effekt basiert auf einem ruhigen »Untergrund« wie Rasen oder Pflaster, auf dem sich in einer windstillen Nacht das Astgerüst eines Baumes silhouettenartig abzeichnet. Beim zartesten Windhauch fangen die filigranen Schatten an zu tanzen, und vielleicht, dass man sich mit ein bisschen Musik sogar selbst dazu verleiten lässt.

Selbstverständlich lassen sich die hier vorgestellten Techniken wie auch einige Hightech-Verfahren modifizieren. Glasfaserbeleuchtung erfreut sich auch im Freien zunehmender Beliebtheit – eine Technik, mit der sich die kompliziertesten Muster und Bilder kreieren lassen. Auch Plasma-Lichtbögen und Laserstrahlen lassen sich einsetzen, gleichermaßen farbige Neonlichtröhren, die theatralische Effekte erzeugen, allerdings auch Kopfschmerzen, wo sie falsch platziert sind. Auf den Punkt gebracht will ich damit sagen, dass moderne Beleuchtungsverfahren schier grenzenlose Möglichkeiten bieten, den Garten in Szene zu setzen. Ohne Fingerspitzengefühl allerdings kann der Effekt auch hier leicht ins Gegenteil umschlagen.

Unten Obwohl in der Regel das Licht, nicht die Gestalt des Leuchtkörpers zählt, gibt es Ausnahmen. In diesem östlichen Garten steht die tropische Bepflanzung in dekorativem Kontrast zu der orientalisch geprägten Lampe.

128 Struktur und Form

Oben Beleuchtetes Wasser verhindert nicht nur, dass man um Mitternacht ein unfreiwilliges Bad nimmt, sondern erzeugt auch eine dramatische Wirkung. Hier erhellen zarte Lichtseen von unten her die Oberfläche, die in dem angestrahlten Bonsai weiter oben ein Echo finden.

Links Wo es darum geht, ein derart buntes Sortiment an Leuchten zur Schau zu stellen, heißt es keine Scheu haben. Hier kommt es nicht auf minuziöse Abstimmung an, sondern auf die Wirkung der aufgehängten Kugeln, die wie riesige Leuchtkäfer über dem Weg zu schweben scheinen.

Struktur und Form 129

Strahlend helles Licht

Während es in dunklen und schattigen Hinterhöfen einer sorgfältigen Auswahl von Materialien bedarf, die das vorhandene Licht unterstreichen, gibt es durchaus auch Räume, die in krassem Gegensatz dazu, den ganzen Tag der prallen Sonne ausgesetzt sind. Ich habe nie verstanden, warum so viele Häuser und Gartenmauern in heißen Ländern weiß getüncht sind. Weiß mag zwar makellos sauber wirken, blendet aber auch schier unerträglich, insbesondere im Bereich von Dachgärten oder Balkons. Das Gleiche gilt für die riesige Auswahl an Kunststoff-Gartenmöbeln, die im Handel sind – ohne starke Sonnenbrille kann man nicht einmal eine Kleinigkeit essen. Wo es um Mauern und andere Oberflächen geht, ist man indes gut beraten, Pastellfarben wie Cremeweiß oder helle Terrakotta-Lasuren zu verwenden, die eine dämpfende Wirkung haben. Sie schlucken Licht, anstatt es zu reflektieren, und sind somit wesentlich angenehmer für das Auge. Alle diese Erdfarben wirken warm und wohltuend und verbinden sich hervorragend mit Pflanzen, Töpfen und Möbeln. Da sie im Hausinnern gleichermaßen gut zur Geltung kommen, sind sie wie geschaffen, um einen Bogen zwischen Haus und Garten zu schlagen. Ich wüsste auch gar nicht, warum wir vor Farbe im Garten zurückscheuen sollten.

Oben Im sanfteren Licht der gemäßigteren Zonen können reflektierende Oberflächen einen Bereich entscheidend aufhellen. Diese in hellen Kies eingebetteten, bogenförmigen Edelstahlplatten heben sich reliefartig von den in Form geschnittenen Buchskugeln ab.

Die Elektro-Installation

Elektrischer Strom ist im Garten unentbehrlich, von der Beleuchtung angefangen über Pumpen im Teich, die Steckdosen im Schuppen oder die automatischen Deckenstrahler in einem Gewächshaus. Es ist sinnvoll, die Leitungen vor dem Verlegen von Pflaster oder anderen Belägen zu installieren, denn niemand gräbt später gern alles wieder auf. Die Kabel werden gewöhnlich in Leerrohren verlegt, die sie gegen versehentliche Beschädigungen schützen. Strom ist von der vollen Netzspannung (230 Volt) bis hinunter zu kleinen Spannungen mittels Transformatoren (12 Volt) erhältlich. Elektrizität im Freien birgt ein weit größeres Gefahrenpotenzial als die Stromversorgung innen. Anschlüsse und Kabel müssen effektiv gegen Feuchtigkeit geschützt sein und verlangen eine sachgemäße Installation.

Bewässerung

Bewässerungsanlagen werden zunehmend beliebter in kleinen Gärten, die extrem trocken sein können, da sie sich vielfach im »Regenschatten« von überstehenden Dachgiebeln und der äußeren Begrenzungen befinden. Insbesondere auf Dachgärten und Balkons trocknen die Pflanzen wesentlich schneller aus als auf Bodenhöhe.

Und doch sind Bewässerungssysteme nicht immer von Vorteil. Ich erinnere mich an einen Garten, den ich besuchte, in dem eine automatische Bewässerungsanlage die neu angesetzten Pflanzen, ungeachtet ihrer Bedürfnisse, förmlich unter Wasser setzte. Sie wurden ertränkt, und ich konnte den Besitzern nur raten, ihren Garten nicht durch übertriebene Fürsorge zu zerstören. Pflanzen, insbesondere Jungpflanzen, benötigen Wasser lediglich um ein kräftiges Wurzelsystem zu bilden; wer ihnen mehr verabreicht, hindert sie geradezu, robust zu werden.

Erfahrene Gärtner bewässern den Garten in der Regel mit dem Schlauch, je nach Witterungsverhältnissen und spezifischen Pflanzenarten. Auch in einem kleinen Garten ist ein Schlauch, der sich säuberlich aufrollen lässt, eine große Hilfe. Ich selbst hatte noch nie eine Bewässerungsanlage und werde wahrscheinlich auch nie eine haben, betrachte sie aber für Leute, die viel unterwegs sind, als gute Sache. Ansonsten empfehle ich, den Garten eingehend zu beobachten, insbesondere wenn es regnet, um festzustellen, welche Bereiche überhaupt kein Wasser bekommen. Am besten wird man solche Beobachtungen bereits in der Entwurfsphase (s. Seite 22) berücksichtigen. Vieles hängt von der vorherrschenden Windrichtung ab, aber auch von der Position der Gebäude ringsum. Zur Bewässerung gibt es die unterschiedlichsten Systeme, von vollautomatisch über Computer gesteuerten und vom Fachmann installierten Anlagen bis zu Bausätzen zum Zusammenstecken, die im Gartencenter erhältlich sind. Manche arbeiten mit Sprühköpfen, andere einfach über ein »leckendes« Rohr, das den näheren Umkreis bewässert.

Rechts Lichtsäulen ragen wie erleuchtete Bambusrohre über der zarten Bepflanzung auf. Sie erzeugen einen skulpturalen Effekt – ein anschauliches Beispiel dafür, dass die einzelnen Design-Elemente im Garten eine untrennbare Einheit bilden, ob tagsüber oder abends.

Struktur und Form 131

Links Die Wärme, die dieser Sitzbereich ausstrahlt, basiert auf den ockerfarbenen Mauern und Sitzflächen aus Zedernholz. Ein Gegengewicht bildet das kühle Fliesenmuster, das durch bandförmig integrierte Kiesel unterbrochen ist.

Unten Die mit Yuccas bepflanzten Töpfe unterstreichen die strenge Linienführung des Holzdecks und lenken das Auge auf die Skulptur aus Zimbabwe, die sich plastisch von der glatten Fassade der Mauer abhebt.

Garten-Beispiel
Enklave in der Stadt

Wer sich einen klar strukturierten und eleganten Garten mit hohem »Wohnwert« wünscht, wird kaum etwas Besseres finden als die vorliegende Lösung. Denn was sich hier, eingeschlossen zwischen Mauern auf kleinstem Raum bietet, ist Inbegriff vorbildlichen Garten-Designs. Dies war nicht immer so, denn ursprünglich fand sich hier ein vernachlässigter Hof, der von einer großen unansehnlichen Sykomore dominiert wurde. Solche Bäume können beeindruckend wirken, wo sie Platz haben, um sich entsprechend zu entwickeln, in der Stadt aber sind sie eine Belastung, denn ihr schweres Laubdach wirft tiefen Schatten und ihre Wurzeln entziehen dem Boden Feuchtigkeit und Nährstoffe.

Als der Baum gefällt war, stand den Vorstellungen des Bauherrn nichts mehr im Wege. So entstand ein kühler, minimalistisch schlichter Garten mit warmer mediterraner Farbgebung, abwechslungsreichem Bodenbelag und architektonisch geprägter Bepflanzung. Obwohl die Blütezeit des Modernismus etwa 70 Jahre zurückliegt, haben seine Stilprinzipien und das ihm eigene Ethos bis heute nichts von ihrer Ausdruckskraft verloren, wobei ihm jede Designer-Generation ihren eigenen Stempel aufdrückt.

Vom Haus aus führt ein Deck aus rötlich schimmerndem Zedernholz über einen schmalen Korridor in Richtung Garten. Diese Linienführung setzt sich organisch im eigentlichen Bereich des Hofes fort, wobei sich das Blickfeld hier weitet und die Komposition mit der einladenden Sitzecke, der spezifischen Bepflanzung und einer Farbgebung, die den trübsten Wintertag aufhellt, zum Leben erwacht. Während das Holzdeck Bewegung impliziert, bringt der Sitzbereich ein eher statisches Element ein, mit seinen klar konturierten,

1 Holzdeck
2 Helle Steinfliesen, durch Kiesel unterbrochen
3 Bank mit Auflage aus Holzlatten über hellem Steinsockel
4 Fünf Buchskugeln in Töpfen
5 Fünf Töpfe mit *Verbena* und *Hordeum*
6 Palmen mit verzweigtem Austrieb, dazwischen: Iris
7 Iris und *Polystichum*
8 *Carex pendula*
9 Birken mit verzweigtem Austrieb, unterpflanzt mit *Acorus*
10 Fünf Yuccas in Töpfen

Links Innerhalb dieser nach außen abgeschirmten Ecke finden sich gleich mehrere Elemente des Gartens. Das Pflaster und der Sockel der Sitzbank verbinden die horizontalen und vertikalen Ebenen, während die tiefer liegenden blauen Kassetten einen Schuss Farbe von der Wand dahinter aufgreifen, und die Terrakotta-Töpfe mit den Yuccas eine Art Gegenpol bilden.

Garten-Beispiel 133

im Läuferverband verlegten Fliesen, die rechtwinklig zu den Holzplanken durch Bänder aus Kieseln unterbrochen sind. Die aus verputztem und lasiertem Mauerwerk bestehenden Sitzbänke zeigen, passend zum Deck, eine Auflage aus Zedernholzlatten und halten den Raum wie eine Klammer zusammen. Die blau gestrichenen tiefer liegenden Kassetten bilden eine natürliche Verbindung zur dominierenden Mauer im Hintergrund, vor der die mit Yuccas bepflanzten Töpfe wie Skulpturen erscheinen und ihre panaschierten Blätter reliefartig hervortreten. Die ockerfarbenen Mauern, die den Sitzbereich einfassen, bringen Wärme ins Bild und dämpfen das blendend helle Licht der Sommersonne.

Die gestaffelte Bepflanzung besteht aus Hochbeeten, Töpfen und Bodendeckern, die sich zu einem architektonischen, aber pflegeleichten Gestaltungsschema verbinden. Was dem Betrachter unmittelbar ins Auge fällt, sind die wiederholt auftretenden Kübelpflanzen, die als Blickfang und Kontrast eine optisch rhythmische Wirkung erzeugen. Birken mit vielfach verzweigtem Austrieb sind, im Gegensatz zu Sykomoren, wie geschaffen für kleine Gärten, zumal imposante Palmen hier auf mittlerer Pflanzhöhe für eine entsprechende Kontrastwirkung sorgen. Auf der untersten Ebene verbinden sich Gräser, Farne und Iris, die zwischen den Kieseln hervorkommen und mit der Zeit einen Teppich bilden, sodass das Gesamtbild das ganze Jahr über Aufmerksamkeit erregt.

Oben Gärten laden nicht nur tagsüber ein; vielfach werden sie als Ort der Entspannung und Unterhaltung vor allem nach Feierabend geschätzt und aufgesucht. Dies aber setzt eine entsprechende Beleuchtung voraus, die, über ihre funktionale Wirkung hinausgehend, dramatische Effekte erzeugen kann. Hier sind die Palmen angestrahlt, mit dem Effekt, dass ihre stacheligen Wedel im Bereich der Begrenzung plastisch hervortreten.

Oben Töpfe müssen sich nicht zwangsläufig vom Hintergrund abheben, wie die reizvoll subtile Gegenüberstellung der Ockertöne zeigt. Die Bepflanzung lässt beide Elemente weicher erscheinen und greift das Prinzip der Wiederholung, das diesen Garten prägt, hier erneut auf.

Links Die feine Wechselwirkung zwischen Linienführung und Staffelung der Ebenen kommt in der Gegenüberstellung von Hochbeeten und Pflaster zum Ausdruck. Die durchgängig verwendeten kleinen losen Kiesel vermitteln ein Gefühl der Kontinuität. Als Mulchschicht dämmen sie das Unkraut ein und reduzieren den Pflegeaufwand somit auf ein Minimum.

Garten-Beispiel
Tohuwabohu

Wer sich einen Garten wünscht, der alle Konventionen sprengt – hier ist er: gewagt, quirlig, schräg, reich an Versatzstücken und Materialien. Es scheint, als wären die einzelnen Mosaiksteinchen, mit einem Seitenblick auf traditionelle Stilvorlagen, in die Luft gewirbelt worden, nur um sie, individuellen Bildvorstellungen entsprechend, zu neuen Musterverbänden zusammenzufügen.

Ganz offensichtlich geht es hier nicht um stille Beschaulichkeit, sondern vielmehr um einen Ort, der gewohnte Sinneswahrnehmungen auf den Kopf stellt und vehement auf Konfrontation setzt. Gleich einer modernen Skulptur wird man diesen Raum lieben oder hassen, aber polare Reaktionen sind hier erklärtermaßen gewollt – Kunst in Reinkultur.

Was mir immer wieder auffällt, ist, dass Interpretationen derartiger Installationen weitgehend subjektiv geprägt sind, und jeder Betrachter, einschließlich dem Künstler selbst, ganz unterschiedliche Muster und Symbole damit assoziiert. Für mich handelt es sich trotz der vielgestaltigen Elemente keineswegs um eine willkürliche Anordnung, erkenne ich darin doch vielmehr ein klar definiertes Konzept, das, ausgehend von dem erhöhten Thymianhügel, einem Wirbel gleich auf das kreisförmige Wasserelement im Mittelpunkt des Gartens zustrebt. Diese radiale Zentrierung bringt eine rhythmische Bewegung ins Spiel, die auf der anderen Seite der Komposition in dem weitaus statischer wirkenden, niedrigen Mauersegment und den in Form geschnitte-

Oben Ein Großteil der Faszination dieses Gartens beruht auf den in einem wahren Wirbel begriffenen unterschiedlichen Materialien. Hier schwimmen kantig aufragende Schiefer-»Flossen« durch einen fjordartig verengten Meeresarm.

Links Hier ist das japanische Vorbild deutlich erkennbar. Es äußert sich in den sorgfältig angeordneten Felsbrocken, umgeben von Gräserhorsten, vor einem Hintergrund aus kiesähnlichem Bimsstein.

Gegenüber Sobald man sich Zeit lässt, die Komposition als Ganzes zu betrachten, verliert sie ihren scheinbar wirren Charakter; bewusst wahrgenommen wird stattdessen die feine Wechselwirkung zwischen den vielgestaltigen Elementen. Dahinter steht ein durchdachtes Konzept, das die einzelnen Komponenten zu einer aussagekräftigen Einheit verbindet.

Garten-Beispiel 137

Oben Eine optimale Wirkung entfaltet hier die großartige Spiegelwand, die das Schema der Hecken, Pflanzen- und Steinformationen reflektiert und dem Vorübergehenden als sich ständig wandelndes Zerrbild vor Augen führt.

nen Eibenbüschen ein Gegengewicht findet. Anders ausgedrückt werden hier zwei ganz verschiedene Stile zusammengeworfen, die wie Wellen gegen einen halb untergetauchten Fels branden und optische Turbulenzen erzeugen.

Obwohl es sich hier um eine Form ausgeprägt moderner und dramatisch inszenierter Kunst handelt, erscheint mir der japanische Einfluss doch unverkennbar. Sämtliche klassischen Elemente finden sich hier vereint: aufgerichtete Felsen, in Form geschnittene Buchskugeln und Eiben, die Verwendung von Bodendeckern und Gräsern, nicht zu vergessen die Flächen kleinteiliger Materialien wie Bimsstein, Kies und Schiefer. Anders als in fernöstlichen Vorlagen erscheinen die Medien hier indes verfremdet: die Hecken sind zu unterschiedlichen Kreissegmenten geformt und die Felsen in zunehmend schrägerem Winkel geneigt. Obwohl dies ein entschieden dynamischer Garten ist, liegt seine eigentliche Schönheit im Detail. Man braucht ihn nur genauer zu betrachten, dann erkennt man die kontrapunktische Wirkung von Schiefer auf Glas, Gras auf Bimsstein, aber auch der Mauerabschnitte, die den akkurat geschnittenen Buchs zu stützen scheinen. Hier vereinigen sich Dramatik, Ideenreichtum und vor allem jener unverbrüchliche Humor, den man in modernen Gartenkonzepten oft vergeblich sucht.

Kernstück dieses Gestaltungsschemas ist für mich die bogenförmige glänzende Edelstahlwand, die beim Vorübergehen changierende Lichtreflexe erzeugt. Auf der einen Seite ist die Oberfläche konvex, auf der anderen konkav (Spiegel, wie wir sie vom Rummelplatz mehr oder weniger schmeichelhaft in Erinnerung haben). Stimulationen, Wieder-Erkennungseffekte, Zerrbilder, prismisch gebrochene Wirklichkeit. Vielleicht liegt das wahre Geheimnis dieses Designs darin, dass hier Erlebnisse, wie wir sie tagtäglich machen, aufgegriffen werden und sich in einer erfrischend kreativen Formensprache im Garten niederschlagen. Was der Leser wohl denken mag?

138 Garten-Beispiel

Rechts Zu den interessantesten Aspekten dieses Gartens gehört die Mauer mit der zerknüllten Haut aus Blei, die aussieht, als wäre sie an der vertikalen Fläche abgerutscht. Im Grunde erweckt der ganze Garten den Eindruck, als hätte er versucht, die Mauer zu erklimmen und wäre dabei abgeprallt.

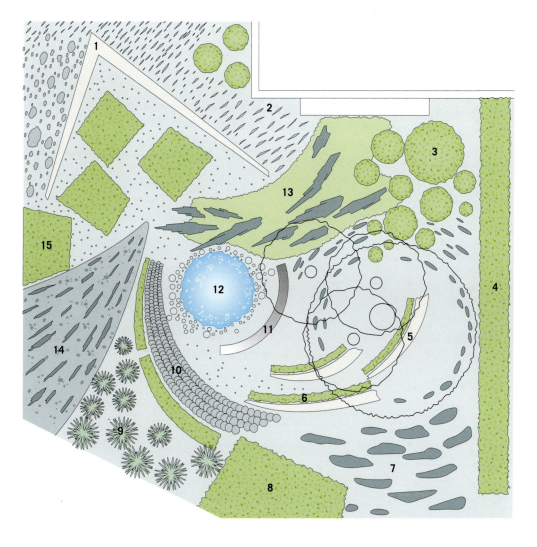

1 Niedrige, abgewinkelte Betonmauer
2 Bleiskulptur an der Mauer
3 Eibenkugeln
4 Hecke
5 Niedrige Mauerfragmente aus Beton
6 In Form geschnittene Buchshecken
7 Aufgerichtete Felsbrocken
8 In Form geschnittene Buchshecken
9 *Festuca glauca*
10 Kantig aufragende Schieferplatten
11 Edelstahlwand
12 Wasserelement
13 Aufgerichtete Felsbrocken zwischen Gräserhorsten
14 Schiefer, in blaues zerbrochenes Glas eingebettet
15 In Form geschnittene Eibenhecken

Garten-Beispiel 139

4 PFLANZKONZEPTE

Pflanzpläne und ihre Bedeutung

Die meisten Leute denken bei Pflanzen unwillkürlich an Garten und umgekehrt. Pflanzen sorgen für Farbe und Abwechslung, sie umspielen die harten Konturen mit Blüten und Laub, kurzum, sie erwecken den Raum zum Leben.

Allerdings entstehen allein schon dadurch Probleme, dass die Bepflanzung auf Kosten anderer Komponenten vielfach überbewertet wird. Wer sich im Gartencenter oder der Gärtnerei vor Ort immer wieder zu Spontankäufen verleiten lässt und wahllos einpackt, was verführerisch blüht oder von den Medien angepriesen wird, darf sich nicht wundern, wenn der Garten irgendwann vollgestopft wie ein Trödelladen wirkt und die Gewächse nur noch um Raum kämpfen. Zum einen erfordert dies alles sehr viel Pflege, zum anderen ist es unendlich frustrierend, wenn wirklich kein »Stück« zum anderen passt!

Unten Die Bepflanzung umgibt den Garten wie ein weicher Mantel und verleiht ihm Leben. Auf dieser gepflasterten Terrasse bildet sie einen farbenfrohen Blickfang; vertikale Akzente setzen *Delphinium*-Hybriden und *Sisyrinchium*.

Hausaufgaben

Selbst wenn der Leser nichts weiter aus diesem Buch lernen sollte als die einfache Lektion, dass Planung und Bepflanzung ein kontinuierlicher Prozess sind, dann wäre schon viel gewonnen. Um ein wirkungsvolles Konzept auszuarbeiten, bedarf es eines gewissen Geschicks, mehr aber noch der erforderlichen Zeit, um die Hausaufgaben zu erledigen, will man nicht der nächstbesten Verlockung erliegen.

Bevor man sich nämlich über die Bepflanzung Gedanken macht, sollte ein Großteil der Vorarbeit abgeschlossen sein, und genau damit haben wir uns bisher befasst. Inzwischen dürfte man zwar noch neue Ideen und Vorlieben entdeckt haben, denn je mehr Gärten man besucht, je mehr man sich anhand von Zeitschriften, Büchern und in Gesprächen mit Gleichgesinnten mit dem Thema befasst, desto größer das Urteilsvermögen. Umso wichtiger ist es aber auch, sich einen Überblick zu verschaffen, was an Pflanzen und Pflanzstilen infrage kommt; auf eine Pinwand geheftet, umgruppiert und ergänzt, wird der nächste Schritt heißen, sich mit den individuellen Charakteristika und Erfordernissen der einzelnen Spezies vertraut zu machen.

Als es im Anfangsstadium darum ging, den Stil des Gartens und seine Gliederung festzulegen, wurden gewiss auch die Beete und Pflanzbereiche in die Planung einbezogen. In der ersten Grundrisszeichnung müsste auch bereits festgehalten sein, welchen Einfluss Sonne und Schatten auf das Terrain haben. Auch die Bodenanalyse sollte abgeschlossen sein und Ergebnisse wie sauer, alkalisch oder neutral vorliegen. Klarheit dürfte auch über die schwere oder leichte Beschaffenheit des Bodens herrschen. Insofern ist ein Großteil der wesentlichen Voraussetzungen bereits geschaffen.

Links Es ist gar nicht so einfach, einen Balkon oder Dachgarten zu bepflanzen, weil man sich immer nach den vorherrschenden Bedingungen richten muss. Dank einer entsprechenden Auswahl an Pflanzen lassen sich jedoch Refugien schaffen, die nach außen hin abgeschlossen und geschützt sind. Was sich hier bewährt, ist der Synergie-Effekt zwischen dem Gras *(Stipa arundinacea)* im Vordergrund und blühendem *Phormium*, einer Birke, *Pittosporum* und *Olearia* als Sichtschutz im Hintergrund.

Pflanzkonzepte 143

Der Stil der Bepflanzung

Das Design des Gartens bietet weitgehend Orientierungshilfe für das Spektrum und Arrangement der Bepflanzung. So erfordert eine formale Komposition in der Regel akkurat geschnittene Hecken, entsprechend ausgewogene Gehölze und spiegelbildlich angeordnete Rabatten sowie spezifische Pflanzen. Ein zwanglos frei oder asymmetrisch gestalteter Garten könnte hingegen eine bogenförmig geschwungene Bepflanzung zeigen, die Rhythmus und Bewegung erzeugt und das Auge gezielt durch den Garten lenkt, während der minimalistisch gestaltete Bereich eine sorgfältig bedachte Positionierung von Pflanzen mit architektonischem Charakter verlangt, die, an »strategischen« Punkten eingesetzt, ein optisches Gegengewicht bilden und eine gewisse Dramatik entfalten. Der Stil des Gartens, der immer auch Ausdruck der Persönlichkeit ist, wird das Bild der Bepflanzung prägen und distanziert elegant oder kühl und entspannt wirken, mit großen Blattwedeln vielleicht aber auch die Atmosphäre eines Dschungels im Kleinen widerspiegeln.

In ganz kleinen Gärten ist der Pflanzraum oft so beschränkt, dass man sich gut überlegen muss, wie sich die bestmögliche Wirkung erzielen lässt. In einem mauerumgebenen Bereich spielen Kletterpflanzen eine große Rolle, denn sie hüllen den Raum in einen grünen Kokon und umspielen die harten Konturen.

Von Bedeutung ist vielfach auch der Duft, gleichermaßen die Wechselwirkung von Gestalt, Form und Textur als Grundvoraussetzung jeder gelungenen Gestaltung. Pflanzen sprechen alle Sinne an: das Auge, die Nase und natürlich auch das Ohr, das beim zartesten Windhauch das Rascheln der Blätter vernimmt oder das Wispern der Grannen großer Gräser.

Oft wird vergessen, dass sich Nützliches und Dekoratives selbst auf kleinstem Raum verbinden lassen. So spricht überhaupt nichts dagegen, Gemüse und Obst zu ziehen, sei es in Beeten, an Mauern oder in Kübeln. Auch Kräuter verströmen willkommenen Duft und verleihen einem Garten das ganze Jahr über Farbe.

Links Tropische Pflanzen sind oft sehr wuchsfreudig und zeichnen sich durch dramatisches Blattwerk aus. Diese Palmen erfordern mit ihrem robusten Laub wenig Wasser, denn die ledrigen Blätter speichern die Feuchtigkeit und geben sie nur ganz allmählich ab. Zu beachten ist, dass die Bepflanzung der unmittelbaren Umgebung oder dem Mikroklima entsprechen sollte. Wie zuvor bereits erwähnt, gilt es sich den Gegebenheiten anzupassen und ungeeignete Arten erst gar nicht ins Auge zu fassen.

Oben Eine derart wuchsfreudige und üppige Komposition hat ihren eigenen Reiz, denn sie vermittelt ein Wohlgefühl, das von der Bepflanzung auf den Betrachter überspringt. Was hier auf den ersten Blick bunt zusammengewürfelt erscheinen mag, ist in Wirklichkeit das Ergebnis ganz bewusster Planung. Die Trompeten der *Brugmansia* drängen sich zwischen *Abutilon, Cantua buxifolia* und den Fächern von *Trachycarpus* – ein wahrer Dschungel, der dennoch sehr gepflegt wirkt.

Das Geheimnis einer gelungenen Bepflanzung besteht zunächst darin, einen Einblick in den Aufbau eines Pflanzschemas zu gewinnen. Dabei spielt es keine Rolle, ob wir im gemäßigten Klima des englischen Tieflands etwa oder dem feuchten subtropischen um Durban in Südafrika leben. Was ich dem Leser vermitteln möchte, ist eine Methode, nach der sich auch viele meiner Kollegen bei der Bepflanzung eines Gartens richten. Sie ist keineswegs kompliziert, sondern lässt sich in der Tat leicht umsetzen, wobei auch hier gilt, dass Schlichtes meist am besten zur Geltung kommt. Ein gewisses Fingerspitzengefühl zahlt sich aus, aber auch die wachsende Erfahrung mit Pflanzen, die sich mit der Zeit in differenzierteren und eigenständigeren Gestaltungen niederschlägt. Dennoch sollte man sich damit abfinden, dass man nie alle Pflanzen kennen wird. Es gibt einfach zu viele, und unaufhörlich bringen die Züchter Neuheiten auf den Markt – ein Faktum, das uns nicht weiter bekümmern sollte, zumal das Wissen mit der Begeisterung wächst. Es gibt Leute, die zwölf Stunden und mehr am Tag im Garten sind und über eine geradezu enzyklopädische Kenntnis der Arten verfügen, für die meisten, einschließlich mir aber trifft dies nicht zu. Man sollte sich auch nicht verschüchtern lassen von der eingebildeten Blasiertheit jener, die sich darin gefallen, die botanischen Pflanzennamen herunterzurasseln, ansonsten aber kaum Ideen haben, was ihre langweiligen Gärten hinreichend beweisen. Was den Wissensstand anbetrifft, fängt jeder zunächst einmal klein an. Mit wachsender Faszination freut man sich aber über den geringsten Lernerfolg. Als Autodidakt hatte ich zumindest in der Anfangsphase mit der Aussprache der lateinischen Namen Probleme, aber solange man weiß, worum es wirklich geht, ist das doch nebensächlich.

Keine Angst also vor Pflanzen und Bepflanzung! Was anfangs wie ein schier unüberschaubares Feld erscheint, lässt sich mit einigen Grundprinzipien relativ leicht und erfreulich gut bewältigen.

Pflanzkonzepte 145

Bodenbeschaffenheit

Einen Augenblick heißt es sich noch gedulden, denn bevor es zur Gärtnerei geht, gibt es noch ein paar Dinge zu bedenken. Als Erstes ist da der Boden als Medium für das Wachstum der Pflanzen, mit dem man immer wieder zu tun haben wird. Es gibt eine ganz einfache Gleichung: Auf gutem Boden gedeihen die Pflanzen, wird der Boden hingegen vernachlässigt, dann gehen sie ein. Die Qualität des Bodens kann sehr unterschiedlich sein. In einem kleinen, jahraus jahrein genutzten Garten kann der Boden nahezu wertlos sein, es sei denn man hätte regelmäßig etwas zugunsten der Fruchtbarkeit unternommen. Was den Anschein eines geradezu idealen Bodens erwecken mag, nur weil er sich problemlos umstechen lässt, ist vielleicht nicht viel mehr als Sand, dem es gleichermaßen an Struktur und Nährstoffen fehlt. Anders in einem sachgemäß geführten Garten: Obwohl sich der Boden genauso leicht umgraben lässt, verfügt er über eine gesunde Struktur und bemerkenswerte Fruchtbarkeit. Um diese zu gewährleisten, gibt es keinen besseren Geheimtipp als so viel organisches Material einzubringen, wie sich nur beschaffen lässt.

Organisches Material

Unter organischem Material verstehe ich gut verrotteten Kompost oder Mist, aber auch Substrat aus einer abgeernteten Pilzzucht oder ähnlichen Kulturen. Sie alle fördern nicht nur die Fruchtbarkeit, sondern verleihen dem Boden auch Volumen, binden einen leichten, sandigen Boden oder brechen einen schweren, verdichteten Boden auf.

Obwohl schwere Böden nicht unbedingt beliebt sind, allein schon weil sie sich nicht problemlos bearbeiten lassen, scheinen sie doch fruchtbarer zu sein als leichte Böden, zumal die Nährstoffe nicht so rasch ausgeschwemmt werden. Wer keine Mühe scheut und mit Ausdauer daran arbeitet, wird auf lange Sicht belohnt. Mein eigener Boden war ziemlich schlecht, als ich den Garten übernahm. Ich habe während der letzten zehn Jahre aber regelmäßig so viel organisches Material untergegraben, dass sich der ehemals steinige Lehm inzwischen leicht kultivieren lässt und erfreulich fruchtbar ist.

Abgepackt erhältlich ist eine ganze Reihe organischer Bodenverbesserer wie Blutmehl, Fisch- und Knochenmehl, Hühnermist-Granulat oder Knochenschrot, die zwar Nährstoffe einbringen, die Bodenstruktur aber in keiner Weise verbessern. Anorganische Bodenverbesserer, die auf einem ausgewogenen Verhältnis der Hauptbestandteile Stickstoff, Pottasche und Phosphor basieren, regen die Fruchtbarkeit zwar unmittelbar an, wirken sich aber nicht auf die Bodenstruktur aus. Bei jedem abgepackten Bodenverbesserer gilt es, die Anweisungen genauestens einzuhalten. Noch immer glauben viele Gartenfreunde, dass sich mit größeren Düngergaben bessere Ergebnisse erzielen lassen; tatsächlich »verbrennen« die Pflanzen aber infolge einer zu hohen Dosierung.

Links Eine schön bepflanzte Gemischte Rabatte erzeugt jenes wogende Bild verschwenderischer Fülle, das mit seinen verschiedenen Höhen und Texturen immer wieder faszinierend wirkt. Hier fließt mit dem blassen Purpurviolett von *Verbena bonariensis* und dem kräftigen Gelb der Garbe *Achillea* 'Feverland' eine zarte farbliche Dissonanz ein. Nicht von ungefähr erfreuen sich Gräser seit einigen Jahren wachsender Beliebtheit. Auch hier beweist die Wahl von *Stipa calamagrostis* eine gute Hand, denn die anmutig im Wind tanzenden Grannen bringen Bewegung in die Rabatte. Bewährt haben sich auch die Edeldisteln *Eryngium* mit ihren stahlblauen Blüten, hier die Sorte *E. alpinum* 'Blue Star', eine herrlich architektonische Pflanze, die jeder Rabatte eine unübersehbare Dynamik verleiht.

Sauer oder alkalisch

In der Planungsphase wurden gewiss auch der Säuregehalt oder die Alkalinität des Bodens ermittelt. Dieser ist unter der Bezeichnung pH-Wert bekannt. Ein neutraler Boden, der von einem breiten Spektrum an Pflanzen toleriert wird, hat einen pH-Wert von 7,0. Eine niedrigere Zahl weist auf saure Böden hin, eine höhere auf alkalische oder Böden mit hohem Kalkanteil. Während Erika-Arten wie Rhododendren, Azaleen, Kamelien, *Pieris* und Heidekraut saure Bodenbedingungen bevorzugen, lieben Hibiskus, Rosmarin, *Cistus*, Ginster, *Dianthus* und Lavendel flache Böden über Kreide, eine ausgeprägt alkalische Basis also.

Wie aber lässt sich erklären, dass Gartenliebhaber stets meinen, das Gras auf der anderen Seite des Hügels sei grüner? Viele wollen einfach nicht einsehen, dass es sinnlos ist, sich mit Pflanzen abzumühen, die angesichts des Bodens oder der Bedingungen ungeeignet sind. Zwar lässt sich der Boden in einem Hochbeet entsprechend austauschen, aber dann stellt sich am Ende heraus, dass das Leitungswasser einen anderen pH-Wert hat. Von daher bleibt es ein nicht endender Kampf, es sei denn man hätte einen großen Wassertank (Regenwasser ist neutral), was im Grunde alle passionierten Gärtner haben. Mein Rat heißt indes, sich den herrschenden Gegebenheiten anzupassen, Gewächse zu pflanzen, die den Boden tolerieren und den Rest der Natur zu überlassen.

Die Einbeziehung des Orts

Ort und Mikroklima des Gartens können einen sichtbaren Einfluss haben auf das, was gepflanzt werden kann und was nicht. Pflanzen, die in einem geschützten Tal wachsen, gehen eine Meile davon entfernt auf einem dem Wind ausgesetzten Hügel womöglich ein. Ähnlich ist es in Küstenregionen, wo salzhaltiges Spritzwasser die Pflanzen regelrecht zugrunde richtet, während innerhalb der Stadt die Luftverschmutzung Probleme bereitet. Zum Glück gibt es einige Arten, die über eine unverwüstliche Robustheit verfügen. Spezielle Listen in Pflanzenlexika geben Aufschluss darüber – ein weiterer Grund, zunächst einmal die Hausaufgaben zu machen.

Erschwerend kommt neuerdings hinzu, was ich vielen Gartencentern und Großgärtnereien anlaste: über ein zentrales Vertriebsnetz liefern sie Pflanzen, die an ein zwei spezifischen Orten gezogen wurden, in buchstäblich jeden Winkel des Landes. So kann es passieren, dass Pflanzen, die man vor Ort kauft, in einem ganz anderen Gebiet gezogen wurden und unter Umständen für die jeweils herrschenden Bedingungen wie Boden oder Mikroklima gänzlich ungeeignet sind. Im Grunde hat der Gartenfreund letztlich das Nachsehen, insbesondere wenn die Angestellten in einem großen Gartencenter auch kaum Bescheid wissen. Man kann diesem Problem nur aus dem Weg gehen, indem man eine am Ort ansässige Gärtnerei aufsucht, wo die Verkäufer nicht nur wissen, wovon sie reden, sondern selbst passionierte Gartenliebhaber sind.

Sonne und Schatten

Schattenliebende Pflanzen gehören in den Schatten, Sonnenanbeter in die Sonne, aber auch für feuchte oder sumpfige Standorte finden sich spezifische Arten. Von ein paar echten Überlebenskünstlern abgesehen geben diese Parameter vor, was wo am besten gedeiht. Von daher ist man gut beraten, wenn man im ursprünglich erstellten Gartenplan vermerkt, welche Bedingungen in welchen Bereichen vorherrschen. Zu bedenken ist dabei, dass die Sonne im Sommer höher steht und kürzere Schatten wirft, auch dass bestimmte Stellen, im Windschatten einer

Rechts Im Bereich eines Dachgartens kann es sinnvoll sein, die Begrenzungen zu »verwischen«, ohne den Blick vollkommen zu blockieren. Winterharte Stauden sind wie geschaffen für einen solchen Standort, eine einigermaßen geschützte Lage und entsprechende Bewässerungsmöglichkeiten vorausgesetzt. Diese Kombination von Blüten, Blattwerk und zarten Stängeln wird einen ganzen Sommer lang Aufmerksamkeit erregen. Bewährt haben sich *Verbena bonariensis, Melianthus major* und Dahlien.

148 Pflanzkonzepte

hohen Mauer etwa oder unter einem weit vorstehenden Giebel, außergewöhnlich trocken sein können. Dennoch wäre es unbegründet, Schatten oder eine der prallen Sonne ausgesetzte Rabatte als Problem zu betrachten, nachdem es für beide Bereiche eine große Auswahl an Arten gibt. Viel wichtiger ist es, die im jeweiligen Garten herrschenden Bedingungen zu berücksichtigen. Dann nämlich ist es ganz einfach, einige grundlegende Informationen zu sammeln und die entsprechenden Pflanzen auszuwählen.

Noch ein Wort zu Nachschlagewerken und Gartenkatalogen. Während sie in der Regel die Charakteristika einer Art genauestens beschreiben, kann man sich auf Angaben hinsichtlich der späteren Größe meist weniger verlassen, womit wir wieder beim Mikroklima und den Bodenbedingungen wären. Ein Strauch, der in einem Garten 2 m hoch wird, dürfte unter exponierten Bedingungen vielleicht nur 1,5 m erreichen oder in einem geschützten Garten 2,5 m. Von daher sollte man die Angaben in der Fachliteratur lediglich als groben Anhaltspunkt betrachten. Es ist bei den Pflanzen nämlich nicht viel anders als bei den Menschen: sie scheinen zunächst einmal alle ähnlich, nehmen mit der Zeit aber ganz unterschiedliche Proportionen an.

Oben Gärten in der Stadt sind oft so schattig, dass man sich bei der Wahl der Pflanzen danach richten sollte. Schatten muss aber nicht immer ein Problem sein, zumal der Boden an diesen Standorten vielfach kühl und feucht bleibt und somit ideale Wachstumsvoraussetzungen bietet. Hier besteht die Pflanzung aus dem ausgesprochen starkwüchsigen kleinen Bodendecker *Soleirolia soleirolii*, *Viburnum davidii*, *Fatsia japonica*, Bambus, Efeu und Farnen – eine Kombination, die kaum Pflege erfordert.

Bepflanzung mit heimischen Arten

Nachdem viel zu lang Pflanzen aus fremden Ländern eingeführt wurden, zeichnet sich inzwischen ein weltweites Interesse an den im eigenen Land beheimateten Arten oder Endemiten ab. Der Unterschied zwischen den heimischen, auch autochthonen Pflanzen und endemischen Pflanzen besteht lediglich darin, dass Letztere ausschließlich an einem ganz bestimmten Ort vorkommen, während die autochthonen Pflanzen innerhalb eines Landes oder umfassenderen Areals auftreten, aber nicht zwangsläufig überall innerhalb dieses Bereichs.

Die Klimaverhältnisse auf der Erde sind höchst unterschiedlich; von daher ist es sinnvoll, heimische Gewächse zu verwenden, die derartige Bedingungen tolerieren, denn sie gedeihen in der Regel weit besser als Arten, die von irgendwo hereinkommen. Außerdem besteht die Gefahr, dass importierte Pflanzen entsetzlich wuchern: manche Arten, die sich in ihrer Heimat diszipliniert zurückhalten, entwickeln sich anderswo zu regelrechten Vandalen. Viele Länder haben Pflanzenimporte erfolgreich eingeschränkt, indem sie bestimmte »Eindringlinge«, die die heimischen Arten zu verdrängen drohen, von vornherein aussortieren.

Leider gibt es noch immer Gartenliebhaber, die nichts von heimischen Pflanzen wissen wollen. Alten Vorurteilen verpflichtet, werden diese als uninteressant und langweilig abgestempelt. In Wirklichkeit verfügen diese »bodenständigen« Arten aber über eine bewundernswerte Eleganz und ganz unterschiedliche Blatt- und Blütenfarben – ein Vorzug, der ihren unwiderstehlichen Reiz ausmacht. Außerdem gliedern sie sich harmonisch in das Gesamtbild ein und erfordern weit weniger Pflege als exotische Importe.

Eine Frage der Größenverhältnisse

In einem kleinen Garten stellt sich immer die Frage nach den Proportionen. Wo das Gelände lediglich aus einem 3 x 4 m großen Rechteck besteht, könnte ein einzelner Strauch den Raum füllen. Andererseits ließe sich der gleiche Garten auch mit einer faszinierenden Kombination zierlicherer Arten ausstatten, die das ganze Jahr über etwas zu bieten haben.

Das Problem mit den Pflanzen beginnt oft schon damit, dass wir uns zu Spontankäufen hinreißen lassen oder von Freunden »Ableger« bekommen, ohne genau zu wissen, um welche Pflanze es sich tatsächlich handelt oder wie groß sie letztlich wird. Auch wenn es noch so verlockend sein mag – wir müssen nicht jeden kleinen Topf mitnehmen, der uns im Gartencenter mit seinen Blüten anlacht. Es gilt grundsätzlich zu beachten, was an Informationen über Größe, Bodenbedingungen und spezifische Vorlieben wie Sonne oder Schatten auf dem Etikett steht. Allerdings werden diese Angaben oft auch schnell wieder vergessen; man kauft das kleine Pflänzchen und setzt es in eine Lücke. Zwei Jahre später hat es den ihm zugewiesenen Raum bereits gesprengt und alles rundum rigoros verdrängt. So kann ich es partout nicht leiden, wenn Pflanzen regelrecht zusammengepfercht werden. Nie können sie ihre volle Schönheit entfalten und immer fehlt ihnen der entsprechende Bezug zu den Nachbargewächsen. Was ich ebenso vehement ablehne, ist die Angewohnheit, jeden Strauch so lange durch Schnittmaßnahmen zu traktieren, bis er der gewünschten Form entspricht – eine Unart, der man häufig in Vorstadt-Anlagen begegnet, wo Möchtegern-Gärtner dem unbedarften Hausherrn etwas Imposantes zu bieten versuchen; für die Schönheit des Gartens ist damit wenig gewonnen.

Links Der eigentliche Unterschied zwischen Gärten in tropischen und Gärten in gemäßigten Klimazonen besteht nicht in den Prinzipien der Gestaltung, sondern in der Wuchsfreude. Tropische Gärten reifen rasch heran, bilden aber einen wahren Dschungel, sofern sie nicht in Zaum gehalten werden. In den kühleren gemäßigten Klimazonen können sich zierlichere winterharte Stauden zwischen einer strukturbildenden Gehölzpflanzung verweben, wobei es weit länger dauert, bis eine solche Komposition heranreift. Im Übrigen dämpft das gleißend helle Licht der Tropen die intensiv leuchtenden Farben, während dieselben Töne weiter entfernt vom Äquator überwältigend grell wirken können.

Rechts Gräser wie der Schlangenbart setzen Akzente und bilden ausgezeichnete Bodendecker. Unter den zahlreichen Arten der Familie findet sich auch das nahezu schwarze Gras, *Ophiopogon planiscapus* 'Nigrescens', hier im Zwiegespräch mit hellen Kieseln und einer schlichten Wasserschale. Wie man sieht, muss Gartendesign nicht immer komplexe Gestaltung heißen, zumal die schlichtesten Arrangements oft die wirkungsvollsten sind.

Pflanzkonzepte 151

Bäume

Gegenüber In einem Hof, der so elegant und klar konzipiert ist, genügt eine sparsame architektonische Bepflanzung, um den Charakter des Gesamtbilds widerzuspiegeln. Hier steht das plastisch wirkende Geäst von *Paleo verde* in auffallendem Kontrast zu der violetten Begrenzungsmauer. Akzente auf Bodenhöhe setzen die schwertförmigen Blätter der Agave.

Unten Wie eine Bilderbuchlandschaft präsentiert sich dieser kleine Cottage-Garten im Frühling mit seinen blühenden Obstbäumen über den limonengelben Hochblättern der Euphorbien. Gelbwurz (*Doronicum*), Salomonsiegel und *Lunaria* steigen aus einem Teppich aus Traubenhyazinthen (*Muscari*) auf, die das Bild mit ihren fröhlichen blauen Blüten ergänzen.

Bäume können in kleinen Gärten ein großes Problem darstellen. Da sie meist relativ langsam wachsen, fällt es zunächst gar nicht ins Auge, wie sie allmählich größer werden, bis sie schließlich den ganzen Garten und womöglich gar den des Nachbarn beherrschen. Oft liegt dies in erster Linie daran, dass die falschen Bäume gesetzt werden. Große Waldbäume sind für kleine Gärten nun einmal ungeeignet und wirken nicht nur optisch deplatziert, sondern gefährden auch Fundamente, Abflussrohre, Begrenzungen und Mauern. Manche Bäume versamen sich auch bemerkenswert leicht; Arten wie Sykomoren können mit ihrem schweren Laub in einem winzigen Garten innerhalb der Stadt beträchtliche Schwierigkeiten bereiten, zumal sie dem Boden Unmengen an Wasser und Nährstoffen entziehen.

An vielen Standorten unterliegen Bäume einem gesetzlichen Schutz, was bedeutet, dass es verboten ist, sie einfach zu fällen, es sei denn, man verfüge über eine Sondergenehmigung. Deshalb sollte man sich vorher generell beim zuständigen Forstamt erkundigen. Große, über Jahrzehnte etablierte Bäume lassen sich von einem Baumsachverständigen oft einfühlsam ausdünnen und lichten. Experten wissen genau, wo sie anzusetzen haben, und man erspart sich auf diese Weise unschöne oder manchmal gar gefährliche Aktionen mit der Langarmsäge, wie sie immer wieder vom Laien ausgeführt werden.

Andererseits hat jeder, der einen Garten von Grund auf neu anlegt, die Möglichkeit, einen geeigneten Baum, der nicht zu groß wird, auszuwählen. In den gemäßigten Zonen bietet sich ein breites Spektrum, darunter die vielen Arten der Eberesche (*Sorbus*), Birke (*Betula*) und des Apfels (*Malus*). All diese Spezies bleiben relativ kompakt und zeichnen sich durch eine Belaubung aus, die so locker ist, dass Licht bis auf Bodenhöhe vordringen kann.

Wenn ein Baum aus dem Nachbargarten in den eigenen Bereich hineinragt, wird man ein solches »landschaftliches« Element vielleicht sogar als Bonus begrüßen. Andernfalls ist man vom Gesetz her berechtigt, überhängende Zweige zu entfernen. Aus langjähriger Erfahrung weiß ich, dass Bäume und Begrenzungen immer wieder Anlass zu Konflikten geben. Ich kann nur raten, diplomatisch vorzugehen und die Probleme offen mit dem Nachbarn zu besprechen – ein Weg, der sich vielfach bewährt hat.

Rasch wachsende Hecken aus Koniferen, im Grunde also Waldbäumen, können dann zum Problem werden, wenn man sie nicht rechtzeitig eindämmt. Von Jugend an sachgemäß geschnitten, bilden sie aber ausgezeichnete Begrenzungen, obwohl sie den Boden stark auszehren und kaum andere Pflanzen in ihrer Nähe dulden. Man sollte sich die Sache also gut überlegen, denn andere Heckenpflanzen wie etwa Buchen, Eiben und Hainbuchen siedeln sich relativ rasch an und erfordern weit weniger Pflege. Falls der Nachbar eine Koniferenhecke hat, ist in der Tat Diplomatie gefragt. Wenn man sich die Kosten für das Herausnehmen aber teilt, können beide Seiten nur profitieren.

152 Pflanzkonzepte

Orientierungshilfe Architektur

Immer wieder habe ich im Verlauf dieses Buchs unterstrichen, dass Innen- und Außenraum eine untrennbare Einheit bilden. Obwohl sich diese enge Verbindung vorwiegend auf den Einsatz von Material und Farbe bezieht, leisten auch die Pflanzen einen unschätzbaren Beitrag. Wie bereits eingehend behandelt, beruht eine formale Gestaltung auf der Symmetrie der Elemente und Muster. Die Bepflanzung kann diese Ausgewogenheit unterstreichen, so etwa in Form akkurat geschnittener Eiben- oder Buchsfiguren, die sich wie Wachtposten links und rechts einer Tür oder einer Treppe erheben, Akzente setzen und eine rhythmische Komponente einbringen. In einem mediterran gestalteten Hof bilden gezielt platzierte Zypressen ein vertikales Element, das den Blick unwillkürlich nach oben lenkt und die Mauern einbezieht, während manche Gartenliebhaber (mich ausgenommen!) im traditionellen Cottage-Garten den Weg zur Haustür unbedingt mit Rosen säumen möchten.

Bei einem modernen Haus, wie der auf der gegenüberliegenden Seite abgebildeten Stahl-Glas-Konstruktion, kommt der Aspekt der Reflexion ins Spiel, sodass die Bepflanzung über die Spiegelwirkung der Fenster im Gebäude zu verschwinden scheint. Dieser Effekt lässt sich sogar wörtlich nehmen, indem man innen tatsächlich auch Pflanzen einsetzt. Arten mit architektonischer Wuchsform passen sich der modernen Bauweise meist gut an, wobei diese

Unten Eine vorwiegend mit Stauden bepflanzte Rabatte kann leicht unordentlich wirken, anders bei durchdachter Planung. Dieses Bild lebt von der Kontrastwirkung zwischen dem hohen Gras *Stipa pulcherrima* und *Scabiosa* 'Chile Black'. Der Gemeine Hopfen, *Humulus lupulus*, eine vielfach bewährte Kletterpflanze, begrünt den Zaun, während *Acanthus mollis*, einem Wachtposten gleich, im Bereich der Hausecke aufragt.

Glaswände einen beinahe nahtlosen Übergang zwischen Innen- und Außenbereich implizieren. Eine Architektur mit aggressiven Konturen kann entweder in gleichermaßen aggressiven Pflanzenformen wie denen von *Yucca*, *Agave* oder *Phormium* eine stilistische Entsprechung finden oder aber, genau umgekehrt, wirkungsvoll hervorgehoben werden durch sanft überhängende Blatthorste, die die Flächen weich umspielen und die harten Kanten verwischen.

Wo sich in der Architektur verschiedene Stilformen mischen oder miteinander verschmelzen, bietet es sich an, im Garten ganz ähnlich vorzugehen. Nachdem gerade diese Verspieltheit das Haus von Anfang an so liebenswert erscheinen ließ, liegt nichts näher, als es mit wogenden Staudenrabatten einzurahmen, die dazu verlocken, auch die verborgensten Winkel der Komposition zu erkunden. Wo Kletterpflanzen Balkons und Mauern umranken und Blattpflanzen die Treppen umspielen, verweben sich die Farben zu immer neuen feinsinnigen Mustern.

Eine Alternative sind geschwungene Formen und Dächer, die sich im Garten in Gestalt bogenförmig angelegter oder zwanglos fließender Rabatten widerspiegeln können und von Bereich zu Bereich eine spürbar rhythmische Wirkung entfalten. Hier lassen sich einzelne Arten großflächig präsentieren, hier bietet sich aber auch Raum für Bodendecker und Rasenflächen, unterbrochen von Wegen und Pflasterbereichen.

Inzwischen dürfte dem Leser auch kaum verborgen geblieben sein, dass ich eine Vorliebe für minimalistisch schlichte Gestaltungen habe, wie sie die Japaner seit Jahrhunderten in ihren Gärten pflegen. Ein modernes oder traditionelles Gebäude mit einer einzelnen Pinie, die mit bizarr gewundenem Stamm aus einer Kiesfläche aufsteigt oder von einem Bambushain umgeben ist, der den Konturen des Holzdecks folgt – mehr braucht es meist gar nicht. Denkbar wäre gleichermaßen ein Teehaus, eingebettet in ein winziges Wäldchen oder eine steinerne Laterne zwischen Horsten von *Ophiopogon japonicus*. In einem Garten westlicher Prägung könnte man sich ebenso gut eine elegant schlichte Betonblockmauer im Anschluss an das aus gleichem Material erbaute Haus vorstellen. Von hier aus könnte eine Plattform vorspringen, auf der sich ein mächtiger unglasierter Terrakotta-Topf mit einer großen immergrünen Zistrose präsentiert, übersät mit Blüten, die vor dem glatten Hintergrund eine geradezu skulpturale Wirkung entfalten.

Obwohl es Gärten geben mag, die ohne Pflanzen auskommen, wird man diese in der Regel kaum ausklammern können. Es gilt vielmehr, das Haus und den entsprechend bepflanzten Garten zu verschmelzen, um damit beiden gerecht zu werden.

Oben Die bestechend klaren Linien dieses modernen Gebäudes bilden eine ideale Verbindung zur neuseeländischen Naturkulisse im Hintergrund. Hier bietet sich ein sehr schönes Beispiel heimischer Bepflanzung: der große Baumfarn bildet einen skulpturalen Blickfang, während sich die Horste des hier heimischen *Carex* wie ein schlichter, aber dekorativer Gräserteppich um das Gebäude legen.

Pflanzkonzepte 155

Entwicklung einer Pflanzphilosophie

Inzwischen dürfte hinreichend klar sein, dass eine schrittweise Planung des Gartens Vorteile bietet. Ist das Schema erst einmal auf die spezifischen Bedürfnisse zugeschnitten, so müsste die entstandene Komposition sowohl den Vorstellungen des Gartenbesitzers als auch der Topografie des Orts entsprechen.

Es gibt Leute, die über eine besondere Begabung im Umgang mit Pflanzen und Bepflanzungen verfügen; als ob sie ein Bild vor Augen hätten, wissen sie, wie diese am besten zur Geltung kommen. Sie verstehen sich auf die Gegenüberstellung verschiedener Höhen, die Feinheiten von Textur und Gestalt und das Wechselspiel der Blattformen und Blütenfarben. Während sie weitgehend intuitiv vorgehen, gibt es dennoch bestimmte Grundprinzipien für eine gelungene Bepflanzung.

Als professioneller Gartengestalter habe ich nicht nur Interesse an Pflanzen, sondern auch eine große Liebe zu ihnen. Während ich die meiste Zeit in anderer Leute Gärten, nicht in meinem eigenen verbringe, gehe ich, wie viele meiner Kollegen, bei der Bepflanzung zwangsläufig anders vor. Meine Arbeit erfordert einen sachbezogeneren und analytischeren Ansatz, was bedeutet, dass ich mich bei der Entscheidung hinsichtlich des Materials eher vom Kopf als vom Gefühl leiten lasse. Das heißt aber nicht, dass ich bei der Wahl der Pflanzen etwa weniger kreativ und feinfühlig wäre, auch wenn Gartenarchitekten im Grunde keine andere Möglichkeit haben, als mit erprobten und bewährten Kombinationen zu arbeiten, die erfahrungsgemäß für das Gros der Bedingungen Erfolg versprechen.

Um noch einen Schritt weiter zu gehen: ich mache mir bereits im Stadium der Vermessung Gedanken über Atmosphäre und Charakteristika eines Pflanzschemas, Nicht, dass ich in dieser Phase bereits ein bestimmtes Bild vor Augen hätte, aber was mir oft schon auffällt, ist

Links Die Briten scheinen eine besondere Gabe zu haben, solche großartigen gemischten Rabatten zu schaffen. Das mag mit dem milden Klima zusammenhängen, das eine breite Palette an Pflanzen begünstigt, aber auch mit dem grünen Daumen, über den manche Pflanzenliebhaber verfügen. Diese ländlichen Sommerrabatten bieten eine schier überbordende Fülle an vorwiegend winterharten Stauden wie Lupinen, *Knautia macedonica* und den großen silbernen Blättern der Artischocke *Cynara cardunculus*. Mohnblumen und an einem Spalier gezogene Rosen setzen vertikale Akzente.

etwa ein hässlicher Anblick oder der vorherrschende Wind, sodass ich für diese Bereiche automatisch eine Art Abschirmung ins Auge fasse. Wenn ein Garten bereits über eine schöne Gehölzgruppe oder ein Staudenbeet verfügt, können solche Bestände, selbst wenn die Platzierung nicht unbedingt ideal sein sollte, vielleicht gar die Basis für eine Bepflanzung bilden, die sich in eine umfassendere Komposition einbinden ließe. Ein Baum oder mehrere könnten Ausgangspunkt für einen Waldbereich sein oder mit wiesenhaft höherem Gras und Kolonien von Zwiebelblumen und Wildstauden bepflanzt werden.

Obwohl sich die Vorbereitung eines Pflanzschemas am Gesamtplan orientiert, wird man sich über die Gestaltung im Lauf der Entstehung des Gartens immer wieder Gedanken machen.

Pflege

Wenn ich einen Garten entwerfe, stellt sich mir immer die Frage, ob es sich bei meinem Auftraggeber um einen passionierten, mäßig interessierten oder eher gleichgültigen Gärtner handelt. Derartige Überlegungen mögen rüde erscheinen, sie zielen aber auf eine wesentliche Voraussetzung – wie viel Zeit und Arbeit der Gartenbesitzer zu investieren bereit ist. Aber im Grunde sollte jeder für sich selbst eine ehrliche Antwort darauf finden. Der Pflegeaufwand hängt weitgehend davon ab, wie die verschiedenen Bereiche bepflanzt werden. Als Faustregel gilt, was überraschen dürfte: je mehr gepflanzt wird, desto geringer die Arbeit. Pflanzen, die sich miteinander verweben, unterdrücken das Unkraut. Natürlich gibt es in jedem Garten etwas zu tun, am meisten wohl im Frühjahr; dennoch lässt sich der Aufwand bei richtiger Bepflanzung so bemessen, dass er zu bewältigen ist.

Rechts Dieses kontrastreiche Pflanzschema lebt ganz von der wirkungsvollen Kombination der Blattformen. Die ausladenden Blätter der Banane *(Musa)* neigen sich bogenförmig über das Teichbecken. Höhe bringt aber auch *Thalia dealbata* ein, während *Myriophyllum* die Wasseroberfläche wie ein Teppich überzieht. Vertikale Akzente setzen Palmen und winterharte Stauden wie die Fetthenne *(Sedum)* und das Eisenkraut *(Verbena bonariensis)*, die das üppige Bild abrunden.

Pflanzkonzepte 157

Gestaffelt pflanzen

Einen Garten anlegen heißt immer eine künstliche Umgebung schaffen, und mag sie noch so natürlich erscheinen. Einen Natur- oder Wildgarten kann es im Grunde nicht geben, denn als »Kulturraum« ist jeder Garten zwangsläufig manipuliert. Dennoch sind Pflanzen natürliche Organismen, die bestimmte Bedingungen bevorzugen, sei es einen spezifischen Bodentyp, Sonne, Schatten oder jenes Maß an Feuchtigkeit, das ein entsprechender Standort gewährt.

Im Wald wachsen die Pflanzen naturgemäß nach Größen gestaffelt. Bäume bilden ganz oben das Laubdach, dann folgen die heimischen Sträucher und ganz unten ein Teppich aus bodendeckenden Arten und als Ergänzung vielleicht Zwiebel- und Wildblumen. An einem natürlichen Waldstandort fehlt es indes nicht an Raum, und obwohl das Gesamtbild beeindruckend schön sein kann, findet sich unweigerlich ein ganz gemischtes Sortiment an Pflanzen, das keine bestimmte Ordnung erkennen lässt. Auch wenn die Natur nach diesem Prinzip vorgeht, kann es im kleinen Garten nicht darum gehen, sie nachzuahmen. Dennoch ist diese Staffelung sinnvoll, und sie lässt sich zumindest für den Aufbau eines Pflanzplans übernehmen, der sich auf jede Situation übertragen lässt: ganz oben die Bäume, dann Gehölze und winterharte Stauden als mittleres Stockwerk und ganz unten die Bodendeckerpflanzen.

Ein grober Überblick

Als Gartengestalter kann ich diesen Ansatz nur gutheißen, dennoch besteht das Geheimnis einer erfolgreichen Bepflanzung in einem umfassenden Plan. Wer Abschnitt für Abschnitt vorgeht, wird vielleicht zwar sehenswerte Einzelbeete oder Rabatten zustande bringen; dennoch besteht die Gefahr, dass diese keinen Bezug zueinander haben und das Ergebnis wie Stückwerk erscheint.

Im zu Beginn erstellten Plan wurde die generelle Gliederung des Gartens festgehalten – Pflasterflächen, Beetform, Verlauf der Wege, Nutz- und Spielbereiche. Nach dem gleichen Prinzip sollte man nun mit den Pflanzen verfahren.

Bäume

Bäume sind erforderlich, um einen Ausblick einzurahmen oder gegebenenfalls zu kaschieren, aber auch um Schutz zu bieten, Schatten zu spenden oder einfach nur Interesse zu wecken. Wie ich auf Seite 152 bereits erwähnte, sollte es sich nicht um große Waldbäume handeln, sondern um insgesamt lichter wirkende Arten, die sich besser in den verfügbaren Raum einfügen. Gewiss, es gibt Bereiche, die so winzig sind, dass ein Baum generell undenkbar ist, aber die meisten Gärten sind zumindest so groß, dass sie Raum für einen Baum oder gar mehrere Gehölze bieten. Dabei sollte man sich stets vor Augen führen, wie groß ein Baum werden kann, ob es sich um eine immergrüne Art handelt, die sich etwa zum Kaschieren eines unerfreulichen Blickfelds eignet, auch ob der Baum vielleicht Blüten hat, auf die Beeren folgen. Manche Bäume zeichnen sich durch ihre dekorative Rinde aus, wie etwa die Warzenbirke

Unten Es gibt nichts, was gegen die Kombination spezifischer Pflanzen wie dieser Kakteen-Sammlung spräche, nur sollte man vorher genau überlegen, was die einzelnen Arten miteinander verbindet und sie entsprechend gruppieren. Hier präsentiert sich eine einzigartige Rabatte mit dem großen *Saguaro*-Kaktus, *Carnegia gigantean*, der sich über kleinwüchsigeren Varietäten wie etwa *Lobivia* und dem walzenförmigen *Echinocactus grusonii* erhebt.

158 Pflanzkonzepte

(Betula pendula), aber auch die glänzenden Stämme von Prunus serrula oder die feinen Triebe der Ahorne Acer griseum oder A. davidii.

Die Blätter unterscheiden sich durch ihre Blattformen und die Dichte, und da man in einem kleinen Garten kaum je Interesse haben wird, den Lichteinfall zu behindern, könnte man die Gelegenheit nutzen, mit verschiedenen Farben zu spielen. So würde beispielsweise die gelblaubige Robinia pseudoacacia 'Frisia' über dem Perückenstrauch Cotinus coggygria 'Royal Purple' oder einem rotlaubigen Holunder sehr schön zur Geltung kommen. Zur Wahl stehen Bäume mit silbernen, bronzefarbenen, gelben, hell- und dunkelgrünen Blättern, aber auch Panaschierungen in zahlreichen Schattierungen. Hinzu kommt, dass sich diese Farben im Herbst in bezaubernde Rot- oder Goldtöne verwandeln.

Einen Baum auswählen heißt also weit mehr, als man sich zunächst vorstellen würde, zumal die Auswahl beängstigend groß ist. Umso wichtiger, dass man sich eingehend Gedanken über die infrage kommenden Begleitpflanzen macht, bevor eine Entscheidung getroffen wird. Die oben erwähnten Bäume eignen sich gut für gemäßigte Klimate; für andere Teile der Welt steht eine nicht weniger große Auswahl zur Verfügung. In jedem Fall gilt es Bäume auszuwählen, die in die Umgebung passen, wobei immer von der Größe, Form und den individuellen Charakteristika auszugehen ist.

Oben Rabatten müssen keineswegs immer komplex bepflanzt sein, um beeindruckend zu wirken. Vielfach ist eine schlichte Bepflanzung sogar wirkungsvoller. Hier bietet sich ein sehr schöner Kontrast zwischen den Kugelköpfen von Echinops und den wehenden Grannen von Calamagrostis x acutifolia, während die dekorativen Blüten von Salvia x sylvestris auch hier einen Schuss Farbe beisteuern und auf niedrigerer Ebene die Wirkung kontinuierlich aufgreifen.

Pflanzkonzepte 159

Hintergrundbepflanzung

Während die Bäume die höchste »Etage« des Gartens darstellen, sollte man sich auch überlegen, was sich als Wind- und Sichtschutz anbieten könnte, ohne allzu hoch zu werden. Oft sind es die Sträucher, die sich dem Wind entgegenstellen, Einblicke aus einem Fenster darüber abblocken oder Sicherheit bieten. Bei der Wahl könnte man sich auch an einem Gehölz im Nachbargarten orientieren und somit den landschaftlichen Aspekt unterstreichen. Die meisten Begrenzungen sind kaum mehr als 2 m hoch, sodass die Bepflanzung im Hintergrund nicht darüber hinaus reichen sollte. Da die Staffelung der Höhen aber für Abwechslung sorgt, wird man sich nicht für eine einheitlich hohe Pflanzengruppe entscheiden. Sehr reizvoll wirkt auch, wenn da und dort wie zufällig die Begrenzung »durchscheint«, besonders wo gezielt ein Blickfang integriert wurde.

Während man von einer immergrünen Belaubung das ganze Jahr über profitiert, sind viele sommergrüne Pflanzen selbst im Winter dicht genug, um einen effektiven Sichtschutz zu bieten oder den Wind abzuhalten. Da man in einem kleinen Garten nicht gleich mehrere dieser mächtigen Gehölze gebrauchen kann, gilt es die Platzierung gut zu überdenken. So gehört ein großer immergrüner Strauch mit architektonischer Wuchsform auf keinen Fall in die

Unten Unter »gegensätzlicher« Bepflanzung versteht man die unmittelbare Kontrastwirkung zwischen benachbarten Pflanzen. Ein exzellentes Beispiel bietet dieses Arrangement, in dem den starren Blattfächern von *Chamaerops humilis* im Vordergrund die pomponförmigen Blüten von *Verbena bonariensis*, unterpflanzt mit *Festuca glauca*, gegenüber gestellt sind.

160 Pflanzkonzepte

Ecke des Gartens; er würde das Auge nämlich unweigerlich anziehen und die Ecke noch mehr ins Blickfeld rücken. Wesentlich harmonischer dürfte sich eine Gruppe kleinerer Gehölze ausnehmen, die über die Ecke hinaus reichen könnte und das Auge wie von selbst über den scharfen Winkel hinweg schweifen ließe. Ich werde auf diesen Kunstgriff gleich noch einmal zu sprechen kommen, denn er stellt einen wichtigen Aspekt des Pflanzdesigns dar und bringt Rhythmus und Bewegung in den Garten.

Um einen weiteren bewährten Trick zu verraten: Pflanzen mit großen Blättern wie *Fatsia japonica* oder in warmen Klimaten Philodendron ziehen das Auge magnetisch an und verkürzen den Bereich optisch, während zierliches, gefiedertes Laub genau das Gegenteil bewirkt, indem es das Licht bricht und dadurch den Eindruck eines zurückweichenden Blickfelds erzeugt. Für die Bepflanzung ergibt sich eine ganz einfache Regel: Wo immer die Illusion eines größeren Raums angestrebt wird, gilt es von großblättrigen Pflanzen im Bereich der Begrenzung abzusehen und sich stattdessen auf Gräser, Bambus oder Sträucher mit fein gefiedertem Laub zu konzentrieren.

Aspekte der Sicherheit haben immer und überall Vorrang, und wo ein »fester« Zaun oder eine Begrenzung diese Sicherheit gewährt, könnten ein paar sorgfältig ausgewählte Sträucher gewiss den gleichen Zweck erfüllen. Ideal sind Gehölze mit Stacheln oder Dornen; wenn sie auch noch immergrün sind, umso besser. Ein ausgezeichneter Strauch ist der Feuerdorn *(Pyracantha)*, aber auch viele *Berberis*-Arten. Beide verfügen über Blüten- und Beerenschmuck. Während die meisten Beetrosen zu klein sind, um etwas zu bewirken, sind Strauchrosen durchaus brauchbar. Ich besitze eine Hecke aus *Rosa rugosa* 'Alba' – den Dieb wollte ich sehen, der sich da hindurchzwängt. Auch viele große Strauchrosen sind mit ihren aggressiven Stacheln gut geeignet; außerdem zeichnen sie sich durch Blüten aus, insbesondere die mehrmals blühenden Sorten, die uns den ganzen Sommer über erfreuen. Es gibt aber auch eine ganze Reihe Sträucher, die mit den Jahren einen so dichten Wuchs entwickeln, dass sie praktisch undurchdringlich sind; von daher bieten sie über ihre Funktion als Begrenzung hinausgehend noch vielerlei andere Vorzüge.

Während Sträucher allein schon deshalb gern als Hintergrund und Sichtschutz eingesetzt werden, weil ihre Struktur ganzjährig erhalten bleibt, gibt es eine ganze Reihe skulpturaler frostharter Stauden, die im Winter zwar einziehen, dafür im darauffolgenden Frühling und Sommer aber rasch heranwachsen. Solche Pflanzen sorgen am hinteren Rabattenrand für die erforderliche Aufmerksamkeit und Kontrastwirkung; außerdem fügen sie sich auch in kleinste Bereiche ein. Ich habe die riesige Eselsdistel *(Onopordum acanthium)* mit Sträuchern kombiniert, was sehr spektakulär wirkt. Auch die mächtigen Blätter von *Gunnera manicata* bilden vor der Mauer meines Hofes einen unübersehbaren Blickfang. Die Reihe lässt sich mit weiteren krautigen Pflanzen fortsetzen wie etwa *Crambe cordifolia*, eine Staude, die an ein riesiges Schleierkraut erinnert, oder *Macleaya cordata* mit reizvollen graugrünen Blättern.

Die mittlere Etage

Sie stellt die vielfältigste und faszinierendste Schicht der Bepflanzung dar und ist somit der Bereich, in dem sich die Designphilosophie des Gartens in stilistischer Hinsicht niederschlägt und zum Leben erwacht. Sobald für die stellenweise erforderliche Hintergrund- oder Sichtschutzbepflanzung gesorgt ist und man somit über ein entsprechend hohes und dichtes »Skelett« verfügt, wird man sich dem eigentlichen »Fleisch« des Pflanzschemas zuwenden. Hier kommen Pflanzen zum Einsatz, die etwas niedriger sind, über einen ausgeprägten Charakter verfügen, und in der Regel aus einer Kombination aus Sträuchern und frostverträglichen krautigen Pflanzen bestehen.

Pflanzkonzepte **161**

Struktur und Stil

Zu den Leuten, die ein Auge für Pflanzen und Pflanzdesign haben, gehören zweifellos die Floristen; sie verfügen über ein sicheres Gespür für die Kontrastwirkung von Formen und Strukturen. Ich habe im Lauf der Jahre immer wieder mit Floristen zusammengearbeitet und eine Menge von ihnen gelernt, zumal unser beider Betätigungsfeld enge verwandtschaftliche Züge aufweist. Man braucht sich nur mit der klassischen Kunst des japanischen Blumensteckens, dem Ikebana befassen, um die klare architektonische Wirkung eines Arrangements zu erkennen; wer hingegen eher zu sinnenfreudig üppigen Gestaltungen neigt, betrachte sich den Altarraum einer schönen alten Kirche. Ich selbst fühle mich stark zum Minimalismus hingezogen und weiß von daher die Verbindung von Ikebana, japanischem Garten und japanischer Architektur zu schätzen. Ihnen gemeinsam ist jene Reinheit und Klarheit der Linienführung, die in der vollkommenen Harmonie einer Reihe ganz schlichter Formen begründet ist. Sie verkörpert das Geheimnis guter Gestaltung, denn der Schlüssel zum Erfolg heißt Klarheit und Schlichtheit, ganz gleich in welchem Bereich.

So betrachtet ist der Garten und folglich auch die Bepflanzung Ausdruck künstlerischen Gestaltens. Gestalten aber heißt unweigerlich Flächen gliedern und verbinden. Allein schon indem wir auf der Leinwand einen Fleck Farbe aufbringen, implizieren wir Bewegung in eine bestimmte Richtung. Durch Hinzufügen weiterer Flecken beginnen diese in Bezug zueinander zu treten. Von daher hat die Bepflanzung ebenso viel mit der Malerei wie mit Pflanzen gemeinsam. Der architektonische Rahmen der Bepflanzung kann verschwenderisch üppig sein und eine breite Palette einander durchdringender Formen umfassen, die sich zu einem faszinierend komplexen und opulenten Bild verbinden oder aber auch zu einer Komposition, die durch verblüffende Schlichtheit besticht. Der Stil, der gemeinhin als typisch englisch gilt, besteht aus dem Zusammenwirken sorgfältig aufeinander abgestimmter Arten. So findet man in diesem Bereich Rabatten, die aus einer verschwenderischen Fülle einfühlsam kombinierter Alter Rosen, Sträucher und Stauden bestehen – ein vielgestaltiges Bild, das zwar relativ arbeitsintensiv ist, dafür aber eine brillante Wirkung entfaltet.

Von Deutschland ausgehend setzte sich nach dem Zweiten Weltkrieg ein sehr einflussreicher Pflanzstil durch, der auf geschwungenen Bändern aus Gräsern und Stauden aufbauend, von Landschaftsgestaltern wie Jim van Sweden und Wolfgang Oehme (s. Seite 78 ff.) mit großem Erfolg in Amerika eingeführt wurde. Von dort aus kehrt er neuerdings wieder nach Europa zurück, wo er von jungen Designern begeistert aufgegriffen wird. Es handelt sich um einen Stil, dessen Reiz in einer relativen Schlichtheit und Zweckbezogenheit besteht und der unter Verzicht auf Spielereien allein auf die Wirkung der Pflanzen setzt.

Leider wurde der Minimalismus zunächst nicht in vielen Teilen der Welt mit dem Garten assoziiert; erst in den letzten Jahren bahnt er sich einen Weg, insbesondere in Ländern mit wuchsfreudigem Klima. Und doch kommt ein

Unten Diese schweren tiefgründigen Farben entfalten den ganzen Sommer hindurch ein Bild flammender Farbenpracht. Die Bepflanzung besteht vorwiegend aus Stauden. Für Beständigkeit und Struktur sorgen ganzjährig die überhängenden Grannen von *Miscanthus* und die Sträucher im Hintergrund.

Rechts Ausgewogene Pflanzkonzepte leben vom Kontrast zwischen Gestalt und Form. Ein Musterbeispiel dafür bieten diese Kakteen, die auf humorvolle Weise die Wechselwirkung zwischen dem ballförmigen *Echinocactus grusonii*, dem aufrechten Habitus von *Cereus* und dem »Ohrenkaktus« *Opuntia* darstellen. Solche Pflanzen sind naturgemäß an spezifische Standortbedingungen gebunden; in der entsprechenden Umgebung erfordern sie aber kaum Pflege.

japanischer Ahorn in einer glasierten Schale vor weißem Mauerwerk großartig zur Geltung, ob im Winter mit seinem filigranen Astgerüst oder im Sommer mit seinem fein gefiederten Laub. Ebenso bietet ein erhöhtes Teichbecken in Kalifornien, in dem sich eine Gruppe Kakteen spiegelt oder eine vierhundert Jahre alte Pinie in einem traditionellen japanischen Garten ein Bild erlesener Eleganz.

In vielen Gärten gilt es indes einen Mittelweg anzustreben, was bedeutet, dass man seine Lieblingspflanzen einsetzt, mit der Zeit lernt, wie sie sich in ein Schema einbinden lassen, das dem Stil des Ortes entspricht und, was den Pflegeaufwand betrifft, zu bewältigen ist.

Diese mittlere »Etage« bietet die Möglichkeit auszuloten, welche Wirkung Form und Textur der Pflanzen entfalten, wie die Farbtöne aufeinander abzustimmen oder kontrastreich gegenüberzustellen sind und somit all jene Effekte auszuschöpfen, die die Atmosphäre des Gartens prägen.

Pflanzpläne

Da die Bepflanzung des Gartens nicht einfach nach Gutdünken, sondern einigermaßen geplant erfolgen sollte, erscheint es sinnvoll, einen Pflanzplan zu entwerfen. Professionelle Gartengestalter legen dazu ein Transparentpapier über den Gesamtentwurf und pausen die Umrisse der Rabatten, Hochbeete und anderer Pflanzbereiche ab. Anhand dieser maßstabsgetreuen Wiedergabe lässt sich genau ersehen, wie viel Platz die Pflanzen im Stadium der Reife einnehmen werden.

Hier passiert vielfach schon der erste Fehler, denn die meisten Leute unterschätzen, wie groß die vorgesehenen Pflanzen werden und pflanzen folglich viel zu dicht. Pflanzenlexika oder Kataloge einschlägiger Fachbetriebe geben Aufschluss über die Dimensionen, die die einzelnen Spezies im »reifen« Alter durchschnittlich erreichen, sowohl was den Umfang als auch die Höhe anbetrifft. Diese Angaben werden in Form von Kreisen in den Plan eingebracht, um die voraussichtliche Größe zu veranschaulichen. Auf diese Weise lässt sich die Anzahl der für einzelne Driften oder Gruppen benötigten Pflanzen »errechnen« und ein Hinweis auf ihre Höhe einfügen.

In diesem Stadium gilt es auch zu ermitteln, was wohin gehört und wie sich die einzelnen Pflanzenarten in Bezug zueinander setzen lassen. Wie klein ein Garten auch sein mag, wenn er jeweils nur ein Exemplar jeder Pflanze enthält, wird er ein derart unausgewogenes und unruhiges Bild bieten, dass das Auge unwillkürlich von einem Element zum anderen »springt«. Was den harmonischen Gesamteindruck, den schöne Bepflanzungen vermitteln, indes ausmacht, sind ganze Bänder von Pflanzen, nicht nur Einzelelemente, auch wenn gezielt platzierte Solitärpflanzen durchaus Akzente setzen können (s. Seite 168 f.).

Pflanzen in ganzen Bändern

Im Grunde macht es uns die Natur ja vor. Wo immer wir leben, kaum irgendwo werden wir Pflanzen antreffen, die einzeln auftreten. Man denke nur an das Bild der scheinbar endlosen Eichen- oder Pinienwälder, der weiten Driften aus Wildblumen, die in Südafrika ineinander zu fließen scheinen, als hätte ein Riese große Fässer mit Farbe über der Landschaft ausgegossen. Im Regenwald von Costa Rica sind es die Bromelien und Orchideen, die weite Flächen überziehen. Alle bilden sie nur deshalb so große Bestände, weil ihnen Boden und Standort zusagen. Sie sind hier aber nicht nur heimisch, sondern vermitteln auch ein Gefühl rhythmischer Kontinuität und Beständigkeit, was nachhaltig zur Schönheit der Landschaft beiträgt.

Obwohl ein kleiner Garten nicht mit weitläufigen Landstrichen vergleichbar ist, kann hier dennoch ein Refugium für eine breite Palette von Pflanzen entstehen. Pflanzenliebhaber lassen sich zwar gern verleiten, von möglichst vielen Pflanzenarten zumindest ein Exemplar unterzubringen. Wer aber den Raum regelrecht vollstopft, darf sich nicht wundern, wenn es dem Garten an Ruhe fehlt. Wer hier auch auszuspannen wünscht und sich die Arbeit nicht unnötig erschweren möchte, tut gut daran, in bogenförmig geschwungenen Bändern oder Driften zu pflanzen.

Betrachten wir uns noch genauer, was in der freien Natur vor sich geht, so fällt auf, dass diese Pflanzgruppen oder Driften nicht in Form streng reglementierter Blöcke auftreten, sondern umeinander herumwirbeln. Auf den Garten übertragen erkennt man, dass sich dieses Prinzip spontan in einem Gefühl der Weiträumigkeit und Bewegung äußert, das von den starren Konturen rechteckiger Begrenzungen ablenkt. Während sich große Gärten für ausgedehnte Driften anbieten, wird man in kleineren Bereichen die Anzahl der Pflanzen reduzieren müssen.

Der erste Schritt beim Aufbau solcher Strukturen heißt Hintergrund- und Sichtschutzpflanzen einsetzen, immer im Hinblick auf Sonne, Schatten oder ungewöhnliche Bedingungen wie Windböen, die vorwiegend aus einer bestimmten Richtung kommen. In der Regel wird man dafür Sträucher auswählen, am besten robuste immergrüne Gehölze. Viele wachsen sehr rasch, sodass man in einem kleinen Garten meist nur ein bis zwei Arten für den erforderlichen Sichtschutz benötigt. Für einen Schattenplatz bieten sich *Ligustrum*, *Leycesteria*, *Aucuba* und *Garrya* an, während für Sonne *Corylus*, *Sambucus*, Strauchrosen, *Berberis*, *Escallonia* oder *Ceanothus* denkbar wären. Obwohl nicht alle immergrün sind, verfügen sie über ein so dichtes Astwerk, dass sie auch im Winter wirksamen Schutz bieten. Um sich einen Überblick zu verschaffen, sei erneut auf die Möglichkeit hingewiesen, im Vorfeld der Planung »reife« Gärten zu besuchen. Diese vermitteln nämlich ein Bild, wie groß bestimmte Arten werden. Ideal sind botanische Gärten, in denen die Pflanzen in der Regel mit Namensschildern versehen sind.

Rechts Hier präsentieren sich einige meiner vielfach bewährten Lieblingspflanzen. Die großen Köpfe von *Allium* erheben sich über der geschätzten Distel *Eryngium bourgatii*, während *Astrantia major* 'Roma' die unterste »Etage« bildet.

164 Pflanzkonzepte

Sobald die Pflanzen für den Hintergrund ausgewählt sind, ist die mittlere Etage an der Reihe, für die eine Kombination aus kleineren Sträuchern und zierlicheren winterharten Stauden vorgesehen ist. Blättert man dieses Buch einmal durch, so finden sich zahlreiche Beispiele schön bepflanzter Rabatten; außerdem erkennt man, dass dieser Bereich mit seinen harmonisch miteinander verschmelzenden oder kontrastreich gegenüberstehenden Pflanzengruppen am meisten Aufmerksamkeit erregt. So könnte eine sonnige Rabatte mehrere Rosmarin-Sträucher und einen Hibiskus enthalten, umrahmt von *Artemisia*, Lavendel und *Salvia* und im Anschluss daran etwa ein ausgedehntes Band des skulpturalen Pfriemengrases *Stipa gigantea* folgen sowie die obligatorische immergrüne Zistrose.

Die letzte und niedrigste Etage bilden die Bodendecker, die die Komposition sozusagen »verankern«. Auf dieser Höhe werden sich die größten Driften finden, wobei es sich selbst im kleinsten Bereich um Dutzende von Pflanzen einer Art handeln kann, zumal Bodendecker den Pflegeaufwand beträchtlich reduzieren helfen.

Ein weiterer Trick, den ich gern anwende, ist beidseitig eines Weges ähnliche Pflanzen zwar nicht genau gegenüber, aber »über Kreuz« einzusetzen. Durch diesen Kunstgriff erreicht man, dass die Bepflanzung im Verlauf des Weges eine regelrechte Sogwirkung entwickelt und innerhalb des Gesamtbilds eine gewisse Kontinuität erzeugt.

Je mehr Raum zur Verfügung steht und je kleiner die verwendeten Arten, desto abwechslungsreicher und vielfältiger die Möglichkeiten der Gestaltung. In einem Steingarten, der sich auch auf extrem beschränktem Raum verwirklichen lässt, kann mit zierlichen alpinen Pflanzen eine faszinierende Wechselwirkung entstehen. Umgekehrt werden die Pflanzen in einer Staudenrabatte, wie sie auch in einem kleinen Garten Platz finden kann, insgesamt größer sein, sodass eine vergleichbare Anzahl Arten einen entsprechend größeren Bereich ausfüllt.

Profile einer Rabatte

Man muss sich nur einen Querschnitt durch eine typische Rabatte vorstellen, so lässt sich erkennen, dass das Profil im hinteren Bereich am höchsten und am vorderen Rand am niedrigsten ist. In einer zweiseitig konzipierten Rabatte oder einem Inselbeet entspricht die Querschnittsfläche einem Dreieck mit der Spitze in der Mitte und schräg nach außen verlaufenden Seiten. Obwohl sich diese Form in der Regel bewährt, kann es dennoch Spaß machen, kleine vertikale Abweichungen ins Spiel zu bringen, indem zwischendurch einmal ein höheres Exemplar in den Mittelbereich integriert wird, das über der restlichen Bepflanzung aufragt. In einem Garten, der vor allem pflegeleicht sein soll, bietet sich dieses Verfahren geradezu an. So können die höheren Stauden, die normalerweise einen Stützstab benötigen, zwischen den unteren Zweigen der Sträucher Halt finden.

Pflanzkonzepte 165

Gestalt, Textur und Form

Nirgends offenbart sich die künstlerische Fähigkeit eines Gärtners deutlicher, wobei diese Fähigkeit weitgehend auf Erfahrung gründet. Es beginnt bereits mit den Vorüberlegungen, bei denen man nicht vergessen darf, dass Pflanzen, ob Sträucher oder Stauden, nur eine begrenzte Zeit des Jahres blühen. Selbstverständlich gibt es Ausnahmen, wie sich am Beispiel vieler Rosen zeigt. Dies aber bedeutet, dass Blüten lediglich als Bonus zu betrachten sind und für den Rest des Jahres andere Charakteristika wie die Gesamterscheinung, die Form der Blätter und ihre Größe, Farbe und Textur zählen. Weil sich viele Leute von farbenprächtigen Blüten blenden lassen, bieten Gartencenter und Gärtnereien genau dann ihre Pflanzen an, wenn sie am spektakulärsten wirken und sich folglich am besten verkaufen.

Im Grunde versteht es sich von selbst, dass eine Pflanze nicht nur um ihrer Blüten willen geschätzt werden sollte, zumal ihre anderen Attribute erst Aufmerksamkeit erregen, wenn die Blütezeit vorüber ist.

Meiner Ansicht nach ist dies der Punkt, an dem Bücher zum Thema Bepflanzung zwangsläufig versagen, denn es ist nicht leicht, Proportion, Form und Textur einer Pflanze zu veranschaulichen. Um eine Vorstellung von den eigentlichen Charakteristika einer Pflanze zu gewinnen, sollte man sie vor Ort betrachten, und zwar möglichst eingehend. Es lohnt sich also, vorbildliche Gärten zu besuchen (sie müssen keineswegs berühmt sein), sich Notizen zu machen und mit der Kamera festzuhalten, welche Pflanzen miteinander harmonieren und was ihren eigentlichen Reiz ausmacht. Wo sonst etwa könnte man sich ein Bild von ihrem aufrechten oder trauerförmigen Wuchs machen, ihre weit ausladenden oder etagenförmig angeordneten Zweige studieren und erkennen, ob die Blätter gerifflt, glatt, glänzend, stumpf, spitz oder handförmig gelappt sind. Falls es sich um einen öffentlichen Garten handelt, sind die Spezies in der Regel mit Namensschildern versehen, was viel Raterei erspart. Ich kann nur versichern, dass ich trotz 30-jähriger Berufserfahrung, immer wieder froh bin um Namensschilder. Wer behauptet, er kenne die Pflanzen, ist entweder ein Snob oder ein Lügner – wahrscheinlich sogar beides. Hat man erst einmal begriffen, worum es geht, so erkennt man auch, dass es sinnvoll ist, die rundlichen Blätter von *Ligularia dentata* 'Desdemona' als Kontrast zu den

Links Zu einer erfolgreichen Pflanzstrategie gehören auch ungewöhnliche Kombinationen oder Überraschungseffekte, die es aber bereits in der Planungsphase zu berücksichtigen gilt. Die verschiedenen Bambus-Arten haben sich vielfach bewährt, zumal die Rohre farblich changieren. In Form eines Hains und unterpflanzt mit schlichten Farnen oder anderen Bodendeckern ergibt sich ein beeindruckendes Bild.

schmalen Klingen von *Iris unguicularis* zu setzen. Hinzu kommen können die fein eingeschnittenen Blätter eines Ahorn sowie die zierlichen Blüten weißer Astilbe, die sich wie ein Band darunter hindurchschlängeln, im Hintergrund darüber die großen Blätter von *Rheum palmatum*. Mit den lindgrünen Hochblättern von *Euphorbia characias* subsp. *wulfenii* ließe sich die Gruppe fortsetzen und durch die blaugrünen Blätter von *Hosta sieboldiana* var. *elegans* großflächig einrahmen. Das gesamte Arrangement eignet sich für eine halbschattige Rabatte im gemäßigten Klima. In voller Sonne könnten sich die silbenen Blätter von *Artemisia* mit dem dunkelgrünen Laub einer Zistrose verbinden, dahinter das farbenprächtige Laub von *Vitis coignetiae*, das über einer Trockenmauer aufrankt. Derart ins Auge springendes Blattwerk erfordert allerdings einen ruhigen Gegenpol. Ein idealer Partner wäre Rosmarin, der den Garten mit Wohlgeruch erfüllt und in einem großen Bogen zu purpurlaubigem Salbei überleitet.

All diese Pflanzen sind sehr anspruchslos, im Übrigen bedarf es auch keiner großen Kunst, sie zu arrangieren, lediglich einer gewissen Beobachtungsgabe und Sachkenntnis. Ich könnte dieses Buch zwar mit unzähligen weiteren Kombinationen füllen, werde aber allein schon deshalb davon absehen, weil es sehr viel mehr Spaß macht, selbst herauszufinden, was harmoniert.

Oben Während sich der »große Bogen« eines Gartens auf den ersten Blick offenbart, sind es die kleineren Details innerhalb des Gesamtbilds, die sich dem Betrachter bei genauerem Hinsehen erschließen. Himalaya-Birken sind vielseitig einsetzbare Gehölze; die Sorte *Betula utilis* var. *jacquemontii* verfügt über besonders weiße, pergamentartig abblätternde Rinde, die das ganze Jahr beeindruckend wirkt. Hier wurde eine Dreiergruppe großflächig mit *Geranium* unterpflanzt, einem winterharten Storchschnabel, der einen pflegeleichten und dezenten Bodendecker bildet.

Pflanzkonzepte 167

Gegensätze

Obwohl viele Gartenliebhaber bei der Bepflanzung automatisch Kontrastwirkungen anstreben, erscheint es mir wichtig näher darauf einzugehen. Ich wäre im Einzelnen wohl kaum je darauf zu sprechen gekommen, hätte mich nicht eine talentierte Gartengestalterin aus Südafrika, Jo-Anne Hilliar, darauf aufmerksam gemacht. Gemeint ist damit, dass man keine Pflanzen mit ähnlichen Eigenschaften nebeneinander setzt. Mit anderen Worten, es hat wenig Sinn, einen panaschierten Strauch mit einem buntlaubigen Bodendecker zu unterpflanzen. Gleichermaßen empfiehlt es sich auch nicht, verschiedene Arten mit ähnlichem Blattwerk zu kombinieren, da der Gegensatz fehlt. Wenig reizvoll erscheint auch eine blasse oder silberne Blattpflanze vor fahlem Hintergrund.

Vielmehr gilt es, auf gegensätzliche Effekte zu setzen, panaschiertes Laub also mit einfarbigen Blättern zu kombinieren und gerippte Blätter glatten oder glänzenden gegenüber zu stellen, kurzum, Laub in unterschiedlichen Formen und Größen zu verwenden. So kommt eine helle Pflanze vor einem dunklen immergrünen Hintergrund etwa fantastisch zur Geltung. Mit der Zeit gewinnt man auch einen Blick für sorgfältig zusammengestellte Pflanzengruppierungen, Kombinationen und Driften.

Dieses einfache Prinzip lässt sich auf jeden Ort der Welt übertragen, zumal es auch für Blüten gilt; ich werde auf Seite 170 aber noch näher auf Farbe eingehen. Niemand würde sich wohl wünschen, dass alles im Garten gleichzeitig blüht. Was einen Monat lang spektakulär wirken würde, wäre für den Rest des Jahres einfach nur langweilig. Ebenso wenig wird man die gleichen Farben oder Blütenarten kombinieren; von daher sind auch hier Gegensätze am wirkungsvollsten.

Akzente setzen

In jedem Garten ist eine gewisse Theatralik gefragt, die das Auge anzieht und einen Blickfang bildet. Was die Bepflanzung anbetrifft, so lässt sich dieser Effekt oft durch dramatische oder architektonische Pflanzenarten erzielen, die sich durch aufrechten oder spitz aufragenden Wuchs auszeichnen. Man sollte allerdings sparsam damit umgehen, denn Übertreibungen haben zur Folge, dass das Auge angesichts der zerrissenen Wirkung unruhig hin und her springt. Koniferen, insbesondere kleinere Sorten, können den Tod eines Gartens bedeuten, ebenso *Yucca*, *Cordyline* oder *Phormium*. Groß in Mode sind neuerdings Baumfarne, was allerdings immer auch heißt, dass man ihnen schlichtweg überall begegnet.

Dabei liegt der Fehler keineswegs bei den Pflanzen, sondern allein bei uns. Es geht hier nämlich um die großen Stars, die Primadonnen der Pflanzenwelt, und wie alle Primadonnen beanspruchen sie die Bühne ganz für sich. Als Einzelpflanzen fordern sie ungeteilte Aufmerksamkeit

Unten Das wahre Ausmaß einer Pflanze lässt sich nicht immer vorhersehen und birgt somit ein gewisses Überraschungsmoment. Auf der Suche nach neuen Sorten und Kombinationsmöglichkeiten ergeben sich oft ungeahnte Effekte. Mit der Gegenüberstellung des dunklen Laubs von *Cercis* 'Forest Pansy' und der reinweißen winzigen Blüten von *Crambe cordifolia* zeigt diese Rabatte eine grandiose Verbindung von Farbe, Form und Textur.

Oben Eine gelungene Bepflanzung lebt weitgehend von der Wirkung der Proportionen. Die winzigen grünen und cremeweißen Flechten, die die glatte Oberfläche des Findlings überziehen, tragen auf ihre Weise zur Wirkung dieser skulpturalen Komposition bei, in der Sukkulenten mit ihren fleischigen Blättern für größere Dimensionen sorgen. Agaven und Palmfarne *(Cycas)* begrünen die oberen Bereiche und brechen die Konturen der Begrenzungsmauern im Hintergrund.

– Grund genug, in ihrer unmittelbaren Umgebung auf Kontraste zu setzen. Aufrechte spitze Formen lassen sich durch rundliche Konturen ins Rampenlicht rücken, wobei Letztere allein der Hervorhebung des Hauptdarstellers dienen. Um sich ein Bild von der Wirkung zu machen, braucht man sich nur ein Paar kubusförmig beschnittene Eiben vorzustellen, die in einem formalen Garten die Tür flankieren, einen großen Horst *Acanthus spinosus* vor einer Mauer oder die architektonische Phalanx einer Reihe Mittelmeerzypressen in einem Hof.

Andererseits gibt es auch Pflanzen, die ganz für sich stehen können, wie etwa ein Kaktus an einem Teich, darüber ein tiefblauer kalifornischer Himmel oder auch eine stahlblaue, spitz aufragende Konifere, unterpflanzt mit einem dunkelgrünen, weit ausgreifenden *Juniperus*, der bei klirrender Kälte mit Raureif überzogen im milchig fahlen Sonnenlicht schimmert. Sorgfältig ausgewählt und eingesetzt, entfalten beide eine spektakuläre Wirkung.

Kletterpflanzen

Wenn ich bis dahin noch kaum auf Kletterpflanzen eingegangen bin, so allein deshalb, weil sie in einem kleinen Garten von geradezu unschätzbarem Wert sind. Mauern, Zäune, Sichtschutzpaneele und Begrenzungen bilden nicht nur »feste« Unterteilungen, sie können auch Stütze für alle Arten rankender und kletternder Pflanzen sein.

Wie wir bereits festgestellt haben, können die Begrenzungen in einem kleinen Garten flächenmäßig weit mehr Raum einnehmen als auf Boden-Niveau verfügbar ist – ideale Voraussetzungen also, diesen rundum zu begrünen. Es geht mir hier aber nicht darum, einen Katalog geeigneter Pflanzen aufzuführen, sondern vielmehr auf ein paar Dinge hinzuweisen, die von Bedeutung sind, nicht zuletzt wie Kletterpflanzen am besten gestützt werden.

Manche Kletterpflanzen halten sich von selbst mit Hilfe kleiner Haftwurzeln fest, was für einen Hintergrund spricht, der praktisch keine Wartung erfordert. Denn nichts ist schlimmer als die Pflanzen abnehmen zu müssen, zumal sie sich kaum je wieder anbringen lassen. Andere sind so starkwüchsig, dass sie einen kleinen Garten im Nu überziehen können. Um einen Einblick zu gewinnen, empfiehlt es sich Gärten zu besuchen, denn nur so kann man sich ein Bild über ihre tatsächlichen Ausmaße und Charakteristika verschaffen.

Zur Wahl stehen auch viele intensiv duftende Kletterpflanzen, wie sie in einem kleinen Garten nahezu überall Platz finden, während man sie im großen Garten am besten im Bereich der Türen, Fenster oder über einer Pergola einsetzt, wo man ihren Duft entsprechend schätzen wird. Es gibt Kletterpflanzen für jeden Standort: volle Sonne, tiefen Schatten, Pflanzen, die in Bäume klettern, ein Spalier überziehen oder den Boden bedecken. Viele Arten breiten sich zunächst auch dekorativ auf Bodenhöhe aus, bis sie irgendwo Halt finden und die Möglichkeit wahrnehmen, in die Höhe zu klettern.

Pflanzkonzepte 169

Farbe

Gewiss wird sich der Leser schon gefragt haben, warum ich bis dahin noch kaum ein Wort über das Thema Farbe verloren habe, wo viele Gartenbesitzer doch förmlich danach schreien. Zugegeben, Farbe ist wichtig, will aber auch richtig verstanden und gehandhabt werden.

Ich werde im Folgenden ein paar »Mythen« aufdecken und mich als Erstes mit jener lächerlichen Erfindung des Farbkreises befassen, die ich für baren Unsinn halte. Denn mit dem, was sich in der realen Welt, gemeint ist die freie Natur wirklich abspielt, hat der Farbkreis kaum etwas zu tun. Er verwirrt die Leute nicht nur, sondern lässt sie auch vor Farbe im Garten zurückschrecken. (Man kann ihn also getrost ignorieren, denn auch für die Innengestaltung ist er nicht zu gebrauchen.)

Wer sich in der freien Natur umsieht, wird merken, dass die Farben vollkommen beliebig kombiniert sind. Niemand würde es aber als geschmacklos bezeichnen oder gar erwarten, dass die Natur es anders machen sollte. Ich habe Südafrika bereits in Bezug auf die Farben erwähnt (s. Seite 164). Das Geheimnis so schöner Kombinationen liegt, wie gesagt, in Proportion und Menge begründet, in ganzen Driften von Farbe.

Dennoch vermag Farbe viel zu bewirken, was allerdings auch damit zusammenhängt, wie wir Raum und Entfernung, aber auch die Intensität des Lichts wahrnehmen. Es ist eine altbekannte Tatsache, dass warme Farben wie Rot, Orange und Gelb optisch sehr reizvoll wirken. Sie strahlen Kraft aus, ziehen das Auge an und wirken sich verkürzend auf den Raum aus. Wenn man einen großen Kübel mit leuchtend roten Pelargonien am Ende eines kleinen Gartens aufstellt, bleibt der Blick unwillkürlich daran hängen und überspringt sozusagen alles, was dazwischen liegt.

Oben Man muss nicht in den Tropen leben, um die Atmosphäre eines schwül-warmen Dschungels zu schaffen. Hier bietet sich ein farbenprächtiges, alle Grenzen überschreitendes Wechselspiel der Arten, wie die leuchtenden Blätter und Blüten der *Canna*, kombiniert mit der unschätzbaren Kapuzinerkresse *(Nasturtium)* und duftendem Ziertabak *(Nicotiana)* in Töpfen zeigen.

Rechts Es bedarf schon einer geschickten Hand, um eine monochrome Rabatte zu schaffen, aber bei sorgfältiger Planung kann ein äußerst dekoratives Bild entstehen. Diese Rabatte zeigt eine beeindruckende Kombination silberner und weißer Pflanzen. Im Hintergrund der Rabatte: *Buddleja alternifolia* 'Argentea', unterpflanzt mit *Achillea, Salvia argentea, Crambe maritima* und *Gypsophila*.

Zarte Pastelltöne wie Blau, Rosa, Mauve und Purpurviolett bewirken in all ihren Schattierungen genau das Gegenteil. Sie strahlen Ruhe aus und veranlassen das Auge zunächst eher zum Verweilen als rasch darüber hinwegzuschweifen, bevor sie es auf die gedämpfteren Töne eines anderen Gartenbereichs lenken und in größerem Maßstab die Landschaft einbeziehen.

Von daher wird man die warmen Farben vorrangig in Hausnähe einsetzen, wohl wissend, dass sie zu den Pastelltönen und von da aus zu den entfernteren Bereichen des Gartens überleiten.

Grau, Silber und die zarten Blassgelb- und Cremetöne übernehmen die Aufgabe, zwischen den Farben zu vermitteln und zu verbinden. Auf der einen Seite dämpfen sie leuchtende Gegensätze, während sie auf der anderen die kühlen Pastellfarben unterstreichen.

Obwohl Weiß eigentlich keine Farbe ist, vermag sie wie keine andere Akzente zu setzen, genau wie Maler auf einem Gemälde oftmals wieder Farbe abkratzen. In einer

Oben Sobald von Farbe die Rede ist, denkt jeder unwillkürlich an Blüten. Dennoch sollte man nicht vergessen, dass auch die Farben der Blätter zur Palette eines Gartens beitragen. Die *Phormium*-Arten sind in dieser Hinsicht besonders brauchbar, denn sie sind immergrün und zeigen das ganze Jahr über dynamische Kontraste.

Rechts Einen ganz eigenen Reiz entfaltet der Herbst mit seinen leuchtenden Gold- und Gelbtönen, die das Bild der Rabatte bereichern. Hier heben sich die stattlichen Stängel und Blätter von *Macleaya cordata* beeindruckend von *Echinacea* und dem Gras *Stipa gigantea* ab.

172 Pflanzkonzepte

Rabatte mit warmen Tönen hebt Weiß die Leuchtkraft der Farben hervor, Pastelltönen hingegen verleiht Weiß eine eisige Note.

In einer Rabatte, die vorwiegend kühle Farben enthält, besteht die Gefahr, dass alles etwas zu fad wirkt und das Auge angesichts des verwaschenen Bildes nirgends wirklich verweilt. Dabei genügt schon ein Farbklecks von der anderen Seite des Spektrums, ein Schuss Gelb etwa oder ein Tupfer Rot, um der Komposition jenen Impuls zu verleihen, der sie in Szene setzt.

Eine kreative Bepflanzung zeigt viele Parallelen zur Malerei. Wer im Haus über ein gutes Farbempfinden verfügt, wird es auch im Garten einzubringen wissen.

Im Übrigen gibt es Farbkombinationen, auf die man sich verlassen kann, auch wenn man ihnen fast schon zu oft begegnet. Aber warum sollte man sich nicht auf so bewährte Kontraste stützen wie etwa Lindgrün und Bronze und *Euphorbia polychroma* mit *Acaena microphylla* unterpflanzen? Als Alternative kämen Gelb mit Blau und Purpurviolett mit Silber in Frage. Gartengestalter, die auf den Farbkreis schwören, werden nun zwar ins Feld führen, dass es sich damit schließlich um Komplementärfarben oder vergleichbare Effekte handelt. Und doch steht und fällt gutes Design mit Kombinationen, die harmonieren, denn mit Diktaten, die sklavisch zu befolgen sind, ist nichts gewonnen. Ich scheue mich keineswegs, Gelb und Rosa zu kombinieren, denn, so schrecklich es klingen mag, am richtigen Ort lassen sich geradezu fantastische Effekte erzielen. Ebenso wie es Kinder im Auge zu behalten gilt, sollte man auch Rabatten, die wachsen und sich entwickeln, nicht außer Acht lassen; andernfalls machen sie irgendwann nämlich was sie wollen. Von daher gilt es die Zügel in der Hand zu haben, weil manche Farben andernfalls dominieren oder sich auf Kosten anderer ausbreiten. Meist heißt es zwar nur wenig einzugreifen, dafür aber immer wieder einmal. Und genau hier liegt der Unterschied zwischen einem »lebendigen« Garten und »toter« Architektur.

Oben Hier verbinden sich fein abgestimmte Rottöne vor einem üppig grünen Hintergrund zu einer einzigartigen Kombination. Die filigranen purpurvioletten Kugeln des Zierlauchs stehen in subtilem Kontrast zu den verschiedenen Rosa- und Rotschattierungen der Rosen und Fingerhüte.

Pflanzkonzepte 173

Gemüse, Kräuter und Obst

In einem großen Garten kann für Gemüse ein eigener Bereich vorgesehen sein, zumal ein schön angelegter Nutzgarten sehr dekorativ wirkt. In einem kleinen Garten ist es jedoch sinnvoll, essbare Pflanzen in die Rabatte aufzunehmen und sie wie Einjährige zu behandeln. Viele Gemüsearten wie Kohl, Rote Beete oder Artischocken wirken so reizvoll, dass sie das Gesamtbild einer Rabatte verschönern können. Wie bei jeder anderen Pflanze sollte man beim Kombinieren darauf achten, dass ihre spezifischen Charakteristika zur Geltung kommen. Stangenbohnen etwa wirken mit ihren beeindruckend roten Blüten und den baumelnden Samenschoten verblüffend attraktiv, wenn sie an einem Spalier oder Obelisken aufranken, während Kürbisse, Zucchini oder Auberginen mit ihren Blüten über einer Böschung einen fantastischen Anblick bieten. Die Wachstumsbedingungen sind die gleichen wie für jede andere Pflanze: ein fruchtbarer, sachgemäß gedüngter Boden ist die beste Voraussetzung für gutes Gedeihen.

Was Kindern Freude macht, sind Blattsalate, Karotten und Radieschen, insbesondere die rasch wachsenden Sorten, die sich in kürzester Zeit anziehen und noch schneller essen lassen. Ich erinnere mich, dass ich sie, als ich klein war, einfach herauszog und mampfte, zumal sie mit Erde noch knackiger schmeckten. Mit solchen Aha-Erlebnissen kann man in Kindern die Freude am Garten wecken.

Selbst Kartoffeln lassen sich in einem kleinen Garten anbauen. Wenn man sie in große Behälter wie etwa Mülltonnen pflanzt, dürfte eine gute und kühle Durchwurzelung gewährleistet sein.

Kräuter gehören fast schon zwangsläufig in einen Garten. Nicht nur, weil sie duften und dekorativ wirken, sondern vor allem als Würzkräuter für schmackhafte Gerichte. Frische Kräuter schmecken nun einmal so viel besser als gekaufte und sind im Nu geschnitten. Viele stammen aus dem Mittelmeerraum und sind relativ anspruchslos. Ich lasse sie aussamen; wo ihnen die Bedingungen zusagen, vermehren sich Thymian, Minze, Majoran und Salbei von selbst.

Obst bietet eine weitere Dimension. Je nachdem, was man anbaut, kann man sich im Frühling an den Blüten und später im Jahr an köstlichen Früchten freuen. Obstbäume können innerhalb eines Gartens aber auch für Struktur sorgen; der Handel bietet eine große Auswahl auf unterschiedlich stark wachsenden Unterlagen. Diese bestimmen über die endgültige Größe: eine Zwergform wächst zu einem kleinen Baum heran, ein Halbstamm dürfte für die meisten kleinen Gärten die entsprechende Größe haben, während ein Hochstamm wahrscheinlich zu groß werden wird. Manche lassen sich zu kleinen pyramidenförmigen Bäumen erziehen, die auch im Kübel gedeihen, andere in Schnur- (Cordon-) oder Fächerform an Mauern ausrichten.

Auch Beerensträucher sind eine gute Wahl, denn sie erfordern nur wenig Platz. Infrage kommen Johannisbeeren in allen Variationen, Stachelbeeren und natürlich Himbeeren und Erdbeeren, wobei sich Letztere gut auch in Töpfen ziehen lassen.

Weinreben werden seit undenklichen Zeiten in Innenhöfen gezogen; zur Wahl stehen viele reich fruchtende Sorten, die selbst in kühleren Landstrichen gedeihen. Sie spenden Schatten und erfreuen uns mit Farbe und großen Trauben – was will man mehr!

Links Wer wollte behaupten, dass ein Gemüsegarten nicht elegant wirken kann? Trotz der wohlklingenden Bezeichnung »Potager« handelt es sich für mich nach wie vor um einen Nutzgarten. An Köstlichkeiten fehlt es hier dennoch nicht: angefangen bei dem an Drähten im Bereich der Mauer gezogenen Obst über Tomaten, Artischocken mit dekorativen Laub, ansehnlichen Kohlköpfen und den sattgrünen Blättern des Senf bis zu den leuchtenden essbaren Blüten der Kapuzinerkresse ist alles vertreten.

Rechts Obst mundet nicht nur dem Gaumen, es wirkt am Baum auch ungeheuer dekorativ. Quitten eignen sich vorzüglich für Marmelade und kommen vor der weißen Mauer eines Hofs in der Stadt großartig zur Geltung.

Pflanzkonzepte 175

Garten-Beispiel
Waldbereich mit Wasser

Links Obwohl der diesem Garten zugrunde liegende Entwurf nirgends Bögen aufweist, werden die Konturen durch die Bepflanzung abgerundet – ein Beweis dafür, dass kein Anlass besteht, vor architektonischen Strukturen zurückzuscheuen. Hier ergänzen sich *Phormium, Euphorbia, Cordyline* und *Astelia*, um wie ein weicher Rahmen den Teich einzufassen, der mit *Myriophyllum aquaticum* überzogen ist.

Gegenüber Ein Garten sollte von jeder Seite aus betrachtet ansehnlich wirken; hier gefällt mir vor allem der Blick zurück auf das Haus, der vom Stamm des alten Apfelbaums eingefasst wird. Sein volles Laub filtert das Licht und lässt ein reizvolles Wechselspiel zwischen Sonne und Schatten entstehen.

Unten Die nur wenig über Wasser-Niveau integrierten Trittsteine erwecken den Eindruck, auf der Oberfläche zu schwimmen. Über die Ränder wachsendes Moos lässt ihre Konturen weicher erscheinen, während der vielfach bewährte Farn *Polystichum setiferum* einen Kontrast zu der Kupfereinfassung des Beets bildet.

Wer wollte leugnen, dass Gärten ihren eigenen Charakter haben? Hier beruht er auf der gelungenen Verbindung zwischen den Ansprüchen des Besitzers und der Kunst des Gartengestalters. Tatsache ist, dass schöne oder große Gärten jenen zeitlosen Charme entfalten, der sich immer und überall als in sich ruhend und wohltuend mitteilt. Dieser bezaubernde Hof strahlt eine solche Universalität aus, dass er sich überall auf der Welt in jede Umgebung einfügen würde. Sämtliche wesentlichen Elemente sind hier vertreten: weiträumige Türen, die Innen- und Außenraum nahtlos miteinander verschmelzen lassen, Begrenzungen, die Windschutz gewähren und den Bereich nach außen hin abschotten sowie eine Fülle von Pflanzen, die das Gesamtbild wie in einen weichen Mantel hüllen.

Was aber lässt diesen kleinen Raum so ausgewogen erscheinen und woran liegt es, dass er eine so einladende Atmosphäre bietet?

Das Geheimnis liegt wie bei jeder Form der Gestaltung in seiner Schlichtheit, die sich in jeder Facette dieser Komposition äußert. Und doch bedeutet »einfach« hier keineswegs mangelnde Feinheit, im Gegenteil. Wir haben es vielmehr mit einem bis ins Kleinste durchdachten Gestaltungsbeispiel zu tun, das die baulichen Strukturen gleichermaßen umfasst wie die Bepflanzung.

Ausgangspunkt für die meisten Gartenentwürfe – und dieser hier macht keine Ausnahme – ist eine Art Übergangsbereich, der Gebäude und Garten verbindet. Aufgrund seiner zurückhaltenden Gestaltung wird man ihn hier allerdings kaum wahrnehmen, wenn man vom Hausinnern ins Freie tritt. Topfpflanzen innen und außen unterstreichen diesen »fließenden« Übergang, während die schlichte aber wirkungsvolle Bambus-Jalousie Halbschatten bietet und das Licht zwischen den Rohren gleichermaßen filtert. Oberflächen wie Holzdecks strahlen eine natürliche Wärme aus, die zum Barfußlaufen und

Garten-Beispiel 177

Oben In jedem Garten kann eine Skulptur eine willkommene Ergänzung bilden, vorausgesetzt sie verbindet sich mit dem Gesamtbild. In diese Dschungelatmosphäre fügen sich Tiere gut ein; hier scheinen die metallenen Vögel zwischen Farnhorsten und Efeu einherzustolzieren und darüber zu wachen, was vor sich geht.

Rechts Wo würde man sich lieber niederlassen, speisen, Geselligkeiten pflegen und entspannen als in einem schönen Garten wie diesem? Nichts wurde hier dem Zufall überlassen, sondern alles sorgfältig gegliedert und geplant, wie Holzdeck, Wasser, Kies und die durchdachte Bepflanzung verraten.

Sonnenbaden verlockt. Die Planken wurden hier quer verlegt, um die Breite des Raums optisch hervorzuheben; gleichzeitig wird man wie von selbst in Richtung der Trittsteine gelenkt, die das kleine Wasserbecken überbrücken. Ungewöhnlich ist die Bepflanzung mit *Myriophyllum aquaticum*, die eine Art Wasserteppich bildet und somit eine noch subtilere Wirkung erzeugt als jede »offene« Wasserfläche.

Unmittelbar an die Trittsteine anschließend zieht sich eine Stufenfolge über die gesamte Breite des Decks, wo ein schalenförmiger silbern glänzender Sitz unwillkürlich Aufmerksamkeit erregt und eine moderne Note ins Bild bringt. Mit der hellen reflektierenden Oberfläche kommt überdies Licht in diesen schattigen Bereich – auch hier ein geschickter Kunstgriff, denn der unverkennbar skulpturale Charakter des Sitzelements trägt nachhaltig zur Wirkung des Gesamtbilds bei.

Der alte Apfelbaum veranschaulicht beispielhaft, warum ich von der bereits erwähnten Kahlschlag-Methode abrate. Der leicht geneigte Stamm und das Laubdach geben das Thema für die üppige Bepflanzung vor, die dem Garten eine dschungelartige Atmosphäre verleiht und die Konturen des ansprechend gestalteten Schuppens umspielt.

178 Garten-Beispiel

1 Schuppen
2 Kies
3 *Fatsia japonica*
4 Gemischte Bepflanzung
5 Schalensitz
6 *Phormium*
7 *Cordyline*
8 Gräser und Agaven in Töpfen
9 Holzdeck
10 *Astelia chathamica* im Topf
11 Geißblatt
12 Teichbecken
13 Trittsteine
14 *Prunus laurocerasus*
15 Alter Apfelbaum
16 Hintergrundbepflanzung: Kirschlorbeer und Eibe

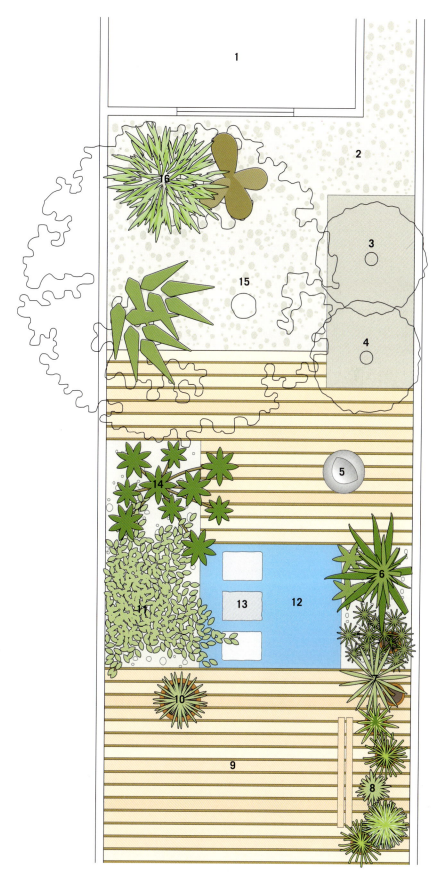

Die Bepflanzung erfüllt das Bild im Grunde mit Leben, wobei die großen Blätter und die architektonischen Wuchsformen das Thema vorgeben. Blüten spielen in diesem Kontext kaum eine Rolle, da Horste aus *Euphorbia* und *Phormium*, *Astelia chathamica* und *Cordyline*, *Fatsia japonica* und panaschiertem Kirschlorbeer einen kompakten, aber abwechslungsreichen Hintergrund bilden. Als Unterpflanzung dienen Efeu und Farne, während Geißblatt und andere Kletterpflanzen die Begrenzungen umspielen.

Der eigentliche Charme dieses Gartens besteht in der reizvoll zurückgenommenen Gestaltung. Dass auch die Kostenfrage überschaubar blieb, unterstreicht den Wert dieses Gartens und seinen anhaltenden Zauber.

Garten-Beispiel 179

Garten-Beispiel
Paradiesische Pflanzenwelt

Es würde mich nicht wundern, wenn es im Bereich Gärtnern und Gartengestaltung mehr talentierte Amateure als Profis gäbe. Was dafür spricht ist die Tatsache, dass viele Leute über Jahre mit ihrem Garten leben und intensiv verbunden sind, was ihnen gleichermaßen einen tiefen Einblick in das Wesen ihrer heimischen Umgebung vermittelt. Daraus wiederum erwacht ein so passioniertes Interesse an der Materie, dass hin und wieder ein außergewöhnlich talentierter Gärtner geboren wird.

Einer von ihnen ist Anthony Goff, der zunächst wenig Ahnung vom Garten hatte, mit der Zeit aber eine so große Begeisterung dafür entwickelte, dass er nicht mehr davon lassen kann. Wie viel Freude ihm seine Oase macht, veranschaulicht die differenzierte Bepflanzung, die in immer neuen Kombinationen die unermüdliche Fantasie und Einfühlungsgabe eines Pflanzenliebhabers verrät.

Wie viele Leute hatten sich Anthony und seine Frau zunächst jahrelang auf die Verschönerung des Hauses konzentriert; aber irgendwann ist jede Innengestaltung einmal so weit vollendet, dass man sich dem Außenbereich zuwenden kann. Wenn dieser wie hier aus einem 30 m langen, mit struppigem Gras überwachsenen Rechteck besteht, ist das Bedürfnis, etwas Schönes daraus zu machen, geradezu übermächtig. Es bedurfte also einer geschickten Hand und jenes sicheren Stilgefühls, das die Goffs im Haus bereits bewiesen hatten.

Tür an Tür mit dem berühmten englischen Gartengestalter Christopher Masson, war es nahe liegend, in der Anfangsphase seinen Rat einzuholen. Ihm verdanken die Goffs die Form des Rasens und die strukturbildende »runde« Buchshecke beim Haus – ein Gestaltungsansatz, der sich bewähren sollte,

Oben Töpfe, insbesondere solche dekorativen kretischen Pithoi, verleihen jeder Komposition Atmosphäre. Allerdings sollte ein Gefäß wie dieses nicht bepflanzt werden, sondern wie eine Skulptur zwischen Blüten und Laub in Erscheinung treten.

Gegenüber Aus diesem vom Haus abgewandten Blickwinkel treten die architektonischen Halbkreise aus gestutztem Buchs so klar hervor, als wollten sie den weiträumigeren Hauptgarten ins Rampenlicht rücken. Die kubischen Buchselemente bilden einen hübschen Kontrast zu den in Töpfen eingepflanzten Margeriten *(Argyranthemum)* und führen das Auge weiter in Richtung des kräftigen Gelbtons von *Anthemis* 'Grallagh Gold'.

Rechts Gräser erfreuen sich seit einigen Jahren größter Beliebtheit, wobei ein so auffallender Vertreter wie *Imperata cylindrica* 'Rubra' zu den schönsten niedrigen Sorten gehört. Mit seiner lebhaften Färbung hebt er sich relieffartig von dem ruhigen Grünton der Buchskugel ab. Darüber schweben die Blütenköpfe von *Knautia macedonica*, während sich dahinter die Garbe *Achillea filipendulina* 'Gold Plate' präsentiert.

180 Garten-Beispiel

Oben Pflanzen wie diese einzigartige Hortensie *Hydrangea macrophylla* 'Taube' bilden einen natürlichen Blickfang in einem Garten. Dank eines wöchentlich verabreichten eisen- und magnesiumhaltigen Düngersubstrats bleibt ihr intensiver Blauton erhalten.

Darunter Einen wirkungsvolleren Kontrast kann man sich kaum vorstellen als die in voller Blüte stehende imposante *Yucca* und den säulenartig aufragenden Stamm von *Dicksonia antarctica,* über dem riesige, fein gefiederte Farnwedel stehen.

Rechts Weinblätter bieten lichten Schatten über diesem Sitz- und Essbereich, der, leicht erhöht, einen Blick über den herrlichen Garten bietet. Die großen Töpfe enthalten *Convolvulus cneorum*, eine sonnenhungrige Einjährige, während der runde Tisch die Form des Rasens am anderen Ende vorwegnimmt.

denn so entstand ein architektonisch geprägter Zugang zum Garten, der zu einer in weichem Bogen fließenden Rasenfläche, umgeben von großzügigen, üppig bepflanzten Gemischten Rabatten überleitet. Da die Mittel seinerzeit beschränkt waren, entschloss sich Anthony, die Bepflanzung über einen längeren Zeitraum in Eigenregie vorzunehmen, wann immer Zeit und Geld es erlaubten.

Seine umfassenden Kenntnisse erwarb sich der Gartenbesitzer vor allem aus Büchern, weniger über Besichtigungen anderer Gärten, was bemerkenswert ist, denn ich halte es für ungeheuer wichtig, »lebende« Pflanzen vor Ort zu sehen. Dass ungeachtet dieser Voraussetzung ein derart überzeugendes Gestaltungskonzept entstehen konnte, hängt meiner Ansicht nach damit zusammen, dass Anthony nicht nur über einen angeborenen Blick für Details verfügt, sondern auch die Gabe besitzt, sich vorzustellen, wie groß die Dinge werden und wie sie sich entwickeln.

Anthony geht beim Kauf von Pflanzen nach einem bewährten Prinzip vor. Er wählt aus drei Arten bestehende Gruppen, die besonders gut zusammenpassen. Diese wiederum sind auf die Gruppen rundum abgestimmt und vermitteln somit ein Gefühl spürbarer Harmonie und Kontinuität.

Hinsichtlich der bereits erwähnten Kontrastwirkung bietet sich hier eine geradezu beispielhafte Bepflanzung, wie die mächtigen Buchskugeln vor den beeindruckend roten Klingen des aus Japan stammenden Grases *Imperata cylindrica* 'Rubra' zeigen oder die großen Blätter von *Bergenia ciliata*, an die sich die zierlichen Blüten von *Geranium pratense* 'Plenum Violaceum' anzulehnen scheinen. Der Garten lebt von diesen Gegensätzen, ohne sich in Spielereien zu verlieren. Prägend ist der sensible Umgang mit Pflanzen und das Bestreben, weitere ausgewogene Kombinationen zu schaffen.

A Holzdeck
B Tisch und Stühle
C Stufen
D Kies
E Granitpflaster
F Töpfe
G Rasen
H Sitzbank
I Kompostbehälter
J Pflasterfläche
K Schuppen
L Weg

PFLANZENLISTE
Dieser Garten enthält mehr als 300 verschiedene Pflanzen. Die 50 unten aufgeführten gehören zu den ins Auge fallenden oder ungewöhnlicheren Arten.

1 *Parthenocissus henryana*
2 *Vitis* 'Brant'
3 *Convolvulus cneorum*
4 *Argyranthemum frutescens*
5 *Taxus baccata*
6 *Buxus sempervirens*
7 *Ilex aquifolium* 'JC van Tol'
8 *Pittosporum tobira* 'Nanum'
9 Verschiedene *Clematis*
10 *Dahlia* 'Bishop of Llandaff'
11 *Chaenomeles speciosa* 'Moerloosei'
12 *Achillea filipendulina* 'Gold Plate'
13 *Magnolia grandiflora*
14 *Imperata cylindrica* 'Rubra'
15 *Miscanthus sinensis* 'Zebrinus'
16 *Knautia macedonica*
17 Stechpalme (*Ilex*)
18 *Myrsine africana*
19 *Allium hollandicum* 'Purple Sensation'
20 *Verbena bonariensis*
21 *Jasminum officinale*
22 *Erysimum asperum* 'Bowles Mauve'
23 Birnbaum
24 *Rosa* 'Guinée'
25 *Acer griseum*
26 *Beschorneria yuccoides*
27 *Weigela florida* 'Variegata Aurea'
28 Bambus
29 *Alchemilla mollis*
30 *Rosa xanthina* 'Canary Bird'
31 *Pyracantha*
32 *Choisya ternata*
33 *Bergenia* 'Sunningdale'
34 *Fatsia japonica*
35 *Matteuccia struthiopteris*
36 *Dicksonia antarctica*
37 *Yucca x floribunda*
38 *Helleborus argutifolius*
39 *Geranium himalayense* 'Gravetye'
40 Verschiedene *Hosta*
41 *Hydrangea macrophylla* 'Taube'
42 *Echium fastuosum*
43 *Angelica gigas*
44 *Cotoneaster salicifolius*
45 *Sambucus racemosa* 'Sutherland Gold'
46 *Acer palmatum* var. *dissectum*
47 *Ophiopogon planiscapus* 'Nigrescens'
48 *Pratia pedunculata*
49 *Lilium regale*
50 *Hydrangea quercifolia*

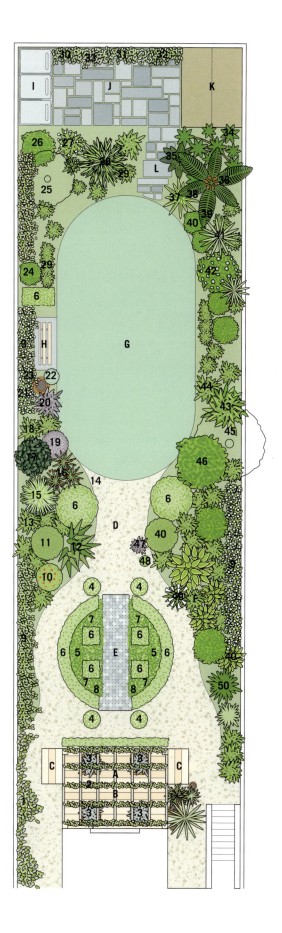

Garten-Beispiel 183

Adressen

Der Autor

David Stevens
Well House
60 Well Street
Buckingham
Buckinghamshire
MK18 1EN
Tel./Fax: 012 8082 1097
E-mail:
gardens@david-stevens.co.uk

Royal Horticultural Society
80 Vincent Square
London SW1P 2PE
Tel. 020 7834 4333
Fax: 020 7828 2304
www.rhs.co.uk

Sichtschutz und Raumteiler

RAUSCH CLASSICS GmbH
An der Tagweide 14
76139 Karlsruhe
Fax: 0 721 / 61 69 69
www.rausch-classics.de

Werth–Holz
Therecker Weg 11
57413 Finnentrop
Tel.: 0 23 95 / 189-0
Fax: 0 23 95 / 189–141
www.werth-holz.de

Häussermann GmbH & Co. KG
Gartenelemente aus Lärchenholz
Ittenberger Straße 23
71560 Sulzbach / Murr
Tel.: 0 71 93 / 54-0
Fax: 0 71 93 / 54-49

Die Haus & Garten Galerie
Postf. 135548271 Emsdetten
Tel.: 0 25 72 / 95 27 24
Fax: 0 25 72 / 9 82 88
www.hug-galerie.com

Schweiz:
Hans Graf Gartenbau
CH - 3065 Bolligen
www.graf-gartenbau.ch

Gartenbau-Genossenschaft Zürich
Im Holzerhurd 56a
8046 Zürich
Tel.: 0041 / 1 / 371-55 55
Fax: 0041 / 1 / 371-05 20

Pflasterflächen

Birkenmeier Stein + Design
Industriestraße 1
79206 Breisach
Tel.: 0 76 68 / 71 09-0
Fax: 0 76 68 / 13 95

Weitere Links:
www.natursteine.at

Schmitz Garten + Landschaft
Golliertaße 36
80339 München
Tel.: 089 / 54 07-15 65
Fax: 089 / 54 07-15 66
www.galabau-schmitz.de

Ziegelstein- und Klinkerpflaster

Arbeitsgemeinschaft für
Pflasterklinker e.V.
Schaumburg-Lippe-Straße 4
53113 Bonn
Tel.: 02 28 / 9 14 93-31
Fax: 02 28 / 9 14 93-28
www.pflasterklinker.de

Avantgardeners Johanna Jahns
Auf dem Bohnenkamp 89
28197 Bremen
Tel.: 04 21 / 52 93 50
Fax: 04 21 / 5 28 83 45

Natursteinpflaster und Felsgestein

Silex Natursteinprodukte
General-Colin-Powell-Straße
61571 Gelnhausen
Tel. 0 60 51 / 92 82-0
Fax 0 60 51 / 92 82-52 10

Weitere Links:
www.natursteine.at

Holzdeck

Fockenberg
Bottroper Straße 143
46244 Bottrop
Tel.: 0 20 45 / 96 10-0
www.garten-fockenberg.de

Palmen
Ferdinand-Porsche-Straße 4
52525 Heinsberg
Tel.: 0 24 52 / 56 44
Fax: 0 24 52 / 56 81
www.palmen-heinsberg.de

Schweiz:
Kuster Holzbau AG
Unterdorfstraße 15
CH-9444 Diepoldsau
Tel.: 0041 / 71 / 733-15 25
Fax: 0041 / 71 / 733-24 20
www.kuster-bauten.ch

Österreich:
Helmuth Jordan
Waltendorfer Straße 101A
A-9020 Klagenfurt
Tel.: 0043 / 463 / 4 52 20
Fax: 0043 / 463 / 48 21 91
www.gartengestaltung-jordan.com

Trapp Gartenwelt
5202 Neumarkt a. Wallersee
Tel.: 0043 / 62 16 / 63 09-0
Fax: 0043 / 62 16 / 63 09-12
www.gartenwelt.at

Weitere Links:
www.adlerholz.de
www.galabau-schmitz.de

Bauliche Elemente / Strukturen

Kuno Krieger
Gewächshaus-Center
Gahlenfeldstr. 5
58313 Herdecke
Tel.: 0 23 30 / 80 08-60
Fax: 0 23 30 / 80 08-80
www.kriegergmbh.de

Ing. G. Beckmann
Simoniusstr. 10
88239 Wangen / Allgäu
Tel.: 0 75 22 / 60 65
Fax: 0 75 22 / 21 15
www.beckmann-kg.de

Grüner Leben
Tel.: 0 56 01 / 50 42 34
www.gruener-leben.com

Leonardo Holzgerüste
Joachim Meyer
Dorfstr. 28
25373 Ellerhoop
Tel.: 0 41 20 / 14 51
Fax: 0 41 20 / 14 52

Live Wire
Stacheli
Rütenenstr. 33
CH-6375 Bechenried
Tel.: 0041 / 41 / 6 20 08 83

Toscano AG
Naturstein
Parsagna
CH-7440 Andeer
Tel.: 0041 / 41 / 8 16 61-13 70
Fax: 0041 / 41 / 8 16 61-19 55
www.gartendekor.ch

Bewässerungssysteme

Gardena
Kress & Kastner GmbH
Hans-Lorenser-Str. 40
89079 Ulm
Tel.: 07 31 / 49 00
Fax: 07 31 / 57 85 48
www.gardena.de

Laquatec GmbH & Co.
Postfach 217349
67073 Ludwigshafen
Tel.: 06 21 / 5 72 91-0
Fax: 06 21 / 57 85 48
www.laquatec.de

Gartenbeleuchtung

Gehrs Marketing
Spinnereistraße 6
35576 Wetzlar
Tel.: 0 64 41 / 90 27-0
Fax: 0 64 41 / 90 27-99
www.arts-of-light.de

Gartenmöbel

Garpa
Garten & Park Einrichtungen GmbH
Kiehnwiese 1
21039 Escheburg bei Hamburg
Tel.: 0 41 52 / 92 52-00
Fax: 0 41 52 / 92 52-50
www.garpa.de

Wood, Steel & More
Tel.: 040 / 60 90 10-0
Fax: 040 / 60 90 10-20
www.woodsteel.de

Das Lagerhaus (Einkauf vor Ort)
Heidelberger Str. 29
68519 Viernheim
Tel.: 0 62 04 / 94 95 00
www.daslagerhaus.de

CountryGardenVersand
Tel.: 0 70 73 / 23 72
Fax: 0 70 73 / 72 26
www.country-garden.de

Die Gartengalerie
Tel.: 0 72 03 / 18 05
Fax: 0 72 03 / 63 36
www.gartengalerie.de

Classic Garden Elements
Tel.: 0 61 92 / 90 04 75
Fax: 0 61 92 / 90 27 93
www.classic-garden-elements.de

Gado Gado
Tel.: 040 / 8 22 23 89 60
www.gadogado.de

Curtis & Curtis
Wiener Platz 8
81667 München
Tel.: 089 / 4 48 10 15
Fax: 089 / 48 95 11 77

Statuen, Skulpturen

Gartenlust
Altemühle 1
58553 Halver
Tel.: 0 23 53 / 1 07 40
Fax: 0 23 53 / 90 39 32

Rottenecker
Gewerbestr. 1
77749 Hohberg
Tel.: 0 78 08 / 94 97-0
Fax: 0 78 08 / 94 97-94

Keramikwerkstatt Brigitte Peglow
Wasserturmstr. 45
85737 Ismaring
Tel.: 089 / 96 20 00 70
Fax: 089 / 9 61 20 68

Die Gartengalerie
Wössinger Str. 15
75045 Walzbachtal
Tel.: 0 72 03 / 18 05
Fax: 0 72 03 / 63 36

Weitere Links:
www.natursteine.at

Töpfe und Kübel

Country Garden Versand GmbH
Nagolder Straße 27
72199 Ammerbuch
Tel.: 0 70 73 / 23 72
Fax: 0 70 73 / 72 26

arte toscana
Eglinger Straße 18
82544 Moosham
Tel.: 0 81 76 / 14 56
www.arte-toskana.de

Großpflanzen für schnelle Begrünung

Dehner
866640 Rain am Lech
Tel.: 0 90 02 / 77-0
Fax: 0 90 02 / 77-395
www.dehner.de

Gärtner Pötschke
Beuthener Str. 4
41561 Kaarst
Tel.: 0 21 31 / 793-333
Fax: 0 21 31 / 793-444
www. gaertner-poetschke.de

Pflanzenversand Bambus Zentrum
Niederbayern
84332 Spanberg-Hebertsfelden

Grübele Baumschulen
Martin-Luther-Weg 14
71554 Weissach im Tal
Tel.: 0 61 54 / 90 68
Fax: 0 61 54 / 8 20 69

Österreich:
Praskac Pflanzenland
A-3430 Tulln / Donau
Tel.: 0043 / 22 72 / 62 46 00
Fax: 0043 / 22 72 / 6 38 16
www.praskac.at

Schweiz:
Staudengärtnerei Hansuli Friedrich
CH-8476 Stammheim
Tel.: 0041 / 52 / 7 44 00 44
Fax: 0041 / 52 / 7 44 00 45

Richard Huber AG
Rothenbühl 8
CH-5605 Dottikon AG
Tel. 0041 / 56 / 6 24 18 27
Fax 0041 / 56 / 6 24 24 24

Allgemeine Links:
www.gartenwelt.de
www.heimwerker.de
www.gartenwelt.de
www.gartenwelt.ch
www.gartenwelt.at

Anbieter mit Versandhandel:
www.myparadise.de

Register

Kursive Zahlen beziehen sich
auf Abbildungen.

A

Abutilon 145
Acaena 99
  A. microphylla 173
Acanthus mollis 154
  A. spinosus 169
Acer davidii 159
  A. griseum 159, 183
  A. palmatum var. dissectum 183
Achillea 115, 170
  A. 'Feverland' 147
  A. filipendulina 'Gold Plate'
    180, 183
Agave 85, 153, 169, 179
Akzente 15, 52, 52, 53, 69, 95,
  168 f.
Alchemilla mollis 99, 183
Allium 164
  A. hollandicum 'Purple Sensation'
    183
Angelica gigas 183
Anthemis 'Grallagh Gold' 180
Argyranthemum frutescens 183
Artemisia 165, 167
Astelia 177
  A. chathamica 179, 179
Astrantia major 164
Aucuba 164
Ausblicke 14 f., 14 f., 61
  in der Ferne verschwindend
    15, 61
  Rahmen um 75
Azaleen 147, 165

B

Bambus 34, 36, 69, 81, 94, 97,
  149, 165, 166
Bauhaus 44
Bäume 152, 152 f., 158 f.
  Erhaltungsmaßnahmen 152
  Obst 95
  vorhanden 18, 19 f., 23 f.
Baumfarne 168
Baumhäuser 14
Begrenzungen 74 ff., 74 ff.
  Beseitigung 75
  Blickfeld einrahmen 75
  Hintergrundbepflanzung 160 f.
  Materialien 74, 90 ff.
  Metallzaun, galvanisiert 15
  Querstreben 76 f.
  Schutz 77
  umspielen 28, 53
Behälter s. Pflanzkübel

Beleuchtung 37, 124 ff., 124 ff.,
  131, 134
  Flutlicht 126
  gedämpft 128, 128 f.
  Glasfaser 128
  Halogenstrahler 126
  indirekt 126
  Mauern 91
  Neonstreifen 124, 125
  Punktstrahler 124
  Richtstrahler 126, 127
  Trompe l'œil 72
Bepflanzung 140 ff.
  akzentuiert 168 f.
  ausgeprägt perspektivisch 40
  Beleuchtung 124
  bogenförmig 164 f.
  dekonstruktivistisch 48
  Driften 164 f.
  exotisch 17, 157
  Farbe 170 ff.
  Form 166 ff.
  gegensätzlich 168
  Gemüse 174 f.
  gestaffelt 158 f.
  Größenverhältnisse 150
  heimische Pflanzen 149
  Hintergrund 160 f.
  Kletterpflanzen 169
  mittlere Etage 161
  Muster 162 ff.
  Obst 174 f.
  Pflege 157
  Pläne 163
  Planung 142 f.
  Platzierung 148
  Profile der Rabatte 165
  Sonne 148 f.
  Stil 144 f., 162 ff.
  subtropisch 17
  Textur 166 ff.
  umgebende Gebäude 154 ff.
  vorhanden 19 f.
  Wassergärten 80, 81
  zur Sicherheit 161
Berberis 161
Bergenia ciliata 182
  B. 'Sunningdale' 183
Beschorneria yuccoides 183
Beton
  Blocksteinmauern 91
  Mauern 82 ff., 83 f.
  Oberflächen 108, 108
  Teiche 114 f.
  Wasserbecken 114 f.
Betonringe 30 ff., 33
Betula utilis var. jacquemontii
  50, 67
Bewässerung 131
Birke 133, 143, 152

Blickfang 15, 52, 52, 53, 69, 95,
  168 f.
Blumenampeln 62, 76
Blumentöpfe 121
Boden
  Analyse 20
  Bepflanzung 146 f.
Bodenbedingungen
  alkalisch 20, 147
  kalkhaltig 20
  sauer 20, 147
Bodendeckerpflanzen 99
Bodenverbesserer
  anorganische 146
  Düngemittel, organisch 146
  Material, organisch 146
Bougainvillaea 14
Brown, Capability 103
Brugmansia 145
Brunnera 164
Buchs 97, 100, 115, 133, 139
Buddleja alternifolia 'Argentea' 170
Buxus sempervirens 183

C

Calamagrostis x acutifolia 159
Canna 32, 170
Cantua buxifolia 145
Carex 103, 155
  C. pendula 133
Cercis canadensis
  'Forest Pansy' 168
Cereus 163
Chaenomeles speciosa
  'Moerloosei' 183
Chamaerops humilis 160
Chasmanthium latifolium 81
Choisya ternata 183
Church, Thomas 44
Cistus 147, 165
Clematis 183
Convolvulus cneorum 182, 183
Cordon 95, 175
Cordyline 168, 177, 179
Cornus kousa 81
Cotinus coggygria
  'Royal Purple' 159
Cotoneaster salicifolius 183
Cottage-Gärten 152
Crambe cordifolia 161, 168
  C. maritima 170
Crocosmia 117, 118
Cycas 169
Cynara cardunculus 156

D

Dachgärten 99
  Begrenzungen 74, 75
  Bepflanzung 143
  Holzdeck 110

Spiegel 70
Dahlia 'Bishop of Llandaff' 183
Dekoration 118 f., 118 f.
Delphinium 142
Dianthus 147
Dicksonia antarctica 182, 183
Doronicum 152
Driften 164 f.
Duft 144
Dusche im Freien 89

E

Echinacea 172
Echinocactus grusonii 163
Echinops 159
Echium fastuosum 183
Eckbo, Garrett 44
Efeu 149, 179
Eiben 94, 139
Eisenbahnschwellen 110 f.
Elektrizität 131
Elektro-Installation 131
Erikson, Arthur 66
Eryngium 115
  E. alpinum 'Blue Star' 147
  E. bourgatii 164
Erysimum 'Bowles Mauve' 183
Essbereiche 31, 65, 127
Euphorbia 152, 177
  E. characias subsp. wulfenii
    167
  E. polychroma 173

F

Familiengärten 52
Farbe 52
  Beleuchtung 124
  Bepflanzung 170 ff.
  Mauern 84, 130
  Schuppen 120
  Unterteilungen 59
  Zäune 93
  Ziegeln 108
Farben
  Blautöne 172
  Cremetöne 172
  Gelbtöne 170, 172
  Grautöne 172
  kalte 172, 173
  Mauvetöne 172
  Orangetöne 33, 170
  Pastelltöne 172
  Purpurtöne 172
  Rosatöne 172
  Rottöne 170
  warm 170, 171
  Weißtöne 172
Farne 100, 149, 179
Fatsia japonica 149, 161, 179,
  179, 183

Felsgestein *82 ff.*, 83 f.
Festuca glauca 139, *160*
Feuerstelle 68, 97
Findling *69*
Fliesen 103, 106
Fontänen *14*
   s. auch Wasserspeier
Form 52 ff., 166 ff.
   abgewinkelte Gärten 54
   Bepflanzung 166 ff.
   breite Gärten 52
   dreieckige Gärten 54 f.
   kurze Gärten 52
   lange Gärten 52
   quadratische Gärten 52 ff.
   schmale Gärten 52
Fundstücke 119

G

Garrya 164
Gartenräume *64 f.*, 65
Gärten
   abgewinkelt 54
   asymmetrisch 44, *44 f.*
   dekonstruktivistisch 48, *48 f.*
   formal *40*, 42 f.
   lange, schmale *52*
   naturnah 46, *46 f.*
   schmal 52
   tropisch *150*
Gegensätze 168
Geißblatt *179*
Gemüse 174 f.
Geranium himalayense
   'Gravetye' *183*
Geranium pratense 'Plenum
   Violaceum' *182*
Gerüststangen 93
Gestalt 166 ff.
Gestaltung, minimalistisch
   15, *36*, 162
Ginster 147
Glas *34*, *36*, *37*, 112
   Wasserelemente 69, 116, *117*
Goff, Anthony 180
Granitflächen 103
Gras 98, *98*
   Kunstrasen 101, 113
Grillstelle 68, 97
Gropius, Walter 44
Größenverhältnisse
   Bepflanzung 150
   Zeichnungen 26, *27*
Gunnera manicata 161
Gypsophila 170

H

Hanglage 66 f., *66 f.*
   Holzdeck 110
Häuser

Bepflanzung 154 ff.
   in Verbindung zum Garten 96 f.
Hecken *57*, 94 f., *94 f.*
   frei gestaltet 95
   Lücken *57*
   naturnah 95
   Schnittmaßnahmen 94 f.
   Torbogen *15*
Heidekraut 147
Heißwasserkessel 110
Helleborus argutifolius 183
Helxine, s. *Soleirolia* 99
Hibiscus 147, 165
Hilliar, Jo-Anne 168
Hintergrundbepflanzung 160 f.
Hochbeete *30*, 30 ff., *33*
Holzdeck *18*, 30, *31*, *33*, 41, 96,
   110 f., *110 f.*, *123*, *178*
Hosta 183
   H. sieboldiana var. *elegans* 167
Humulus lupulus 154
Hydrangea macrophylla 'Taube'
   182, *183*
   H. quercifolia 183
   H. q. 'Snow Queen' *81*

I

Ikebana 162
Ilex aquifolium 'J.C. van Tol' *183*
Imperata cylindrica 'Rubra' *180*,
   182, *183*
Inselbeete 165
Iris 37, *133*
   I. unguicularis 167

J

Jahreszeitenwechsel 13
Japanische Einflüsse 35, *137*,
   138, 165
Jasminum officinale 183

K

Kakteen *91*, *163*
Kamelien 147
Kieselsteine *11*, *100*, 103, *103*,
   109, *109*, *133*, 134, *135*
Kiesflächen *53*, 101, 103, *107*,
   109, *109*
Kiley, Dan 44
Kinder 52, 68, 116, 122 f.,
   122 f.
Kleintiere *46*
Kletterpflanzen 91, 93, 169
Klima, Bepflanzung 148
Knautia macedonica 115, *156*,
   180, *183*
Kompost 146
Koniferen 169
   Hecken 94, 152
Kosten 28

Kräuter 174 f.
Kunstrasen 113, *101*
Kunststoff 113

L

Lagerstroemia indica 81
Lärm 15
   Bepflanzung gegen 144
   Wasserfall 116
Laub, als Hintergrundbepflanzung
   160 f.
   immergrün 160 f.
Laubengänge 63
Lavendel 147, 165
Leucogenes grandiceps 113
Licht, hell 130, *130*
Ligularia dentata 'Desdemona'
   167
Liguster-Hecke 94
Ligustrum 164
Lilium regale 183
Lotus berthelottii 118
Lunaria 152

M

Macleaya cordata 161, *172*
Magnolia 81
   M. grandiflora 183
Malus 152
Markisen 77
Masson, Christopher 180
Materialien
   alternative 112 f.
   Auswahl 88
   Begrenzungen 90 ff.
   Oberflächen 106 ff.
   Pflaster 106 ff.
   Verbindung von Haus und
      Garten 96 f.
   Wasserelemente 114 ff.
Matteuccia struthiopteris 183
Mauerabschluss 90 f.
Mauerkappen *91*
Mauern *56*, 74 ff.
   als Tore *55*
   Bepflanzung 144
   bogenförmig *59*, 60
   Durchbrüche *91*
   Farbe 130
   Gartenbeispiele *82 ff.*, 83 f.
   Kletterpflanzen 91
   Materialien 90 f.
   s. auch Stützmauern
   Trompe l'œil 72, *73*
   Wandmalereien 72, *73*
Metallelemente 113, *130*
   Pergolen *63*
   Stufen *67*
   Stützmauern *88*
   Wasserelemente 69

Wege aus Gitterrosten 101,
   113
Miscanthus 58
   M. sinensis 'Zebrinus'' *183*
Mist 146
Mittelmeerzypressen 169
Möblierung *12*, 130
Modernismus 44, *44*, 62, 132
Mohnblumen *156*
Mondrian, Piet 44, *44*
Mondtore *45*, 60, *61*
Mosaik *59*
Musa 156
Muscari 152
Muscheln, zerkleinert *113*
Muster
   Bepflanzung 162 ff.
   Verband 104
Myriophyllum aquaticum 156,
   177, 178
Myrsine africana 183

N

Nasturtium 170, *174*
Nicotiana 170
Niveau-Unterschiede 17, *50*, *55*,
   66 f.
Nutzbereiche 16

O

Oberflächen 96 ff.
   Gras 98, *98*
   Kombinieren von Materialien
      100 ff.
   Materialien 106 ff.
   Musterverbände 104
   richtungweisende Komponente
      104 f.
   Texturen 103
   Verlegen 105
Obst 174 f.
Obstbäume 95, 175
Oehme, Wolfgang 78, 162
Olearia 143
Onopordum acanthium 161
Ophiopogon planiscapus
   'Nigrescens' *151*, *183*
Opuntia 163

P

Palea verde 153
Palmen *133*, *144*, *156*
Parthenocissus henryana 183
Pennisetum 11, 84, 85
   P. alopecuroides 81
Pergolen 62, *62 f.*
   s. auch Laubengänge
Perspektiven, verfremdete
   70, *72*, *73*
Perspex *58*, *126*

Register 189

Pflanzen
Bewässerung 131
jahreszeitenspezifisch 13
Pflanzkübel *133*, 134, *135*
aus Beton 30 ff., *33*
aus Metall 113
Blumentöpfe *121*
Pflanzpläne 163
Pflaster *88*, 96 f., 98, 100
formal *40*
Materialien 106 ff.
Terrakotta 96
wild 100
pH-Wert 147
Philodendron 161
Phormium 58, *143*, 168, *172*, *177*, *179*
Pieris 147
Pittosporum 143
P. tobira 'Nanum' *183*
Planung
Ausblicke 14 f.
Begrenzungen 74 ff., *74 ff.*
Bepflanzungen 142 f.
besondere Effekte 70 ff., *70 ff.*
Kosten 28
maßstabsgetreue Zeichnung 24, *25*
Pergolen 62, *62 f.*
Raster 51
Stile 40 ff.
Stützmauern 69
Unterteilungen 57 ff.
vermessen 24, *25*
Vermessungsplan *22 ff.*
vorhandene Bepflanzung 19 f., 23
Wasserelemente 69
Wunschlisten 16 ff., 28 f.
Plasma-Lichtbögen 128
Polystichum 133
P. setiferum 177
Pratia pedunculata 183
Prunus serrula 159
Pumpen 115, 116
Pyracantha 161, *183*

Q

Querstreben 76 f., *78*

R

Rabatte, Profil 165
Ranch-Zaun 93
Rasen 98, *98*
Raster 100
Raum
s. auch Stauraum 120
Unterteilungen 57 ff.
Reflexionen 34 ff., 69, 113
Rheum palmatum 167

Rhododendren 147
Rhus typhina laciniata 29
Richtungweisende Komponenten 104 f.
Robinia pseudoacacia 159
R. p. 'Frisia' *50*
Rosa rugosa 'Alba' 161
R. xanthina 'Canary Bird' *183*
R. 'Guinée' *183*

S

Salomonsiegel *152*
Salvia 165
S. argentea 170
S. sylvestris 159
Sambucus racemosa 'Sutherland Gold' 183
Scabiosa 'Chile Black' *154*
Schatten 148 f., *149*
Schattenspiele *37*, *93*, 126
Schiefer 109, *109*
s. auch Pflaster 96
Schlangenbart, s. *Ophiopogon 151*
Schnurform *95*, 175
Schuppen *120*
Schutz 15, 20, 77
Hintergrundbepflanzung 160 f.
Sedum 99, 157
Sempervivum 30
Sichtschutz 15, 20
Hintergrundbepflanzung 160 f.
Paneele aus Bambusrohrmatten 74
s. auch Unterteilungen
Sisyrinchium 142
Sitzbank 132 ff.
Perspex *126*
Stein *12*
Sitzgelegenheit 68, *132 ff.*
Skulptur *12*, *178*
Soleirolia soleirolii 99, *103*, 149
Sorbus 152
Spaliere *93*
Spalierobst *29*, 95, 175
Spezielle Effekte 70 ff., *70 ff.*
Spiegel 70 f., *70*, *103*, 113
Wasserelemente *49*, *55*, 69
Splitt 109
Sprudelbecken *69*, *117*
Sprudelsteine *114*, 116
Stachys byzantina 68
Staudenrabatten 165
Stauraum 68, *120*, *120 f.*
Stechpalme *183*
Steine *48*, *82 ff.*, *83 f.*
Fliesen 106
Pflaster 96
vom Wasser glattgeschliffen *103*, 119

Stilrichtungen 40 ff.
asymmetrisch 40, *44 f.*
Bepflanzung 144 f., 162 ff.
dekonstruktivistisch 48, *48 f.*
formal *40*, 42 f., *42 f.*
frei gestaltet 46, *46 f.*
persönlich geprägt 40
Stipa arundinacea 143
S. calamagrostis 147
S. gigantea 165, *172*
S. pulcherrima 154
Stromleitungen 131
Struktur und Form 86 ff.
Stufen 17, *106*
Beleuchtung *125*
Beton *34*, 37
gespiegelt *103*
Größe und Gestalt 67, *67 f.*
in Plänen *36*
zum Anzeigen bestimmter Bereiche *103*, 109
Stützmauern 17, 68, *88*
Sweden, James van 78, 162
Symphoricarpos 164
Syringa reticulata 81

T

Taxus baccata 183
Teiche 30, *30*, 64, *108*, 114, *177*
als Raumteiler *55*
Beleuchtung *129*
Formales Design *79* f.
Garten-Beispiele 78 ff., *78 ff.*
Holzdeck *111*
Textur 166 ff
Bepflanzung 144, 166 ff.
Oberflächen *103*
Thalia dealbata 156
Thymian *99*, 175
Tische, aus Stein *12*, *133*
s. auch Essbereiche
Töpfe s. Pflanzkübel
Torbogen *15*, *55*, 60, *60*
Trachycarpus 145
Treppen s. Stufen
Trittsteine 30, *30*, *81*
in Wasserbecken *108*, *177*
Pläne *33*, *36*, *50*
Trompe l'œil 70, *72*, *73*
Tunnel *63*
Türen *58*, 71, *71*

U

Unterirdische Pumpen 115, 116
Unterteilungen *55*, *56 ff.*, 57 ff.
Blickfang 58 ff.
bogenförmig *59*, 60
Farbe 59
Gartenzimmer 65

Pergolen 62, *62 f.*
Platzierung 60

V

Veranda 76
Verbena bonariensis 147, *160*, *183*
Vermessen 22 f., *24*, *25*
maßstabsgerechte Zeichnungen *26*, *27*
Messungen 24, *25*
Vertikale Komponenten *142*
Viburnum davidii 149
Vitis 'Brant' *183*
V. coignetiae 167

W

Wandmalereien *72*, *72*
Wasserelemente *47*, 57, 69, *69*, 114 ff., *114 ff.*
eingeschlossen *115*
formal *42*
gestaffelte Ebenen 115
Materialien 114 ff.
Stützmauern 68
Wasserfälle *38*, *49*, 68, *69*, *78*, *153*
s. auch Fontänen, Wasserspeier
Wasserrinnen *115*
Wasserrutschen *35*
Wasserspeier *64*
Wege
abgesenkt *57*
Metall-Gitterroste *101*, *113*
s. auch Pflaster
Ziegelstein *104*
Weigela florida 'Aureovariegatum' *183*
Windschutz 77
Wintergärten *32*
Woodhams, Stephen 30

Y

Yucca *133*, 134, 168
Y. floribunda 183

Z

Zäune 74 ff., *93*, *93 f.*
galvanisiert 15
Zeichnungen
Maßangaben 24, *25*
maßstabsgerechte *26*, *27*
Zengärten *48*
Ziegelstein 108
Mauern 90
Pflaster *21*, 100
Wege 104

Dank

Der Verlag dankt den folgenden Fotografen und Organisationen für die Abdruckerlaubnis.

1 Nicola Browne (Designer: Ross Palmer, London); 2 Liz Eddison (Designer: Miriam Book/Chelsea Flower Show 2002); 3 Nicola Browne (Designer: Steve Martino, Arizona); 5 Helen Fickling (Architekt: Pieter Mathew, Mathew Gerber Design, South Africa); 6 Mike Newling/Home Beautiful Magazine, Australia; 8 Helen Fickling (Michael Poyser & Paula Aamli/Designer: Amir Schlezinger of MyLandscapes, London); 10 Modeste Herwig (M. Van Gerwen/ Designer: M. Pemmelaar-Groot, Holland); 10–11 Jeff Mendoza Gardens, Inc. New York; 12 Peter Anderson/The Garden Picture Library; 14 Nicola Browne (Designer: Steve Martino, Arizona); 15 oben Modeste Herwig (Designer: P. Janssen, Holland); 15 unten Beatrice Pichon-Clarisse (Le Jardin Plume, 76, France); 16–17 Helen Fickling (Landschaftsarchitekt: Raymond Jungles, Florida); 18–19 Bruno Helbling; 21 Marianne Majerus (Designer: Julia Brett); 22 Marianne Majerus (Design: Gardens & Beyond); 28 Jerry Harpur (Designer: Bernard Hickie & Declan Buckley, Dublin); 30–33 Vivian Russell (Designer: Stephen Woodhams, Lon–don); 34–37 Rod Parry (Landschaftsarchitekt: Vladimir Sitta with Maren Parry, Terragram Pty Ltd, Australia); 38 Nicola Browne (Designer: Steve Martino, Arizona); 40 Gil Hanly (Designer: Rick Eckersley, Melbourne); 40–41 Nicola Browne (Designer: Ross Palmer, London); 41 Jerry Harpur (Designer: Ileana de Teran, Costa Rica); 42 Ian Smith/Acres Wild Garden Design; 43 Steven Gunther; 44 Paul Gosney/Stanic Harding Pty Ltd., Australia; 45 Henk Dijkman/Floriade 2002, Harlemmermeer; 46 Jerry Harpur (Designer: John Wheatman); 46–47 Kerstin Engstrand (I. Lonnevik, Gammelkil, Sweden); 48 Jo Whitworth (Designer: Fabian Miskin); 49 Helen Fickling (Facer Hoffman Landscape Design International, Festival of Gardens, Westonbirt, Glos.); 52 Helen Fickling/The Interior Archive (Architekt: Heinrich Kammeyer, South Africa); 53 Jerry Harpur (Designer: Dan Pearson); 54–55 Modeste Herwig (Ton van Bergen/Designer: Jos. van de Lindeloff, Holland); 55 Marianne Majerus (Design: Gardens and Beyond); 56 Jerry Harpur (Designer: P. Hobhouse); 57 oben Derek St. Romaine (Designer: Cleve West); 57 unten Marianne Majerus (Designer: Anthony Collett); 58 links Marianne Majerus (Designer: Joe Swift); 58 rechts Undine Prohl; 59 Helen Fickling (Designers: D. Jenkins and S. McClean, Florida); 60 Ray Main/Mainstream; 60–61 Jerry Harpur (F. & V. Vreeland, Rome); 61 Roger Foley (Designer: Gordon Riggle, Washington DC); 62 Nicola Browne (Designer: Andy Sturgeon); 63 Jerry Harpur (Designers: C. Gaudette & E. Tittlay, 'Catimini', Jardin de Metis 2002, Quebec, Canada);

64 Undine Prohl (Designer: Sasha Tarnopolsky, CA, USA); 65 oben John Ellis (Designer: Andrew Virtue); 65 unten Helen Fickling (Lena Tang/Designer: Paula Ryan); 66 oben Jerry Harpur (Designer: B. Thomas, Seattle, USA); 66 unten Marion Brenner (Designer: Topher Delaney, USA); 67 Nicola Browne (Designer: Ross Palmer, London); 68 Helen Fickling (Designer: C. Heatherington of CHDesigns); 69 oben Helen Fickling (Lena Tang/ Designer: Paula Ryan); 69 unten Helen Fickling (Designer: P. Garland. Chelsea Flower Show, Courseworks, RSPB/Severn Trent Water); 70 Deidi von Schaewen; 70–71 Clive Nichols/The Garden Picture Library; 71 Gary Rogers/The Garden Picture Library (The Carpet Garden Designer, M. Miller, Chelsea Flower Show 2001); 72 Derek St. Romaine (John Naish, Brechtson); 73 Marianne Majerus (Artist: David Thomas); 74 Modeste Herwig (Designer: Kees Ykema, Holland); 74–75 Helen Fickling (Designer: Martin Foster, Bark Garden Design, London); 75 Stellan Herner; 76–77 Claire de Virieu; 78–81 Roger Foley (Landschaftsarchitekt: Oehme, van Sweden & Associates, Inc., Washington DC, USA); 82–83 Michael Paul (Landschaftsarchitekt: Vladimir Sitta with Maren Parry, Terragram Pty Ltd, Australia); 84–85 Walter Glover (Landschaftsarchitekt: Vladimir Sitta with Maren Parry, Terragram Pty Ltd., Australia); 86 Helen Fickling; 88 links Marianne Majerus (Designer: Julie Toll); 88 rechts Clive Nichols (Designers: A. Wear & M. Melville, Chelsea Flower Show 2002); 89 Chris Pommer/ Plant Architect Inc.,Toronto, Canada; 90 Nicola Browne (Designer: Steve Martino, Arizona); 90–91 Helen Fickling (Facer Hoffman Landscape Design, International Festival of Gardens, Westonbirt, Glos.); 91 Liz Eddison (Designer: Ali Ward, Gardeners World 2002); 92 Jerry Harpur (Designer: Topher Delaney, USA); 93 Jerry Harpur; 94 Matthew Benson; 94–95 Jo Whitworth (Bosvigo House, Cornwall); 96 Helen Fickling (Designer: Amir Schlezinger of MyLandscapes, London); 97 Henk Dijkman/Floriade 2002, Harlemmermeer; 98 Helen Fickling (Landschaftsarchitekt: Raymond Jungles, Florida/V Montifiore); 99 Modeste Herwig (Meneer Vermeer Gardens, Holland); 100 Nicola Browne (Designers: P. Niez & A Schmidt, Paris); 100–101 Modeste Herwig (M. von Holstein/ Designer: Paul Weijers, Holland); 101 Helen Fickling (Michael Poyser & Paula Aamli/Designer: Amir Schlezinger of MyLandscapes, London); 102 Helen Fickling (Designer: Catherine Heatherington of CHDesigns, London); 103 links Rob Whitworth (Hampton Court Flower Show 2002/Designer: 'Who Let the Dogs Out'); 103 rechts Helen Fickling (Designer: Martin Foster, Bark Garden Design, London); 105 oben Nicola Browne (Designer: Mark Walker); 105 unten E. Crichton/The Garden Picture Library; 106 Clive Nichols (Designer: Claire Mee); 107 Jonelle Weaver;

108 links Fabio Lombrici/Vega MG; 108 rechts Undine Prohl; 109 links Sunniva Harte (Nancy Goldman, Portland, OR, USA); 109 rechts Nicola Browne (Avant Gardener, London); 110 Beatrice Pichon-Clarisse (Designer: Sylvie Devinat); 110–111 Eduardo Munoz/The Interior Archive (Architekt: Sobejano Nieto); 112 Helen Fickling (Designers: A. Cao & S. Jerrom, Chaumont International Garden Festival, France); 112–113 Liz Eddison (Designer: Reg Wadie, Gardeners World 2002); 113 Helen Fickling; 114 Clive Nichols/The Garden Picture Library (Designer: James van Sweden, USA); 115 Ian Smith/Acres Wild Garden Design (Designer: Anne Swindell); 116 Sunniva Harte (Nancy Goldman, Portland, OR, USA); 116–117 Jo Whitworth (Chelsea Flower Show 2001 'Time for Reflection' Thames Valley Horticultural Society); 117 Helen Fickling (Nushimo Water Design/Garden Designer: Amir Schlezinger of MyLandscapes, London); 118 oben Jo Whitworth (Hampton Court Flower Show, Designers: May & Watts); 118 unten Ian Smith/Acres Wild Garden Design; 119 Sunniva Harte (Nancy Goldman, Portland, OR, USA); 120 links Marianne Majerus (Designer: Diana Yakeley, London); 120 rechts Jerry Harpur (Designer: Paul Smith, Jardin de Metis 2002, Quebec, Canada); 121 Andreas von Einsiedel/Red Cover; 122 Nicola Browne (Designer: Topher Delaney); 123 links Marianne Majerus (Designer: Diana Yakeley, London); 123 rechts Liz Eddison; 124 Clive Nichols (Designer: Stephen Woodhams, London); 124–125 John Glover/ The Garden Picture Library (Chelsea Flower Show 2001/Designers: Cleve West and Johnny Woodford); 125 Jerry Harpur (Getty Garden, San Francisco/Designer: Topher Delaney, USA); 126 Ray Main/Mainstream; 126–127 Peter Clarke/ Light on Landscape Pty Ltd. Australia/Designer: Jack Merlo, Melbourne, Australien); 128 Jerry Harpur (Designer: Made Wijaya, Bali); 128–129 John Ellis; 129 Liz Eddison (Chelsea Flower Show 2000/Design: spidergarden.com); 130 Helen Fickling (Designer: Tony Heywood, Conceptual Gardens, International Festival of Gardens, Westonbirt, Glos.); 131 Clive Nichols/The Garden Picture Library (Hampton Court Flower Show 1997/Designer: Barbara Hunt, Natural and Oriental Water Garden); 132–135 Helen Fickling (Olivia Bernard/ Designer: Amir Schlezinger of MyLandscapes); 136–139 Clive Nichols (Designer: Tony Heywood, Conceptual Gardens, London); 140 Marianne Majerus (Design: Gardens and Beyond); 142 Liz Eddison (Whichford Pottery); 143 Marianne Majerus (Designer: Declan Buckley); 144 Jerry Harpur (Mr Wee, Singapore); 145 Clive Nichols/The Garden Picture Library (Designer: Sonny Garcia, San Francisco); 146–147 Marianne Majerus (Designer: Lee Heykoop); 148 Nicola Browne (Designer: Jinny Blom); 149 Marianne Majerus (Designer: Declan Buckley); 150 Helen Fickling (Landschafts-architekt: Raymond Jungles, Florida); 151 Mike Newling/Home Beautiful Magazine, Australia; 152 Marcus Harpur (Eastgrove Cottage, Worcestershire); 152–153 Nicola Browne (Designer: Steve Martino, Arizona, USA); 154 Beatrice Pichon-Clarisse (Le Jardin Plume, 76, France); 155 Nicola Browne (Designer: Ted Smyth, New Zealand); 156 Jerry Harpur (Helmingham Hall, Suffolk); 157 Marcus Harpur (Paul Spraklin, Essex); 158 Zara McCalmont/ The Garden Picture Library; 159 Jerry Harpur (Agneta Sjostedt, Stockholm/Designer: Ulf Nordfjell, Sweden); 160 Marianne Majerus (Designer: Declan Buckley); 162 Clive Nichols (Swinton Lane, Worcester); 163 Jerry Harpur (D Gabouard/Villa Florin); 164–165 Marcus Harpur (Designer: Piet Oudolf, RHS Wisley, Surrey); 166 Helen Fickling; 167 Jo Whitworth (Alan Titchmarch, Barleywood); 168 Jerry Harpur; 169 Michael Paul (Designer: Rod Barnett, Auckland, New Zealand); 170 Saxon Holt; 171 Francois de Heel/The Garden Picture Library; 172 oben Anne Green-Armytage; 172 unten Mark Bolton/The Garden Picture Library; 173 Anne Green-Armytage (Sun House, Long Melford, Suffolk); 174 Jerry Pavia; 175 Helen Fickling (Designer: Martin Foster, Bark Garden Design, London); 176–178 Derek St. Romaine (Mr & Mrs Coelho/Designer: Cleve West, London/Seat design: Finn Stone for Modern Garden Company); 180–182 Vivian Russell (Designer: Anthony Goff, London); 184 Nicola Browne (Designer: Steve Martino, Arizona, USA); 186 Michael Paul (Designer: Rod Barnett, Auckland, New Zealand)

Obwohl wir keine Mühe scheuten, die Namen möglichst aller Gartenbesitzer ausfindig zu machen, wollen wir uns im Vorhinein für eine eventuell lückenhafte Nennung der Urheber entschuldigen. Wir werden sie in nachfolgenden Ausgaben gern berücksichtigen. Zu großem Dank verpflichtet sehen sich Autor und Herausgeber gegenüber den Gartengestaltern und Gartenbesitzern, die dem Fotografen für die Illustration der aufgeführten Garten-Beispiele bereitwillig Zugang gewährten.

Danksagungen des Autors

Das vorliegende Buch verrät nicht, wie viel Hilfe und Unterstützung der Autor von allen Seiten entgegennehmen durfte.

Ein besonderer Dank gilt meinen Redakteuren, Muna Reyal und Gillian Haslam, die meine grammatikalischen und syntaktischen Unstimmigkeiten zurecht rückten. Auch Mel Watson gebührt Dank, die unermüdlich die sorgfältig ausgewählten Bildbeispiele zusammenstellte sowie Alison Fenton, die für das kreativ gestaltete Layout des Buches verantwortlich zeichnet. Zu Beginn waren wir Bekannte, inzwischen sind wir gute Freunde.